JN428485

그룹게임

코딩과 컴퓨팅 사고 놀이

이경우 • 곽향림 • 정경진 • 이윤희

창지사

머리말

『그룹게임: 피아제 이론이 암시하는 수교육』 책을 출판한 지 어언 21년이 넘었다. "십 년이면 강산도 변한다."라는 속담처럼 강산이 두 번 바뀌는 동안, 제4차 산업혁명으로 인해 그룹게임은 스케일 업 되어 초등학생부터 성인까지 즐길 수 있는 게임으로 변형되었고 코딩놀이로도 확장 · 변신되었다. 컴퓨터 없이도 놀이를 통해 이 시대에서 필요로 하는 컴퓨팅 사고를 기를 수 있는 현 상황에서 DeVries와 Kamii에 의한 그룹게임은 Papert에 의해 시작된 코딩놀이와 함께 귀환되고 있다고 해도 과언이 아니다.

이 책에서는 Piaget의 발생학적 인식론에서 시작된 구성주의가 Constructivism과 Constructionism으로 발전되어 가는 흐름을 살펴보며 이 두 주류가 AI 시대를 맞이하여 메이커교육으로 가는 측면을 광범위하게 다루고 있다. 사실 유아교육 분야에서는 DeVries와 Kamii에 의거한 구성주의Constructivism에는 익숙하지만 컴퓨터를 매체로 하여 어린이들도 컴퓨터 사용은 물론 컴퓨터에 코딩을 할 수 있어야 한다는 Papert에 의거한 구성주의Constructionism에는 익숙하지 않다. 그 이유를 알아보며 이 두 주류는 창의적 역량이 필요한 이 시대에 언플러그드 놀이와 플러그드 놀이로 발전하며 두 놀이의 균형으로 이루어져야 함을 강조하고 있다.

이 책을 저술하는 동안 저자들은 말로만 듣던 빅데이터 시대의 정보에 휩싸여 헤어나지 못할 것 같은 느낌과 좌절의 시간을 가졌었다. 많은 정보 속에서 파도타기를 하는 동안 전과는 달리 그룹게임은 컴퓨팅 사고를 위한 기본에 충실한 프리코딩 활동pre-coding activity으로 이루어져야 한다는 학자들과 유아교육 전문가들의 노력을 발견할 수 있었다. 그렇기 때문에, 지금 이 책에서 광범위하지만 구체적으로 그룹게임은 코딩과 컴퓨팅 사고를 위한 놀이로 연결해 주는 방향을 택하게 되었다.

이 책을 계속해서 뒤엎어 새 방향을 첨가하는 동안 저자들은 교육정책에 대해서도 숙고하게 되었다. 영국이나 미국과 같은 경우에는 유아 단계에서 컴퓨터 없이는 물론 컴퓨터를 병행하며 컴퓨팅 사고 교육을 실시하고 있다. 이와는 달리 우리나라에서는 국가교육과정으로 단일화하는 교육정책으로 인해 각 유아교육기관이 독특한 프로그램을 펼치기 어려웠다. 그 결과, 다른 나라에서 이루어지는 수준 높은 교육적 앱app에도 접근하지 못하였고, 코딩을 위한 프로젝트 수업이나 창안적 활동이 강조되는 메이커 교육 수준에서도 뒤처지게 되었다. 다음 세대가 세계시민으로서 경쟁력을 갖추고, 세계적 안목을 키울 수 있도록 미래지향적 교사교육과정이 절실히 필요한 상황이다. 지금이라도 학제 간 연구와 세계 지향적인 교사교육과정이 운영되어 AI 시대에 준비된 창의적인 미래 시민으로서 어린이의 권리와 국가경쟁력을 키워 나아가야 할 것이다.

이 책은 크게 이론편과 실제편으로 구성되었다.

이론편, 제1장에서는 미래의 주체인 어린이들이 살아가는 시대의 특징을 살펴보고 어린이들에게 필요한 창의적 역량의 필요성에 대해 이야기하였다.

제2장에서는 코딩교육의 현재를 컴퓨터 과학과 소프트웨어교육의 측면에서 살피면서 세계 여러 나라의 코딩교육은 어떠한지 알아보며, 우리나라 코딩교육의 현재와 그 방향을 제시하였다.

제3장에서는 구성주의와 컴퓨팅 사고의 흐름을 살피는데, Piaget의 발생학적 인식론에서 출발했으나 강조점이 다른 DeVries와 Kamii에 의한 구성주의Constructivism와 Papert에 의한 구성주의Constructionism에 대해 제시하였다. 컴퓨팅 사고의 흐름과 이와 연관하여 그룹게임을 언플러그드 활동으로 구성하였고, 메이커 운동으로 전환되어 가는 측면도 살펴보았다. 그리고 컴퓨팅 사고의 구성 요소도 살펴보았다.

제4장에서는 제3장에 이어 구체적으로 언플러그드 놀이와 플러그드 놀이가 무엇인지 살피면서 유아 단계에서도 두 활동을 균형 있게 다룰 수 있게 하였으며, 컴퓨팅 사고를 길러 주는 측면을 살폈다. 그리고 언플러그드 활동의 네 가지 유형에 기

반한 놀이와 함께 유아기 코딩교육의 방향을 찾아보았다.

제5장에서는 놀이에 포함되는 게임의 역사적 측면과 그룹게임의 기준에 관한 내용을 다루었다. 발달적으로 어린이의 놀이 양상은 어떠한지 검토하고 놀이가 게임으로 귀환할 때 어떤 방법이 적절한지도 알아보았다.

제6장에서는 미국의 CCSS에 나타난 수학교육의 내용과 우리나라 교육정책에 나타난 수학교육을 비교하면서 수학교육으로서 그룹게임과의 관계를 알아보았다. 궁극적으로 그룹게임은 기초에 충실한 놀이로 구성되어 컴퓨팅 사고를 길러주므로 언플러그드 놀이로서의 그룹게임을 재인식하는 현대적 측면을 살펴보았다.

제7장에서는 메이커 운동을 시작한 사람들의 생각과 메이커 운동의 현장으로서 Resnick에 의한 '창의적 유치원 학습곡선'이 무엇인지 살펴보았다.

제8장에서는 그룹게임의 종류 및 가치를 그룹게임의 종류 8가지로 나누어 구성하였다. 특히, 우리나라 전통놀이를 포함하여 상품화된 게임과 함께 그 가치에 대해 알아보면서 컴퓨팅 사고와의 연결점을 검토하였다.

제9장에서는 교수-학습에서 숙고할 사항을 연결 단계, 게이미피케이션, 그리고 좋은 앱과 코딩 놀이감을 선별하는 안목을 키우는 평가기준을 제시하였다.

제10장에서는 그룹게임을 소개할 때 고려할 몇 가지 사항에 대해 살펴보있다. 인지적인 것은 물론 도덕적 자율성을 기를 수 있는 규칙에 따라 놀이하는 내용을 다루었다. 더 나아가 지식의 종류와 교수방법, 그리고 컴퓨팅 사고와의 연결을 위해 고려해야 할 사항, 즉 팅커링tinkering, 창의creating, 디버깅debugging, 끈기persevering, 협력collaborating을 추가하였다.

실제편, 제11장에서는 언플러그드unplugged 놀이로서 그룹게임의 실제를 소개하였다. 준비물, 놀이인원, 놀이방법, 놀이규칙을 소개하며, 응용할 수 있는 활동 및 교육적 가치와 더불어 컴퓨팅 사고의 측면을 기술하였다.

제12장에서는 플러그드plugged 놀이로서 코딩놀이의 실제를 소개하였다. 화살표, 그리드Grid 등으로 컴퓨터에 명령하는 코딩을 스크래치 주니어ScratchJr로 해 보면서

유아 단계 어린이도 쉽게 프로그래밍하는 경험을 소개하였다.

제13장에서는 메이커 운동에서 팅커링Tinkering 경험하기를 다루었다. 교사 스스로 메이커 운동을 위한 일련의 과정으로 교사의 팅커링교수자료 창의적으로 만들기에 초점을 맞추었다. 그리고 어린이들과 실제로 해 보고, 더 나아가 부모나 다른 사람과 나누는 것으로도 확장해 나아갈 수 있는 방향을 제시하였다.

제14장에서는 현장 이야기를 다루었다. 호원대학 부속유치원 교사들이 코딩교육을 처음 접하면서 고민하고 변화되어 가는 모습과 함께 유아의 전략적 사고를 위해 진행된 그룹게임 및 로봇놀이를 소개하였다. 그리고 부모교육으로 연계하는 내용도 추가하였다.

구성주의 유아교육을 이끌어 가면서 연구하고 발표하며 경험을 나눔으로써 다른 분들께도 참고가 될 수 있어 더없이 좋은 선행 연구로 본이 되고 있는 현장 사례를 공유하도록 허락해 준 호원대학교 부속유치원 여러분께 감사드린다. 나랑유치원 여러분께도 감사드린다. 방대한 프로젝트로 수년간 이어지는 책 만들기 활동은 어린이들의 문학책 출판, 특히 정보책자의 출판은 STEAM 활동으로 컴퓨팅 사고를 위한 토대로서 어려서부터의 훈련이라고 사료된다. 대붕유치원에도 감사드린다. 우리나라 유아교육현장에 처음 아이패드iPad로 스크래치 주니어ScratchJr를 시도하면서 어린이와 교사가 함께 구성해 가는 도전을 하고 있어 감사드린다.

마지막으로 어려운 작업을 인내로 감싸며 출판해 주신 창지사 여러분들의 노고에 깊이 감사드린다.

2019. 5.

집필진을 대신하여

이경우

차례

실제편

Computational Thinking

이론편

제1장

지금은 AI 시대

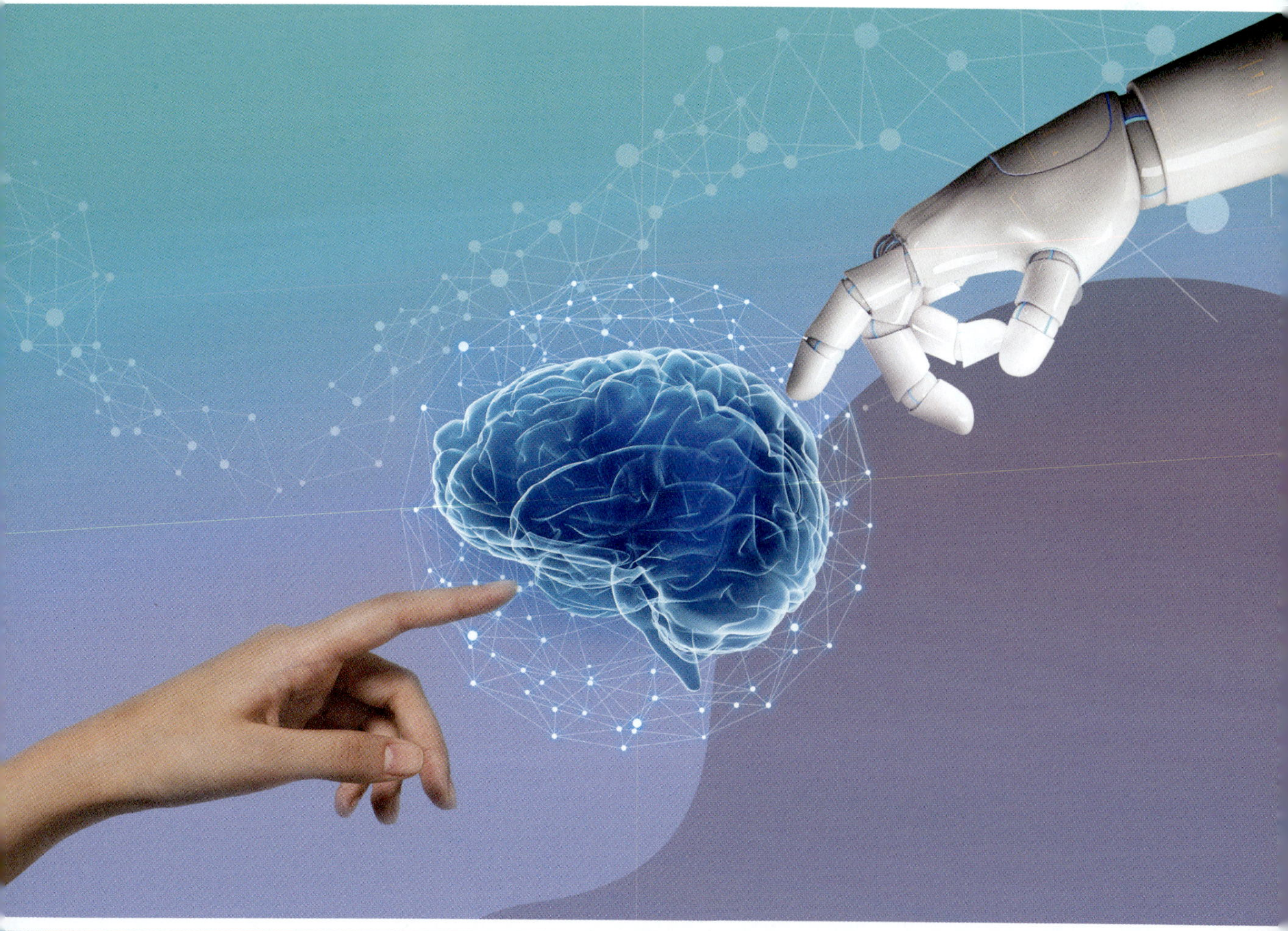

미래는 언제나 늘 빨리 다가올 뿐만 아니라
예측하지 못한 방식으로 다가온다.
- Alvin Toffler

본 장에서는 미래의 주체인 어린이가 살아가는 시대의 특징을 살펴보고, 어린이에게 필요한 창의적 역량의 필요성에 대해 이야기하고자 한다. 급변하는 시대에 따라 교육도 개혁되어야 한다는 흐름에 발맞춰 많은 학자들이 구성주의에 바탕을 둔 컴퓨팅 사고의 중요성을 강조하고 있다. 그리고 빅데이터 시대에 생성되는 많고 새로운 용어 중 유아 단계와 관련된 용어를 사전에 정리하여 이 책을 읽는 과정에 발생되는 혼돈을 피하고자 한다.

1 서론

일찍 일어난 아빠는 화장실에서 비데를 사용한 후 전동 칫솔로 이를 닦는다. 엄마는 믹서기로 건강 주스를 갈아 컵에 옮겨 담는다. 마침 할머니가 전기밥솥을 쳐다보니 "밥이 완료되었습니다."라고 밥솥이 말한다. 등교 준비를 하는 언니가 인공지능 스피커에게 "오늘 날씨 어때?"라고 질문한다. 인공지능 스피커는 오늘 날씨를 친절하게 알려 주며, 우산을 챙기라고 말한다. 거실에는 공기청정기가 신선한 공기를 뿜어내고 있고 로봇청소기는 온 집안을 조용히 돌아다니며 청소하고 있다. TV는 '세계는 지금'이란 뉴스를 알려 주고 있다. 엄마 아빠는 출근하면서 자율주행 전기 자동차를 타고 갈지, 대중교통을 이용할지 고민한다. 이런 장면은 기계와 공존하는 제4차 산업혁명 시대에 사는 우리 일상일 것이다.

이미 지난 일이지만 2016년에 어린이들은 알파고와 이세돌이 바둑을 두는 장면을 보았을 것이다. 어린이들은 78수Wedge in the center가 왜 신의 한 수인지 알 수는 없었겠지만, 이세돌이 열정적 끈기Grit를 가지고 인공지능 컴퓨터인 알파고를 이기기 위해 최선을 다하는 모습을 지켜봤을 것이다. 알파고의 승리는 컴퓨터가 인간의 지능을 이긴 큰 사건으로 알파고가 이세돌과 바둑을 둘 당시만 해도 우리는 인공지능이 무엇인지 잘 몰랐다. 인공지능과 로봇 시대가 먼 미래의 일인 양 여겨 왔지만, 사실은 조금만 돌아보면 우리 주변에서 다양한 코딩이 숨어 있는 기기들, 인공지능과 로봇을 쉽게 발견할 수 있다.

[그림 1-1] 알파고와 인간의 바둑 대결

우리는 코딩이 숨어 있는 기기들이 가득한 제4차 산업혁명 시대, 즉 AIArtificial Intelligence, 인공지능 시대에 살고 있다. '지식정보 혁명'을 넘어선 '만물초지능 혁명'이라는 제4차 산업혁명은 IoT/CPS/인공지능을 기반으로 사람, 사물, 공간이 초연결 · 초지능화하여 모든 사회를 빠르게 바꾸어 놓고 있다.

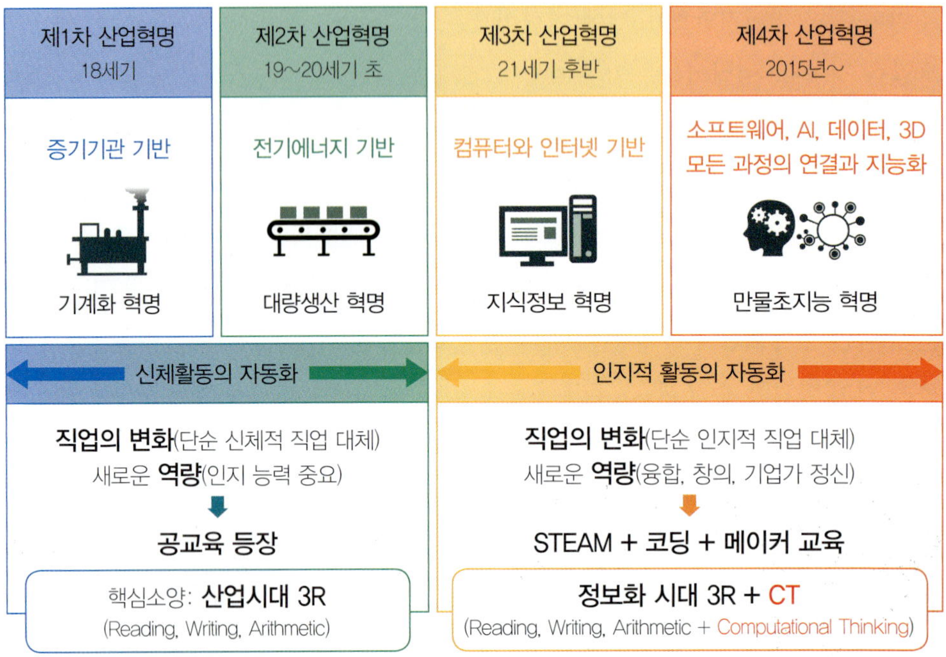

[그림 1-2] 제4차 산업혁명 시대의 특징과 핵심소양

미래학자들은 2045년에는 '기술적 특이점Technological singularity'(Kurzweil, 2006)에 도달하여 AI가 인간의 지능을 뛰어넘는 초인공지능 시대가 올 것으로 예견하고 있다. AI와 ITInformation Technology기술의 융합은 우리 인류의 문제들을 혁신적으로 해결할 수 있을 것으로 보고 있지만 AI는 엄청난 양의 빅데이터를 기반으로 딥러닝Deep Learning을 통해 빠른 속도로 발전하여 추론하고 판단할 수 있는 능력을 갖추게 되면서 인간 사회의 반복적인 노동 업무뿐만 아니라 전문 직종의 업무까지 위협을 하고 있다.

세계경제포럼WEF: World Economic Forum에서는 '직업의 미래 2018(*The Future of Jobs 2018*)' 보고서를 통해 2025년이면 기계가 전체 일의 52%를 하게 되리라 전망했다. 현재 기계가 맡은 일의 양은 29%로 7년 만에 절반을 넘어 52%가 될 것으로 예측한 것이다. 보고서에 따르면 "지금부터 2022년 사이에 약 7, 500만 개의 일자리가 사라질 테지만 약 1억 3, 300만 개의 새 일자리"를 도출해 낼 것으로 전망했다. 특히, '인간의 기술'을 요구하는 판매, 마케팅, 소비자 서비스, 전자상거래, 소셜미디어SNS: Social Network Service 등의 분야는 오히려 인력 수요가 늘 것으로 전망했다. 또한, 2018년 2월 두바이에서 열린 국제기구 수량회의World Government Summit에서 스페이스 엑스 · 테슬라모터스의 CEO인 Elon Reeve Musk는 "미래는 인공지능의 상용화로 인간의 20%만 의미 있는 직업을 갖게 될 것"이라고 전망했다(윤석만, 2018). 이와 같은 혁명적 변화는 미래에 일어날 현 직업의 감소와 함께 또 다른 새로운 직업의 생성을 의미하기도 한다. 미래 직업에 대한 변화는 미래를 위한 교육제도의 변화 또한 요구하고 있다.

제4차 산업혁명 시대의 교육에서는 혁신적 기술을 융합적으로 자유롭게 활용할 수 있도록 컴퓨팅 사고, 창의적 사고, 아이디어를 기술 · 지식 · 제품과 연계할 수 있는 기업가 정신과 정보지능에서 융합지능으로 고도화시키는 능력이 필요하다. 농경시대에는 노동력이, 산업시대에는 3RReading, Writing, Arithmetic이 필요했다면, 정보화시대에 필요한 핵심소양은 3R+CTComputational Thinking이다. AI 시대의 새로운 언어인 코딩coding은 미래언어로서 창의융합사회를 살아가는 세계시민으로서 어린이에게는 필수적인 소양이다.

Y세대1981~1994년 또는 Z세대1995~2005년 이전에 태어난 엄마 아빠는 '코딩' 혹은 '컴퓨팅 사고CT: Computational Thinking'라는 개념이 없는 시대를 살아와서 새로운 컴퓨터 기능이 있는 기기가 낯설고 적응하는 데 시간이 걸리며, 사용을 두려워한다. 그래서 '디지털 이민자Digital Immigrant' 세대라는 별명이 붙었다. 이와는 달리 미디어와 컴퓨터에 호기심을 보이며, 친구 같은 스마트기기를 만지며 자란 어린이는 디지털 문화에 적응하는 데 두려움도 없고 오히려 컴퓨팅 사고에 빨리 적응하기 때문에 '디지털 네이티브Digital Native' 세대라고 부른다(Prensky, 2001). "십 년이면 강산도 변한다."라는 속담처럼 강산이 여러 번 변해서 부모 세대와 자녀 세대에 큰 차이가 생겨났다. 서로 경험한 미디어 환경과 이를 사용하는 방식이 다르기 때문에 가치관도 서로 다르게 되었다. 부모 세대는 AI, 로봇과 상호작용하며 함께 살아가는 교육으로 자녀를 안내해 주어야 하는데, 오히려 어찌할지 몰라 좌절하고 두려워한다.

그러나 이 말은 AI 시대에 디지털 기기나 프로그램의 기본인 코딩 언어를 유아기부터 반드시 가르쳐야 한다는 것은 아니다. 미래에 적합한 교육은 수많은 정보와 혁신적 기술을 연계해서 자유롭고 창의적인 아이디어로 융합할 수 있는 인재를 키울 수 있는 이해와 공감의 태도가 우선이라는 말이다. 어린이는 융합적 사고와 컴퓨팅 사고를 갖춘 인재가 되어 인공지능 시대에 나아갈 수 있도록 성장해야 하며, 이에 맞는 교육이 함께 이루어지게 하는 디지털 이민자의 노력이 필요하다.

급변하는 사회적 변화는 우리나라에도 교육적 변화를 가져왔다. 이미 유 · 초 · 중 · 고 교육과정에 융합교육STEAM: Science, Technology, Engineering, Arts, Mathematics이 강조되고 있다. 특히, 과학교육에서 소프트웨어Software 교육이라는 명목 아래 코딩교육의 중요성이 강조되면서 초 · 중 · 고에서 코딩 교육과정이 본격적으로 시작되고 있다. 영국과 미국을 시작으로 전 세계에서 컴퓨팅 사고 교육에 힘을 기울이는 이유는 21세기는 인공지능의 시기로 국가경쟁력을 유지할 인재를 양성하려 하기 때문이다. 이미 여러 나라에서는 유아 단계에서부터 코딩교육을 컴퓨터 없이 컴퓨팅 사고를 기를 수 있는 프리코딩 활동Pre-coding Activity, 사전활동 혹은 언플러그드 활동Unplugged Activities으로 시작하고 있다.

이 책에서도 제4차 산업혁명 시대에 우리의 미래가 될 어린이를 위해 어떻게 준비하고 올바른 방향으로 미래 교육의 변화에 대비해야 할지 함께 고민해 보고자 한다. 한때 특징 있고 다양한 유아교육 프로그램이 실행되었고, 시대의 변화에 따라 좋은 프로그램으로 유아 단계 컴퓨터교육이 시행되고, 글로벌 시대를 대비하여 영어교육도 시행되던 노력이 있었다. 그러나 현재 국가교육과정의 보급으로 모든 어린이에게 교육의 기회를 균등하게 부여하고자 하는 교육의 방향은 유아교육 프로그램의 다양성은 물론 컴퓨터교육과 영어교육의 중요성이 감소되고, 급변하는 AI 시대의 변화에 발빠른 대처를 미흡하게 하였다. 따라서, 유아기에도 SW교육정책이 필요한 것은 자명한데 컴퓨팅 사고를 기르기 위한 교육은 무엇인지, 기본에 충실하면서 컴퓨팅 사고를 길러 주는 놀이가 무엇인지 알고 시대의 요구에 부응하는 구성주의 기반의 메이커 교육으로서 방향을 모색하는 것은 매우 중요한 일이다.

이를 위한 그 기본 철학은 이미 Dewey, Piaget, Montessori, Skinner, Vygotsky 등과 같은 학자들에 의해 언급되었다. 이는 Buckleitner(2015)의 글 속에 그 뿌리가 쉽게 지적되었다. 〈Piaget, Montessori, Skinner, Vygotsky가 살아 있다면 그들은 iPad에 대해 무엇이라고 말할까?〉에서 테크놀로지와 디지털 미디어는 유아기에 교수-학습의 도구로 사용되는 이론적 틀을 구성해 주었을 것임을 말해 주었다. Piaget는 발달 단계와 그 특징으로, Montessori는 감각적 민감성으로, Skinner는 티칭머신과 가끔은 칭찬으로, Vygotsky는 시공간을 추월하는 사회적 상호작용의 미디어 세계로의 뿌리로 지식을 축적해 주었]다. 우리는 이에 근거해서 "이 4명의 학자들은 AI 시대에 맞는 컴퓨팅 사고를 위한 놀이에 대해서 무엇이라고 말할까?"라는 질문을 하며, 이 책의 방향을 잡고 있다.

이에 대해서는 뒷 장에서 계속 논의될 것이지만, 컴퓨팅 사고에 대한 생각은 Piaget의 발생학적 인식론Genetic Epistemology에서 시작된 구성주의에서 그 방향성을 찾을 수 있다. 지식의 구성이 교육 실제에서 어떻게 이루어지는지에 대해서는 1980년대에 DeVries와 Kamii, 그리고 Papert는 약간 달리 접근했다. DeVries와 Kamii는 Piaget의 발생학적 인식론지식의 종류와 지식이 구성되는 양상을 인지적 발달과 도덕적 발달을 위한 구성주의Constructivism로 전개하였다. 특히, 그룹게임은 '가르치는 수학'에서 '구성해 가는 수학'으로 전개하였다. 구성주의는 레지오 에밀리아의 프로젝트 접근으로도 발전되었으며, 지금의 컴퓨팅 사고를 위한 사전활동으로 기반이 되어 영향을 미치고 있다. 이는 뒷 장에서 다시 언급된다. 이러한 그룹게임은 이스라엘의 게임 개발자 Haim Shafir를 비롯한 세계 여러 게임 개발자에 의해 시대에 맞게 스케일 업scale up 되어 개발 및 상품화되어 보급되고 있다.

그룹게임은 오늘날 컴퓨터 없이 컴퓨팅 사고를 할 수 있게 하는 기본에 충실한 놀이가 되고 있다. 예컨대, 언플러그드 놀이로 전개되고 있으며, 코딩/컴퓨터 프로그래밍 활동과 함께할 수 있는 그룹게임의 가치가 인정되기 시작했다. 컴퓨팅 사고에서 기초적인 놀이로 구성되는 가치 있고 필수적인 놀이로 재인식된 것이다. 구성주의는 레지오 에밀리아의 프로젝트 접근으로도 발전되었지만, 그룹게임은 유아 단계에서 컴퓨팅 사고를 위한 필수적인 활동으로 그 기초를 만들어 가고 있다.

한편, Papert는 Piaget의 인식론을 컴퓨터 기반 교육에 적용하여 구성주의Constructionism를 전개해 나아갔다. 컴퓨터를 아는 사람들이 적었던 시절1980년대, 그는 어린이는 미래정보사회에 살게 될 것이므로 컴퓨터는 필수임을 주장하였다. Piaget의 구성주의를 컴퓨터를 기반으로 한 교육에 적용하고 확장시켜 코딩교육의 기반을 마련한 것이다. 오늘날 컴퓨터 과학자는 물론이고 교육학자에게 미래 교육의 방향을 제시했다. 그의 이론은 MIT 미디어 랩의 'Lifelong Kindergarten'에서 컴퓨팅 사고를 위한 연구와 주로 컴퓨터를 활용한 컴퓨팅 사고, 예컨대 플러그드 놀이, 스크래치 주니어ScratchJr로 전개되고 있다. 유아교육 측면에서는 McLennan(2017)과 Bers(2018)가 유아기 코딩교육 혹은 컴퓨팅 사고를 위한 놀이로 프로젝트 접근을 AI 시대에 맞게 전개하고 있다.

Papert(2000)는 후에 구성주의 접근 방식을 John Dewey가 주장한 '해 보는 학습learning by doing'에서 더 나아가 무언가를 만들어 보거나, 디자인하고, 짓고, 창작하면서 배우는 '만들기를 통한 학습Learning through Making'을 강조하였다. 이것은 시대적 배경과 맞물려 메이커 운동Maker Movement 혹은 메이커 교육의 이론적 토대가 되게 하였다. Papert(1993)를 시작으로 Kafai와 Burke(2014)는 메이커 교육이 추구하는 적합한 학습 환경으로 프로젝트 기반을 제시하고 있다. Martinez와 Stager(2013)도 메이커 교육은 프로젝트 기반 학습Project Based Learning 혹은 탐구학습Inquiry Learning 등의 형태로 실제적인 문제를 다루고 있다고 말한다. 이를 바탕으로 유아교실 현장을 살펴보면 유치원에서는 이미 프로젝트 수업이 적용되고 있으며, 어린이들이 수시로 하는 영역 활동은 사실상 재미있는 생각을 펼쳐 나아가며, 무엇인가 창안하고 의견을 나눌 수 있는 메이커의 장의 모습을 보여 주고 있다. Resnick(2007)이 말한 바와 같이 유치원은 이미 창의적 학습을 가장 잘하고 있는 곳이다. 그러므로 유치원이야말로 컴퓨팅 사고를 위한 코딩교육을 창의적으로 가장 잘할 수 있는 준비된 곳이다.

이와 같은 맥락에서 미국과 캐나다에서는 프리코딩 활동으로 현재 컴퓨팅 사고를 기르는 언플러그드 코딩놀이 활동으로 그룹게임과 프로젝트 기반 놀이를 전개하고 있다. 그룹게임은 컴퓨터 없이 컴퓨팅 사고를 길러 주는 '언플러그드 놀이'의 하나로 활용되고 있다. 물론, 컴퓨터를 사용하는 '플러그드plugged 놀이'도 함께 접하게 된다. 따라서 부모와 교사에게 중요한 역할은 어린이가 접하는 수많은 교육 콘텐츠 중 어린이가 사용하기에 적합하고 교육적으로 잘 만들어진 교육용 콘텐츠를 선택해 낼 수 있는 능력을 갖추는 것이다. 이에 본 책에서는 Buckleitner가 CTRChildren's Technology Review에서 제공하는 평가 방법과 좋은 앱을 살펴보며, 그것을 선정할 수 있는 평가 안목도 소개하고자 한다. 또한, 컴퓨팅 사고와 코딩교육과 맞물려서 실제로 우리가 유아교육 현장에서 적용할 수 있는 언플러그드 활동의 기저가 되는 그룹게임을 살펴보고자 한다.

이 책에서는 유아기의 언플러그드 놀이로서 그룹게임의 가치를 시대가 요구하는 놀이로 다시 만나고 있다. 이 시대가 요구하는 컴퓨팅 사고의 기초 놀이가 되는 좋은 그룹게임을 언플러그드 놀이로 전개하고 만 5세경이면 접할 수 있는 플러그드 놀이도 함께 소개하며, 개인은 물론 이 사회가 요구하는 컴퓨팅 사고를 할 수 있는 창의적 역량이 성장하기를 기대한다. 유아 단계에서 배워야 할 내용을 언플러그드 놀이로 접하며, 컴퓨팅 사고를 발달시키고 내가 만들고 싶은 것을 창의적으로 도전해 볼 수 있는 메이커가 될 수 있도록 연결하는 방향도 제시한다. 그룹게임은 컴퓨팅 사고의 뿌리가 되는 기본에 충실한 놀이이므로 이를 메이커 운동의 측면으로 전개해 나아가야 함을 강조한다. 다음 항에서는 본론에 들어가기에 앞서 빅데이터 시대에 자주 접하게 되는 용어들을 먼저 제시하여 이해도를 높이고자 한다.

2 용어 정리

미국의 한 연구기관인 IBM에 따르면, 세상에 존재하는 모든 데이터의 90%가 지난 2년2014~2015년간 생성된 것이며, 인터넷상에 존재하는 데이터의 상당량이 사람이 아닌 디지털 기기 및 센서와 같은 사물에 의해 자동으로 수집된 데이터라고 연구 발표한 바 있다(Edelman, 2017).

AI 시대로 접어들면서, 특히 2015년 후부터 빅데이터의 양은 더 방대히 늘어나고 있으며, 전에는 비교되지 못할 만큼 새로운 용어가 생성되고 사용되기 시작되는 가운데 생소한 용어들이 일상에서나 소프트웨어교육으로 소개되어 사용되고 있다.

1) 융합교육 vs. 융합인재교육(STEM vs. STEAM)

STEM과 STEAM이 종종 혼용되어 사용되고 있는데 이 부분을 간단히 살펴보면 다음과 같다.

■ STEM: 과학Science, 기술Technology, 공학Engineering, 수학Mathematics의 준말

STEM은 1990년대 들어서 미국과학재단National Science Foundation이 집중적으로 사용한 용어로서 융합형 인재를 키워 경쟁력 유지에 필요한 혁신을 주도하기 위한 교육으로 도입한 것이다. 이 용어는 일반적으로 과학 기술 발전의 경쟁력을 향상시키기 위해 학교의 교육정책 및 교과과정 선택을 다룰 때 사용된다. 인력 개발, 국가 안보 문제 및 이민 정책에 영향을 미친다([Wikipedia] STEM).

■ STEAM: STEM에 예술Art을 포함

STEAM은 2006년에 미국 버지니아 주 기술교육협회장이 디자인 분야와 과학 기술의 '융합인재교육'을 강조하기 위해 제시하였다. 최근에 이 두 개의 단어는 혼용되어서 많이 사용되고 있다([Wikipedia] STEAM).

☞ *우리나라에서는 STEM에 Art를 더한 STEAM으로 융합 · 창의교육이라는 용어로 사용되고 있다.*

2) 코드와 코딩(Code & Coding)

■ 코드Code

컴퓨터가 알아 들을 수 있는 언어([네이버 지식백과] 코드 [code] (천재학습백과 초등 소프트웨어 용어사전))

■ 코딩Coding

알고리즘을 컴퓨터가 이해할 수 있는 언어로 바꾸어 컴퓨터에 입력하는 작업. 코딩이란, 주어진 명령을 컴퓨터가 이해할 수 있는 언어로 입력하는 것을 말한다. 좀 더 넓은 의미에서는 프로그램을 만든다는 뜻의 '프로그래밍'과 동일한 개념으로 사용되기도 한다([네이버 지식백과] 코딩 [coding] (천재학습백과 초등 소프트웨어 용어사전)).

3) 컴퓨팅 사고(CT: Computational Thinking)

■ 컴퓨팅 사고/사고력

컴퓨터로 처리할 수 있는 형태로 문제와 해결책을 표현하는 사고 과정. 컴퓨터에 무엇을 해야 하는지 설명해 주는 것이라고 볼 수 있다. 복잡한 문제를 컴퓨터가 효과적으로 처리할 수 있는 단위로 분해decomposition, 문제 간 유사성을 찾는 패턴 인식pattern recognition, 문제의 핵심만 추려 복잡한 문제를 단순화하는 추상화abstraction, 일련의 규칙과 절차에 따라 문제를 해결하는 알고리즘algorithm 기법 등을 사용하여 사람과 컴퓨터 모두가 문제를 처리할 수 있는 형태로 표현한다([네이버 지식백과] 컴퓨팅 사고 [Computational Thinking] (IT용어사전, 한국정보통신기술협회)).

☞ *이외에 다른 관점도 있음을 밝힌다.*

4) CS vs. SW교육(Computer Science vs. Software)

■ 컴퓨터 과학CS: Computer Science

컴퓨터 과학CS은 정보화 사회에서 컴퓨터의 하드웨어와 소프트웨어 그리고 통신 및 네트워크를 연구하여, 컴퓨터 시스템과 컴퓨터와 관련된 여러 기술을 개발하여 익히고 이를 각 분야에 응용함을 목적으로 하는 학문 분과이다([네이버 지식백과] 컴퓨터 과학 [Computer Science] (학문명백과: 공학, 형설출판사)).

■ 소프트웨어SW: Software

소프트웨어SW는 컴퓨터를 통제하거나 컴퓨터에 명령을 내려서 작업을 수행하게 하는 프로그램을 말한다. 보통 프로그램과 같은 의미로 쓰인다. 형체를 갖고 있는 하드웨어를 제외한 보이지 않는 무형의 부분을 소프트웨어라고 할 수 있다([네이버 지식백과] 소프트웨어 [software] (IT용어사전, 한국정보통신기술협회)).

☞ *우리나라에서의 코딩교육이라 함은 SW교육에 가까우나 미국, 영국 등과 이미 코딩교육을 앞서 실천하고 있는 국가에서는 CS교육에 가깝다 할 수 있다.*

5) 언플러그드 활동/프리코딩 활동(사전활동) vs. 플러그드 활동(Unplugged Activities/Pre-coding Activities vs. Plugged Activities)

■ 언플러그드 활동Unplugged Activities

컴퓨터 없이 컴퓨터 과학적 사고를 향상시킬 수 있는 학습 활동([네이버 지식백과] 언플러그드 [Unplugged] (천재학습백과 초등 소프트웨어 용어사전))

☞ *우리나라도 교육부와 한국교육학술정보원KERIS에서 발간한 「언플러그를 활용한 SW교육」에는 언플러그드 활동 유형에 따른 놀이를 크게 4가지이야기 기반의 놀이중심 활동, 신체활동 기반의 놀이중심 활동, 도구 기반의 놀이중심 활동, 활동지 기반의 놀이중심 활동로 구분하고 있다.*

■ **프리코딩 활동(사전활동)**Pre-coding Activities

유아기에 할 수 있는 과학적 사고를 향상시킬 수 있는 활동. 어린이의 발달적 특징을 고려해서 컴퓨터를 실제로 다루기 이전 혹은 그와 동시에 기본에 충실한 놀이 경험으로 하는 활동을 말한다.

☞ *언플러그드 활동과 혼용되어 사용된다.*

■ **플러그드 활동**Plugged Activities

컴퓨터를 가지고 하는 놀이. 컴퓨터 기능이 있는 놀잇감이나 교육용 프로그래밍 언어를 사용하여 프로그램을 만들어 보는 등의 활동을 말한다.

6) 게이미피케이션(Gamification)

게임이 아닌 분야에 게임의 요소를 넣는 것. 게이미피케이션gamification은 game과 '~식으로 만들다', '~화 시키다'는 의미의 fication을 붙여 만든 합성어이다. 쉽게 말해, '게임식으로', '게임화'의 의미이다. 게임이 아닌 것에 게임적 사고와 게임 기법을 사용하는 것인데 사람들의 흥미를 불러일으킬 수 있고 집중하는 데 도움을 줄 수 있다는 장점이 있다([네이버 지식백과] 게이미피케이션 [gamification] (천재학습백과 초등 소프트웨어 용어사전, 천재교육)).

☞ *학습방법으로서 게이미피케이션Gamification의 효과는 읽고 듣고 보기보다는 내용을 기억할 수 있을 뿐만 아니라 몰입하게 할 수 있다. 이런 점에서 게임화는, 특히 유아 단계에 효과적이라고 할 수 있다.*

7) 그룹게임 vs. 보드게임(Group Games vs. Board Games)

■ **그룹게임**Group Games

행동주의는 학습지에 반기를 든 것으로서 어린이 스스로 지식을 구성할 수 있도록 하며, 간접적인 방법으로 논리 · 수학적 지식을 구성하게 하는 데 초점을 맞추고 있다. 반면, 구성주의에 입각한 그룹게임은 목적물 맞히기, 경주, 쫓기 게임, 숨기기 게임, 알아맞히기 게임, 언어적 지시게임, 카드게임, 보드게임 등과 같이 여덟 가지로 소개된다(Kamii & DeVries, 1980).

■ **보드게임**Board Games

판 위에서 말이나 카드를 놓고 일정한 규칙에 따라 진행하는 게임([네이버 지식백과] 보드게임 [Board Game] (두산백과))

☞ *요즘은 카드게임, 보드게임을 모두 보드게임이라 명칭하고 있다. 그러나 이들은 모두 그룹게임에 해당된다.*

8) 격자 혹은 그리드(Grid)

그리드의 사전적인 뜻은 격자, 바둑판의 눈금 등을 말하며, 그리드는 판면을 구성할 때에 쓰이는 가상의 격자 형태의 안내선을 말한다. 일반적으로 수직과 수평으로 면이 분할되며, 레이아웃의 수단인 그리드는 인쇄물의 시각적 질서와 일관성을 유지시키는 도구이다([네이버 지식백과] 그리드 [grid] (한글글꼴용어사전, 세종대왕기념사업회)).

☞ *현재는 컴퓨터 화면을 분할하는 기준으로 어린이들은 프로그래밍 언어를 사용할 때 접한다. 하여 컴퓨팅 사고를 기르기 위해 언플러그드 활동에서 격자Grid를 적용하여 놀이하는 것은 중요한 경험이다.*

9) 메이커 운동(Maker Movement)

아이디어를 자신의 힘으로 직접 구현하고 네트워크를 통해 프로세스와 노하우를 공유 · 확산시켜 나가는 메이커들의 문화를 말한다([네이버 지식백과] 메이커 운동 [Maker Movement] (국어사전)).

☞ *'메이커 운동'은 Dale Dougherty가 만든 용어이며, 오픈소스 제조업 운동을 의미한다. 스스로 필요한 것을 만드는 사람인 '메이커Maker'가 새로운 것을 만들고 이를 공유하고 발전시키는 흐름을 통칭하는 말이다.*

10) 팅커링(Tinkering)

사람들이 지속적으로 궁리하고, 자신의 목표를 재검토하고, 새로운 경로를 탐색하며, 새로운 가능성을 상상하는 과정에서 놀이하듯이 실험하고 반복하는 방식으로 참여하는 과정(Resnick, 2017)이다.

☞ *프로젝트를 기반으로 한 융합 수업 안에서 가장 쉽게 접근할 수 있는 방법이다. 어린이들이 호기심을 충족시키고 자신의 아이디어를 실현해 나가며, 창의적 역량을 키우고 문제 해결 능력을 길러 나가는 하나의 과정으로 놀이와 만들기의 교차점이며, 메이커 교육에서 활용되고 있는 중요한 활동이다. 어린이들이 놀이하는 시간은 바로 팅커링하는 시간이다. 어린이는 자신의 호기심을 거침없이 표현하고 만들어 낸다.*

생각해봅시다

1. 일상생활에서 AI가 있으므로 혜택받는 예를 열거해 봅시다.
2. 2045년 즈음하여 인공지능이 우리 생활을 어떻게 바꿔 놓을까요?
3. AI 시대에 핵심소양 3R + CT의 필요성에 대해 논의해 보세요.
4. 컴퓨팅 사고는 무엇인가요?

제 2 장

코딩교육의 현재

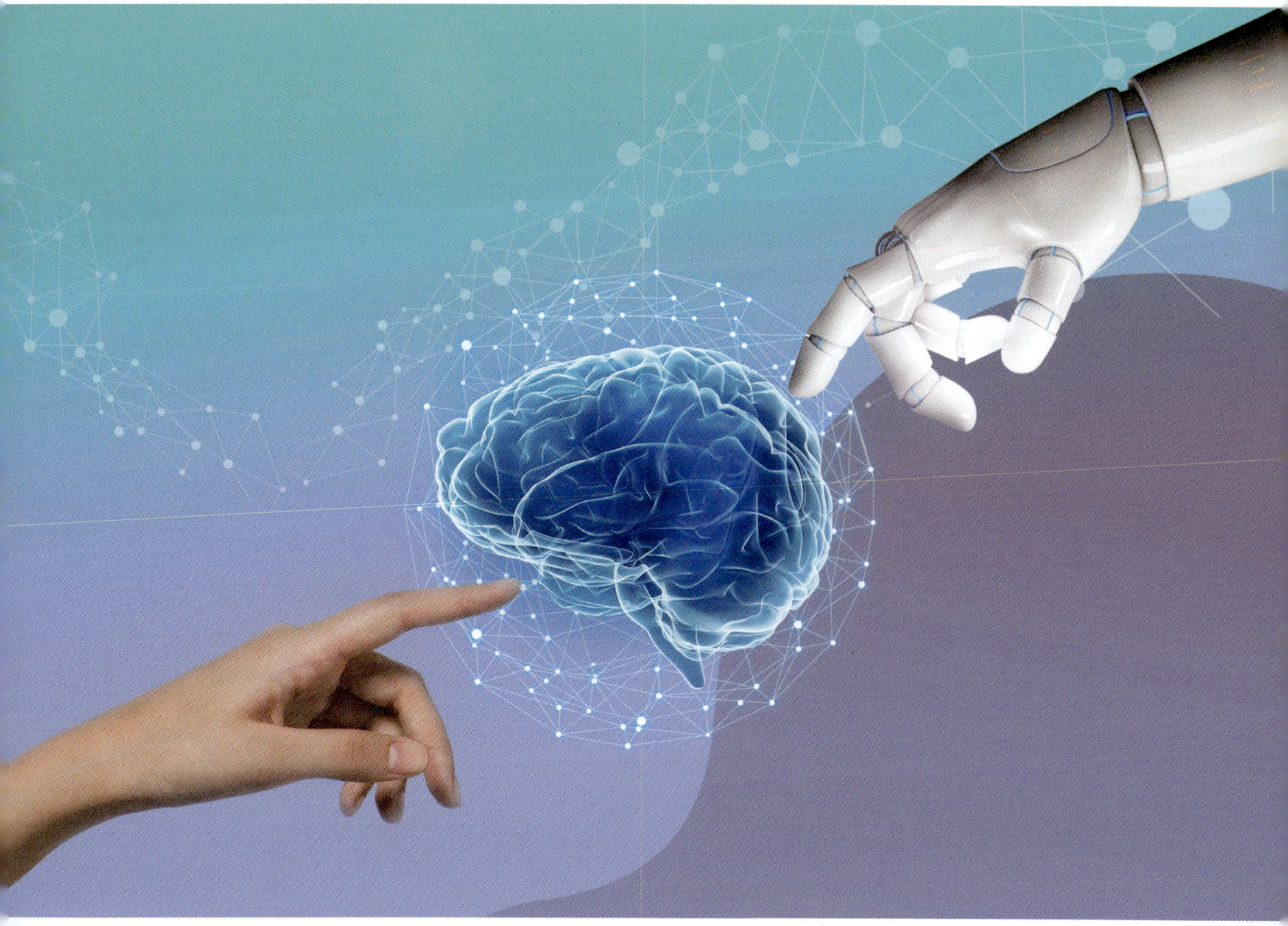

교육은 어린이의 경험 과정을 돕는 것이며,
어린이의 성장은 경험의 부단한 재구성이고
인간의 활동성과 환경과의 상호작용에서 온다.
- John Dewey

본 장에서는 코딩교육의 현재를 컴퓨터 과학과 소프트웨어교육의 측면에서 살피면서 세계 여러 나라에서는 어떻게, 어떤 방향으로 이루어지고 있는지에 대하여 살펴보고자 한다. 또한, 우리나라 코딩교육은 어떤 방향으로 전개되고 있는지 살펴보고자 한다.

1 컴퓨터 과학(CS)교육과 소프트웨어(SW)교육

전 세계에서 시작되고 있는 코딩교육의 흐름을 보면, 외국의 경우 우리나라와 그 방향이 조금 다르다. 제4차 산업혁명 시대와 연관해서 미국과 영국에서는 컴퓨터 과학CS: Computer Science 과목으로 코딩교육을 유아 단계에서부터 하고 있다. 반면, 우리나라 교육부는 2014년에 컴퓨터 과학 교육이 아닌 소프트웨어SW: Software 실현 전략으로 중학교 때부터 시행하도록 추진하고 있다. 이에 따라 소프트웨어교육이 중학교에서는 2018년부터, 초등학교 5~6학년은 2019년부터 단계적으로 시행된다. 중학생은 정보 과목을 통해 34시간 이상, 초등학생은 실과 과목을 통해 17시간 이상 소프트웨어교육을 받아야 한다. 최근 우리나라에서는 소프트웨어교육을 다른 말로 코딩교육이라고 부르며, 코딩교육을 강조하기 시작했다.

코딩교육을 말하기 앞서서 최근 코딩교육을 위해서는 컴퓨팅 사고가 강조되고 있기에 컴퓨팅 사고를 먼저 살펴보자. 컴퓨팅 사고CT: Computational Thinking란 컴퓨터가 효과적으로 수행할 수 있도록 문제를 정의하고 그에 대한 답을 기술하는 것이 포함된 사고 과정 일체를 일컫는다. 제4차 산업혁명 시대를 살아가며 미래를 준비할 수 있는 인재 양성을 위한 교육으로 문제 해결 능력을 길러 줄 수 있는 컴퓨팅 사고를 길러 주는 것은 아주 중요한 과정이다.

(A) 컴퓨팅 사고에 맞지 않는 명령 (B) 컴퓨팅 사고에 맞는 명령

[그림 2-1] 컴퓨팅 사고가 없을 때 어떻게 될까?

우리가 사용하는 수많은 가전제품, 전자제품, 심지어 엘리베이터와 자판기 등에는 컴퓨터 기능이 들어 있다. 우리는 이러한 제품을 올바르게 사용할 수 있도록 컴퓨터가 이해할 수 있는 언어로 명령을 내려야 한다. 컴퓨터가 움직이도록 명령을 하는 것을 코딩한다고 할 수 있다.

미래에는 더 많은 생활제품에 더 혁신적 기술이 들어가고 생활에 활용될 것이다. 이러한 환경에서는 컴퓨터를 잘 사용하고 응용할 수 있어야 하는데 이때 필요한 것이 '컴퓨팅 사고'다. 다시 말해서, 미래에 필요한 것은 컴퓨터를 단순히 사용만 하는 '기능'이 아니라 활용할 수 있는 '능력'이 필요한 것이다. 미래의 직업을 살펴보더라도 컴퓨터와 로봇으로 대체 가능한 '기능'만 가진 인재는 더 이상 필요 없을 것이다. 창의성을 요하는 일은 컴퓨터와 로봇을 지시하며 명령을 내릴 수 있는 '능력'을 가진, 즉 컴퓨터와 로봇으로는 대체 불가능한 '능력'을 가진 인간이 컴퓨터와 로봇을 지배할 수 있을 것이다.

AI 시대에 필요한 미래를 위한 교육은 소프트웨어교육을 포함하는 컴퓨터 과학 교육 또는 컴퓨팅 사고 교육과 함께 코딩교육을 시행하는 것이 적합할 것이다.

2 우리나라의 코딩교육

앞에서 언급했듯이 우리나라는 2018년부터 중 · 고등학교에서, 2019년부터 초등학교에서 실과 시간에 ICTInformation & Communication Technology, 정보통신기술 단원으로 소프트웨어 코딩교육을 받게 되어 있다. 그러나 우리나라는 여러 가지 면에서 아직 준비가 부족한 실태이다. 2018년에는 60%에 이르는 중학교에서 코딩교육을 시작하기 위한 준비가 부족하여, 한 해를 미룬 상태이다(정세진, 2018). 또, 코딩교육 시수는 중등은 연간 34시간이고 초등은 연간 17시간으로 선진 외국 대비 평균 50% 미만에 불과하다(김동표, 2017). 학교의 태반은 코딩 전문 교사조차 없다고 한다.

〈표 2-1〉 초 · 중 · 고 2015 교육과정 개편 내용

	현행	개편안	
초등학교 (2019년~)	실과 내 ICT 단원 (12시간)	실과 내 SW 기초 교육 실시 (17시간 이상)	• 문제 해결 과정, 알고리즘, 프로그래밍 체험 • 정보윤리의식 함양
중학교 (2018년~)	정보 과목 (선택교과)	정보 과목 34시간 이상 (필수교과)	• 컴퓨팅 사고 기반 문제 해결 실시 • 간단한 알고리즘, 프로그래밍 개발
고등학교 (2018년~)	정보 과목 (심화선택 과목)	정보 과목 (일반선택 과목)	• 다양한 분야와 융합해 알고리즘, 프로그램 설계

출처: 교육부 · 과학기술정보통신부(2015). SW중심사회를 위한 인재 양성 추진계획.

우리나라 교육부에서 발표한 제7차 교육과정을 들여다보면 초등학교 때부터 국어 시간에 컴퓨터로 글쓰기 활동과 5~6학년 실과 시간이 되어서야 컴퓨터를 다루고 활

용하는 법을 익히게 된다. 다음은 2015년 교육부에서 발표한 소프트웨어교육 운영 지침으로 컴퓨팅 사고에 대한 교육기준이 제시되어 있다.

〈표 2-2〉 우리나라 컴퓨팅 사고 교육 목표

영역	초등학교	중학교	고등학교
생활과 소프트웨어	소프트웨어가 가져온 생활의 변화를 알고, 정보사회에 필요한 건전한 의식과 태도를 가진다.	소프트웨어 활용의 중요성을 알고, 정보 윤리의 개념을 이해하여 올바른 정보 생활을 실천하고, 정보를 교류할 수 있다.	컴퓨팅 기술과 융합된 다양한 분야를 이해하고, 정보 윤리를 실천하며, 정보기기를 올바르게 조작할 수 있다.
알고리즘과 프로그래밍	알고리즘과 프로그래밍을 체험하여 실생활의 다양한 문제를 컴퓨팅 사고로 이해할 수 있다.	간단한 알고리즘을 설계하고 프로그램을 개발하여 문제를 해결할 수 있다.	알고리즘을 효율적으로 설계하고, 프로그램을 개발하여 창의적으로 문제를 해결할 수 있다.
컴퓨팅과 문제 해결		컴퓨팅 사고에 기반하여 실생활 문제를 해결할 수 있다.	컴퓨팅 사고를 기반으로 다양한 분야와 융합하여 문제를 해결할 수 있다.

출처: 교육부(2015). 소프트웨어 교육 운영 지침 중 교육목표.

이와 같이, 부족한 전문 교사로 인해 현장 적용에 문제가 있음에도 불구하고 초등학교 방과 후와 학원에서 코딩교육이 발 빠르게 시작되고 있다. 현장에서 주로 사용하는 교육용 코딩 프로그램은 미국에서 개발된 스크래치Scratch와 한국에서 개발된 엔트리Entry를 사용한다. 두 개의 프로그래밍 언어는 모두 무료 교육용 온라인 컴퓨터 언어 프로그램이고 블록코딩 형태를 띠고 있다. 스크래치Scratch는 미국 MIT에서 개발한 것으로 학생들이 쉽게 프로그램을 코딩할 수 있으며, 애니메이션 형태로 캐릭터가 움직이는 것을 통해 결과물을 바로 볼 수 있게 만들었다. 또 이것은 전 세계 어린이들과 공유할 수 있는 참여형 오픈 프로그램이다. 엔트리Entry는 스크래치Scratch와 비슷한 형태이고 누구나 쉽고 재미있게 소프트웨어교육을 체험할 수 있다. 엔트리Entry는 우리나라 학교에서 교육 플랫폼으로 주로 사용되고 있다. 아쉬운 점은 온라인상에서 친구들에게 공유하고 참여시킬 수 있으나 한국어를 사용하기 때문에 국내용이며, 영어를 사용하는 스크래치Scratch처럼 세계 여러 나라 어린이와 공유하기는 어렵다.

[그림 2-2] 스크래치 홈페이지

출처: https://scratch.mit.edu.

[그림 2-3] 엔트리 홈페이지

출처: https://playentry.org.

이와 더불어 EBS에서 운영하는 '코봇 지구를 지켜라'와 커넥트 재단에서 운영하는 '소프트웨어야 놀자' 등과 같은 교육용 사이트들이 운영되고 있으며, 소프트웨어를 배우는 학습자와 교육자에게 도움을 주고 있다.

[그림 2-4] 소프트웨어야 놀자 홈페이지

출처: https://www.playsw.or.kr/repo/bbc/170?rscName=online_movie_levels_low

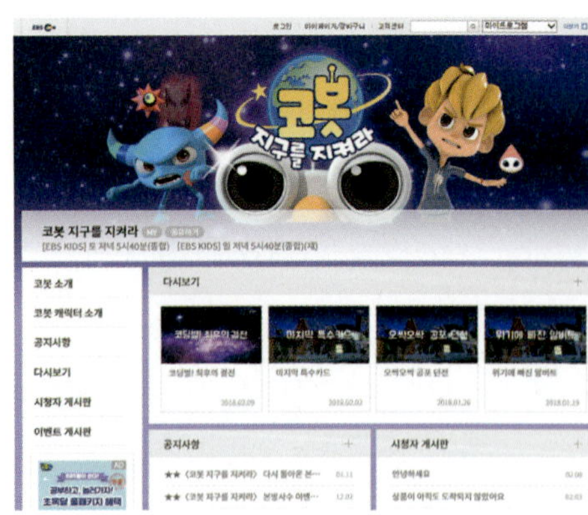

[그림 2-5] 코봇 지구를 지켜라 홈페이지

출처: http://home.ebs.co.kr/cobot/main

3 세계 여러 나라의 코딩교육

2015년 해외 정책 이슈 보고서인 〈주요국 초 · 중 · 고 SW 교육현황 및 시사점〉에서 보고한 것을 토대로 다른 나라는 어떻게 코딩교육을 준비해 오고 있는지 살펴보기로 한다.

에스토니아는 일찌감치 창의적인 SW 개발의 가치를 발견하고, 컴퓨터 프로그래밍을 7세부터 19세까지 가르친 세계 최초의 국가이다. 2012년부터는 초 · 중등 학생을 대상으로 파일럿 교육 프로그램인 'Proge Tiger'를 착수했다. 에스토니아는 유럽에서 창업이 가장 많은 나라이고, 영상통화 SW인 'SKYPE' 개발국이기도 하다.

미국의 경우는 국가적인 컴퓨팅 사고에 관한 교육목표는 아직 없으며, 미주 공통 핵심교육기준안인 CCSSCommon Core State Standard의 교육기준을 따른다. 아직 정규 교육과정으로 지정되지 않은 미국의 컴퓨터 과학 교육은 ACMAssociation for Computing Machinery, 컴퓨터학회, CSTAComputer Science Teachers Association, 정보과학교사협회, ISTEInternational Society of Technology Education, 국제교육기술협회, 코드닷오알지code.org

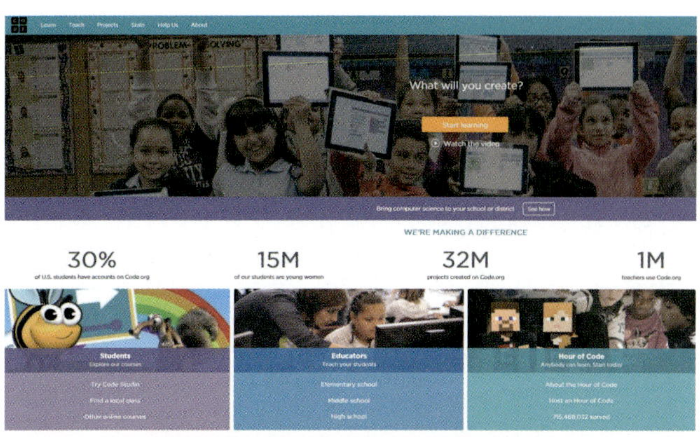

[그림 2-6] 코드닷오알지 홈페이지

출처: https://code.org.

기관의 주도하에 이루어지게 된다. 이들이 주도적으로 교육기준을 정하며, 정부는 이를 표준으로 채택하여 학교에 적용하고 있다(Bers, 2018; 정영식 외, 2015).

〈표 2-3〉 CSTA K-12 Computer Science Standards 교육 목표(2018)

개념(Concept) 학생들이 알고 이해해야 하는 것	실제(Practice) 학생들이 수행할 수 있어야 하는 것
1. 컴퓨팅 시스템 (Computing Systems) 2. 네트워크와 인터넷 (Networks and the Internet) 3. 데이터 및 분석 (Data and Analysis) 4. 알고리즘과 프로그래밍 (Algorithms and Programming) 5. 컴퓨팅의 영향 (Impacts of Computing)	1. 포괄적인 컴퓨팅 문화 조성 (Fostering an Inclusive Computing Culture) 2. 컴퓨팅 협업 (Collaborating Around Computing) 3. 컴퓨터적 문제 인식 및 정의 (Recognizing and Defining Computational Problems) 4. 추상화의 개발과 사용 (Developing and Using Abstractions) 5. 컴퓨터 산물 만들기 (Creating Computational Artifacts) 6. 컴퓨터적 인공물 테스트 및 개선 (Testing and Refining Computational Artifacts) 7. 컴퓨팅에 관해 의사소통하기 (Communicating About Computing)

미국의 코딩교육은 2014년 시점부터 교육 플랫폼이 정착하면서 더욱 강화되는데 이는 2013년 12월 당시 미국 대통령이었던 Barack Obama가 코드닷오알지code.org 캠페인 참여를 강력히 권고하면서부터이다. 그 당시 Obama는 "코딩은 당신의 미래일 뿐만 아니라 조국의 미래이기도 합니다."라고 말하며, 코딩교육에 힘을 실어 주었다(EBS 교양, 2014). 이때 미국에서는 공교육에서 STEMScience Technology Engineering Mathematics 융합교육을 강조하고 있었는데 그 안에서 코딩교육도 함께 강조되었다. 한편, 2018년도에 코드닷오알지code.org는 약 50개국 이상의 언어를 지원하고 있으며, 2천 7백만 명의 어린이가 가입된 상태이고 2천 백만 개의 프로젝트가 진행 중이다. 'Hour of Code' 교육은 최초 7일 간(2014. 12. 8.~2014. 12. 14.) 총 170개국에서 1, 500만 명이 참여하였다. 코드닷오알지code.org는 미국 비영리단체로 30개

국 언어로 된 코딩 교수법과 교육계획안을 제공한다. 구글, MS, 페이스북, 트위터 엔지니어들의 도움으로 제작되었고, Bill Gate, Mark Zuckerberg 등이 전면에 나서 코딩교육 캠페인을 주도하였다.

또 미국의 교육방송 격인 PBS에서는 Marina U. Bers 교수와 DevTech Research Group에서 개발된 콘텐츠를 바탕으로 다양한 수업 자료와 동영상을 제작하여 코딩에 관심 있는 모든 교사가 활용할 수 있도록 제공하고 있다. PBS KIDS 스크래치 주니어ScratchJr는 5~8세 사이의 아동을 위한 발달에 적합한 코딩교육 사이트이다.

[그림 2-7] PBS KIDS ScratchJr

출처: http://pbskids.org/learn/scratchjr/.

한편, 위에서 언급했던 우리나라에서 사용하고 있는 스크래치Scratch 코딩 프로그램은 미국에서 Resnick 교수를 필두로 한 MIT 미디어 랩 'Lifelong Kindergarten Group'에서 개발된 것이다. 스크래치Scratch는 초 · 중 · 고를 대상으로 개발되었으며, 150개 이상의 나라에서 40개 이상의 언어로 사용되고 있다. MIT 미디어 랩 'Lifelong Kindergarten Group'은 이에 멈추지 않고 Bers 교수가 있는 Tufts 대학의 DevTech Research Group, Playful Invention Company 간의 협력을 통해 PBS KIDS에서 가르치고 있는 스크래치 주니어ScratchJr 코딩 프로그램을 개발하였다. 스크래치 주니어ScratchJr는 만 5~7세를 위한 블록코딩 형태로, 먼저 만들어진 스크래치Scratch보다 좀 더 단순하여 쉽게 배우고 창안해 볼 수 있도록 개발되었다. 어린이가 타이핑하지 않고 시각적으로 보이는 블록을 연결하므로 프로그래밍한다는 생각이 들지 않고 자연스럽게 놀이처럼 접근이 가능하다. 이것을 통해 어린이가 문제를 해결하고 프로젝트를 전개하며 디자인하고 컴퓨터에서 창의적으로 자신을 표현하는 방법을 습득할 수 있도록 도와준다. 스크래치 주니어ScratchJr는 어린이가 처음으로 접할 수 있는 놀이 형태의 프로그래밍 언어라고 볼 수 있다.

[그림 2-8] 스크래치 주니어 앱과 결과물 샘플

영국은 2014년도를 '코드의 해The Year of Code'로 지정하고 코딩 및 프로그래밍 교육을 모든 어린이를 위해 초 · 중 · 고 필수교과과정으로 시행하도록 하였다. 당시 교육부 장관은 "산업혁명의 동력은 수학이었다. 제4차 산업혁명에서는 코딩이 수학과 같은 역할을 할 것이다."라고 말하며, 코딩의 중요성을 강조하였다(영국왕립공학원보고서, 2012; 임미진, 2016). 또한, 초등학교에서 '컴퓨팅Computing'을 독립필수과목으로 주당 50분 이상 교육, 2013년 7월에는 방과 후 코딩교육 프로그램인 'Code Club'을 정규교과과정으로 채택하였다. Code Club은 미국의 코드닷오알지code.org처럼 비영리단체에서 지원하는 코딩교육으로 ICT기업들ARM, 삼성, 구글, 모질라 등이 후원하고 있다.

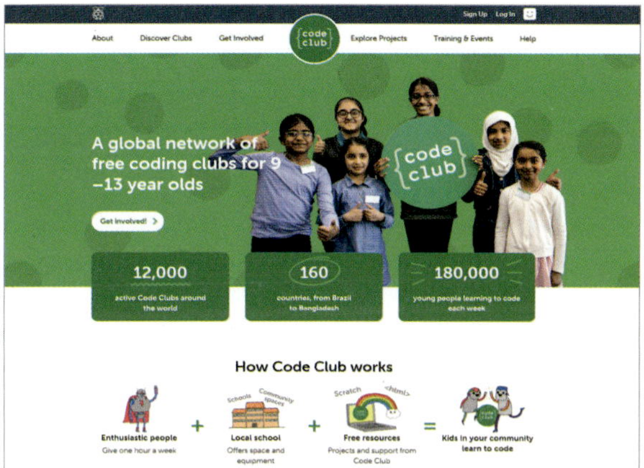

[그림 2-9] Code Club 홈페이지

출처: https://www.codeclub.org.uk.

영국 코딩교육은 2014년 9월부터 5~14세를 대상으로 코딩 및 프로그래밍을 교육하기 위하여 필수과목이었던 기존의 ICT활용 교과를 '컴퓨터 과학'으로 개편하였다. 만 5세부터 코딩교육 대상으로 지정했다는 것 또한 큰 변화이다. '컴퓨터 과학'이란 워드, 엑셀, 인터넷 검색 등 SW 활용 능력 배양 중심의 교육에서 스스로 프로그램을 만드는 방법을 배울 수 있도록 '코딩교육'으로의 전환을 말한다. 다시 말해, 컴퓨터 소비자에서 컴퓨터 생산자, 창작자가 되는 것이다. 간단한 프로그램을 작성 및 테스트하고 데이터 저장 · 검색 · 구성하는 교육과정을 발표하면서 11세 이상 학생들에게는 실제 프로그래밍 언어를 교육하고 있다.

〈표 2-4〉 영국의 컴퓨팅 교과 주요 내용(2014. 9. 적용)

키스테이지 1 (5~7세)	키스테이지 2 (7~11세)	키스테이지 3 (11~14세)	키스테이지 4 (14~16세)
알고리즘, 프로그램에 대한 이해	구체적 목표 달성을 위한 프로그램 설계→코딩→디버깅	물리적인 문제 해결을 위한 개념 설계, 사용, 평가	컴퓨터 과학 역량, 창의력, 지식 제고 (심화 학습)
간단한 프로그램 제작 및 디버깅	변수 형식에 따른 다양한 입출력 방식	프로그램 제작 및 연산을 위한 알고리즘 이해	
논리적 사고를 활용한 프로그램 예측	논리적 사고로 알고리즘 이해 및 설명	프로그래밍 언어 (2개 이상)	분석 및 문제 해결 능력, 디자인과 컴퓨팅적 사고
디지털 콘텐츠 제작 및 활용 기술	인터넷 네트워크의 이해	불린 로직 (AND, OR, NOT)	
정보기술의 일반적 활용 이해	검색기술 활용, 결과의 선택, 서열화 등 이해	데이터 유형별 조작법 (텍스트, 음성, 영상)	프라이버시 교육
프라이버시 교육	디바이스별 SW 선택	HW와 SW의 이해	
	프라이버시 교육	다양한 애플리케이션의 결합	
		프라이버시 교육	

출처: 영국 교육부(2014. 12. 2.).

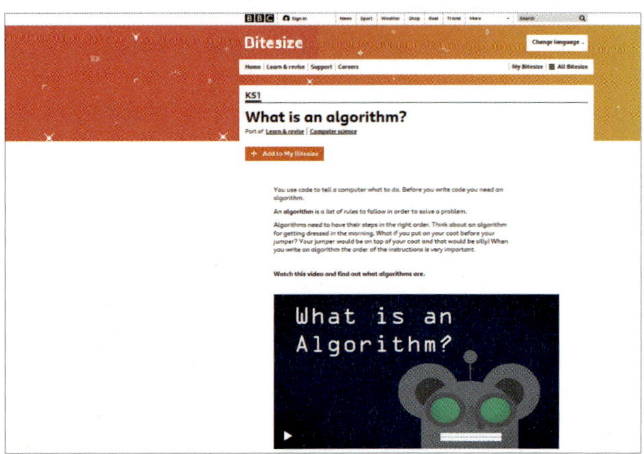

[그림 2-10] BBC Bitesize 'What is an algorithm?'

출처: https://www.bbc.com/bitesize/articles/z3whpv4.

영국 교육방송인 BBC Bitesize에서는 만 3세부터 만 11세까지의 어린이를 위한 Primary 강좌 안에 컴퓨팅 과목을 따로 구분하여 그 안에 컴퓨터 과학Computer Science, 디지털 리터러시Digital Literacy, 그리고 정보기술Information Technology 영역으로 세분화하여 다양한 동영상을 제공하고 있다.

그런데 영국은 2018년 코딩교육에서 더 나아가 '2차 코딩컴퓨터 프로그래밍혁명' 중이다. 2014년에는 코딩교육을 학교 교과목으로 넣었다면, 2018년에는 '학교 밖'으로 코딩 전문가를 키워 코딩산업을 주요 목표로 코딩 전담기관인 IoCThe Institute of Coding를 설립하였다. IoC는 크게 '현장 속으로'와 '생활 속으로'를 강조한다. '현장 속으로'는 코딩산업 기반 확립이며, '생활 속으로'는 학교뿐만 아니라 사회 전반으로 코딩교육을 확대하겠다는 내용이다. 나라에서 학생은 물론 성인도 평생교육 차원에서 코딩교육을 받을 수 있도록 한다는 계획이다.

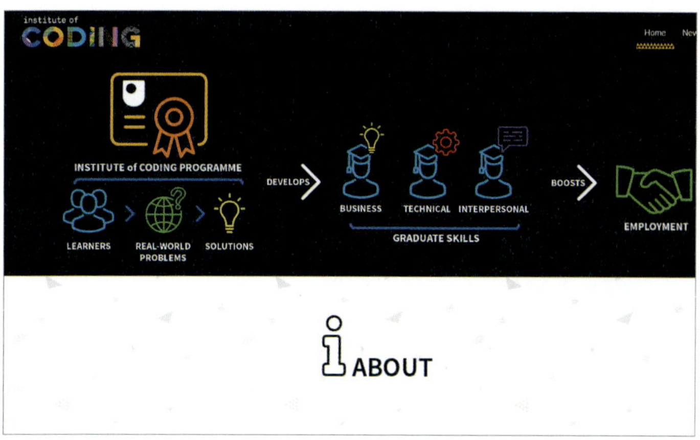

[그림 2-11] IoC 홈페이지

출처: https://instituteofcoding.open.ac.uk.

다른 유럽 국가인 프랑스, 벨기에, 체코 공화국, 에스토니아, 헝가리, 리투아니아, 슬로바키아미디어교육, 스페인 등에서도 초·중등학교에서 ICT를 독립교과로 개설하였다.

이스라엘은 1994~1999년 고등학교 '컴퓨터 과학' 교육과정을 완성하고 2011년부터 중학생 대상의 '컴퓨터 과학'을 필수교육과정으로 실행하였다. '컴퓨터 과학' 과목을 통해 이과 고등학생약 5만 명의 경우 3년간 270시간을 필수로 이수해야 하며, 심화 과정을 선택한 이과 고등학생의 경우 총 450시간을 교육받아야 한다.

중국은 2001년부터 필수과목으로 지정된 '종합실천활동' 내 '정보기술' 교육이 있는데 초 · 중 · 고등학교까지 정보기술을 포함한 탐구학습, 봉사활동, 체험학습 등을 '종합실천활동' 교육과정으로 필수 편성하며, 구체적인 내용은 지역과 학교에서 자율적으로 개발이 가능하게 한다. 베이징의 경우 초등학교 3학년부터 중학교까지 정보기술 영역 140시간의 학습을 해야 하며, 고등학교에서는 독립교과로서 '정보기술'을 일주일에 필수 2시간과 선택 2시간으로 교육받아야 한다.

인도는 2000년대 초반부터 컴퓨터 과목을 교육하여 9~12학년 과정은 표준화된 수준에 다다랐으나, 저학년을 위한 컴퓨터 과학 교육과정 지침은 2010년에 마련되었다. IITIndia Institute of Technology Bombay는 2010년 SW 스타트업과 함께 저학년용 컴퓨터 과학 교육과정인 'CMComputer Masti' 커리큘럼을 완성2013년 3차 개정 완료하였다. 스토리와 캐릭터 기반의 게임형 교육자료를 제공함으로써 저학년인 1~8학년 학생들에게 컴퓨터 교육을 권장하면서 2014년 기준 60만 명의 학생이 학습하고 있다.

일본은 2012년도에 '정보' 과목으로 고등학교에서 필수과목이 되었다. 2025년부터는 '정보' 과목을 대입 필수과목으로 지정 적용할 예정이다.

핀란드는 1994년 고등학교에서 프로그램이 포함된 'Informatics' 교과가 의무가 되었고 2016년에 초등교육과정부터 코딩교육을 포함하는 교과 융합을 지향하기 시작하여 2020년부터는 과목이라는 개념이 폐지되고 개별학습과 탐구수업을 대신한다고 한다. 통합적 교육 시스템도 도입 예정이다.

4 우리나라 코딩교육의 방향

지금까지 우리나라와 세계 여러 나라의 코딩교육 현황을 살펴본바 많은 선진 국가에서 우리보다 한발 앞서서 컴퓨터 교육과정을 체계화시키고 실시하고 있는 모습을 보았다. 우리나라는 2015년부터 준비하기 시작하여 2018년부터 SW교육을 실시하였으나 아직은 출발 단계이고, 특히 그 대상에 유아 단계는 제외되어 있다. 세계의 코딩교육 붐에 따라가지 못하는 우리나라의 교육 실정에 부모들은 벌써 불안한 마음에 방과 후 코딩 학원을 찾아가고 있다. 그런데 코딩 학원에서는 모든 것이 준비되어 구성주의적이고 창의적인 교육이 될 수 있도록 잘 가르치고 있는지 의문이 생긴다. 학원이 교재 중심 또는 학습자 중심의 Top-down 방식으로 어린이를 가르치는지, 아니면 STEAM 융합 · 창의교육 형태로 가르치는지, Resnick(2018)의 『평생유치원(*Lifelong Kindergarten*)』에서처럼 Bottom-up 중심의 프로젝트 접근법으로 어린이들을 창의적으로 가르치는지 모르겠지만 지금까지 살펴본 것으로는 프로그래밍 언어만을 배우는 것으로 충분하지 않다는 것을 알 수 있다.

우리가 코딩교육의 필요성이나 방향을 모른 채 기술적인 컴퓨터 프로그래밍 언어만 가르치는 것은 큰 숲을 보지 못하고 작은 나무 한 그루만 키우는 데 급급한 모양일 수 있다. 숟가락으로 밥을 떠먹여 주는 것이 아니라 스스로 밥을 먹을 수 있는 어린이로 키우려면 교사와 학부모는 어린이에게 코딩을 교육하기에 앞서, 코딩교육에 대한 이해가 선행되어야 한다.

우리나라가 코딩교육을 소프트웨어로 접근하는 반면, 미국이나 영국은 컴퓨터 과학으로 접근하고 있다고 앞서 밝혔다. 미국은 미래 사회를 살아 나갈 사람으로서 기본적으로 가져야 할 사고 능력, 즉 컴퓨팅 사고를 강조한다. 코딩교육을 통해 프로그램 작성 방법을 가르치기보다 컴퓨터 과학적 사고를 훈련시키는 데 주안점을 두고 있다. 영국도 미국처럼 컴퓨터 과학적 사고를 강조하고 있으며, 유아부터 성인까지 전 국민의 코딩교육화를 선언하였다. 누구든 제4차 산업 관련 사업가가 될 수 있도록 준비시키는 것이다. 컴퓨터 생산자가 아니라 사업자, 창업자를 원한다. 이렇게 영국이나 미국에서는 코딩교육을 통해 학생이 컴퓨터로 세상을 다룰 수 있는 힘을 키워 주고 있다. 반면, 우리나라 정부와 IT기업들에서는 어린이들의 소프트웨어교육에 관심을 보이며 프로그램을 운영하고 있다.

그렇다면 유아교육 현장에서는 이를 어떻게 접근해야 할까? 어린이들에게 소프트웨어교육과 같은 개념인 코딩교육을 어떻게 적용시켜야 할까? 다음 장에서는 유아기에 코딩교육을 어떻게 적용시킬지 그 흐름을 이야기해 보자.

생각해봅시다

1. 우리 주변에 숨어 있는 코딩을 찾아보세요.
2. 어린이가 코딩을 배워야 할까요?
3. 영국의 코딩교육이 시사하는 점은 무엇일까요?
4. 우리나라 코딩교육 정책의 바람직한 방향은 무엇일까요?

제 3 장

구성주의와 컴퓨팅 사고의 흐름

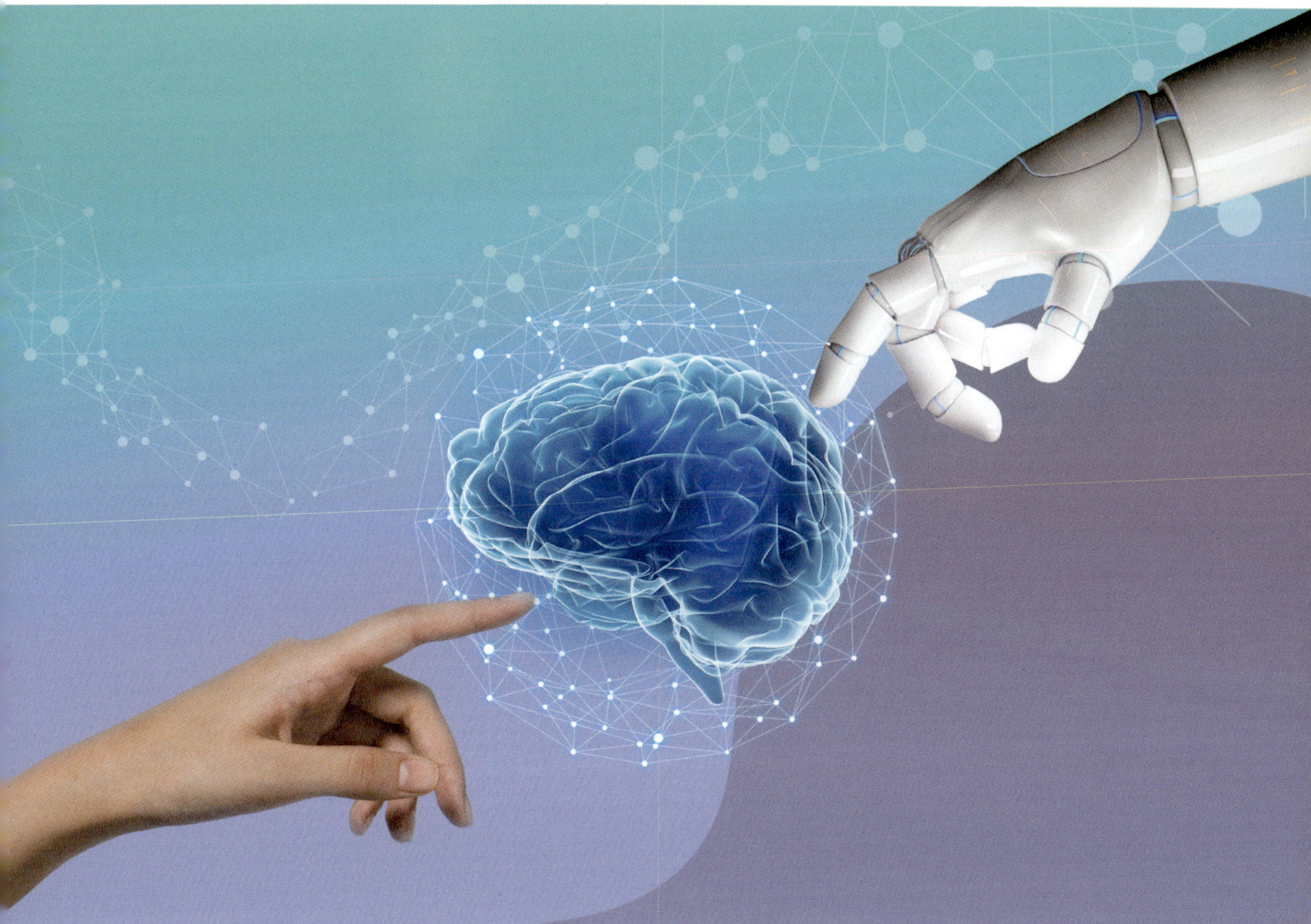

내가 생각하는 지난 천 년의 가장 위대한 발명품은
바로 '유치원'이었다.
- Mitchel Resnick

과학에서처럼 교육 사상에도 1960년대에 행동주의에서 구성주의로 인식의 전환paradigm shift이 일어났었다. 이런 와중에 1980년대에는 DeVries와 Kamii에 의한 구성주의Constructivism와 Papert에 의한 구성주의Constructionism가 각기 Piaget의 발생학적 인식론을 해석하여 교육의 실제로 전개해 왔다. 이에 본 장에서는 한국어로는 같은 구성주의로 번역되지만 영어에서는 약간 달리 표현되는 Constructivism과 Constructionism의 공통점을 컴퓨팅 사고와 연결 지어 구성주의의 흐름을 살펴본다. 그리고 컴퓨팅 사고의 의미와 그 구성 요소를 살피고자 한다.

1 구성주의의 흐름

1) DeVries와 Kamii에 의한 구성주의(Constructivism)

구성주의란 학습의 중심이 교사가 주도하는 지식의 전달transmission이 아니라 어린이가 주도하는 지식의 재구성reconstruction에 있다고 보는데 이 이론은 행동주의에 반기를 들고 펼쳐진 것이다. 구성주의 관점에서는 어린이를 세계를 이해하는 독자적인 모델을 구축하여 각자의 방식으로 이미 알던 지식 위에 새로운 정보들을 쌓고 배열할 수 있다고 본다. 이 관점은 어린이가 세상의 이치를 적극적으로 해석하면서 스스로 지능과 지식을 구성하며 발달해 간다고 본다. 이 과정에서 성숙, 경험, 발달과제, 상호작용 및 상호 교류가 발달의 중요 요인으로 작용한다(곽향림, 2015). 구성주의 교수학습의 중점 원리는 흥미, 실험, 협동으로 알려져 있다구성주의에서 Vygotsky 역시 사회문화적 구성주의로 인식되고 있지만 본 항에서는 구성주의의 근저를 논하므로 그의 생각은 제5장에서 언급된다. 구성주의에서는 기획된 커리큘럼, 정답과 오답의 명확한 경계, 정답에 이르는 단 하나의 답보다는 인식론적 다원론, 즉 정답을 찾아가는 길은 여러 갈래이며, 오류도 구성적 실수이므로 감춰야 할 것이 아니라 세계를 입체적 · 창의적으로 이해하는 데 반드시 필요한 과정이라고 강조한다.

Piaget 이론을 암시하는 놀이로서 그룹게임이 처음 시작된 시기는 정보 기반 사회의 초입이었고 아직 컴퓨터 테크놀로지도 활성화되지 않은 시기였다. 1980년에 Kamii와 DeVries는 『유아교육에서의 그룹게임: 피아제 이론의 함의(*Group Games in Early Education: Implications of Piaget's theory*)』에서 Piaget의 『발생학적 인식론(*The Genetic Epistemology*)』(1968)과 아동 발달이론에 의거해서 많은 현장의 연구와 협조 아래 혁신적으로 그룹게임을 개발하고 실천에 옮겼다. 또한, Piaget의 『어린이 도덕성의 발달(*The Moral Judgement of the Child*)』(1965)과 『지능 심리학(*The Psychology of Intelligence*)』(1973)에도 뿌리를 두어 또래 친구들과의 사회적 상호작용 없이는 논리적 · 사회적 · 도덕적 가치가 구성될 수 없음을 강조하면서 그룹게임을 통해 인지발달뿐만 아니라 사회 도덕성까지 발달시킬 수 있다고 했다. 그룹게임을 하는 동안 일어나는 갈등과 협동은 어린이가 지능과 지식을 구성해 가는 과정이며, 이러한 구성주의 교수학습과정을 강조하였다.

Piaget도 『유아교육에서의 그룹게임(*Group Games in Early Education*)』(1980)의 추천사에 "놀이는 어린이의 사회적 성장과 구성적 활동을 도와주는 역할을 한다."라고 언급하면서 저자들이 쓴 또 하나의 책인 『물리적 지식활동: 피아제 이론이 암시하는 과학교육(*Physical Knowledge in Preschool Education: Implications of Piaget's theory*)』(1992)에서 놀이의 형태는 다르지만 놀이를 통한 인지적 발달과 사회성 발달을 강조하는 프로그램의 가치에 대해 높이 추천했다. 이들의 이론은 유아교육에서 전설과 같은 구성주의의 뿌리를 제시하고 있으며, 구성주의, 즉 Constructivism으로 알려져 있다.

[그림 3-1] 4권의 책: 『유아교육에서의 그룹게임』, 『물리적 지식활동』, 『지능 심리학』, 『어린이 도덕성의 발달』

이런 역사성을 가진 그룹게임은 시대가 변화하면서 현재는 유아교육에서 기본에 충실한 놀이가 되었다. 그룹게임은 시간이 지남에 따라 다시 업그레이드되고 상품화되었는데 최근에는 AI 시대가 요구하는 창의적 요소까지 첨가되어 발전되고 있다. 한편, 우리나라 유아교육 현장에서는 그룹게임이 한동안 활성화되었으나 현재는 몇몇 유아교육기관에서 컴퓨팅 사고와 연관해서 활용되고 있다.

그 이유는 아마도 교사의 구성주의적 관점과 규칙이 함께 강조되면서 인지적 도덕적 발달을 고려하는 교수방법에 어려움이 있었기 때문일지도 모른다. 그러나 그룹게임은 AI 시대에 컴퓨팅 사고를 길러 주는 기초에 충실한 놀이이며, 컴퓨터에 지시를 내리는 코딩놀이로 발전되고 있어 그 가치가 재발견되고 있다. 그리고 컴퓨터 없이 컴퓨팅 사고를 길러 주는 프리코딩놀이pre-coding play로 그룹게임의 가치가 재인식되고 있어 '그룹게임의 귀환'으로 인식되어 실현되고 있다.

그룹게임에 대한 구체적인 것은 이 책의 후반부 제8장 그룹게임의 종류 및 가치, 제9장 교수-학습에서 숙고할 사항, 제10장 그룹게임을 소개할 때, 제11장과 제12장 그룹게임의 실제에서 구체적으로 논의된다. 중복을 피하기 위해 본 장에서는 Papert에서 시작된 구성주의Constructionism를 주로 전개한다.

2) Papert에 의한 구성주의(Constructionism)

Papert 역시 Piaget의 발생학적 인식론에 의거하여 구성주의 이론을 펴 나아갔다. 수년간 Piaget와 일을 한 Papert는 컴퓨터를 이용한 학습에 대해 쓴 많은 책 중 세 권의 책 『마인드스톰: 어린이, 컴퓨터, 그리고 강력한 아이디어(*Mindstorms: Children, computers, and powerful ideas*)』(1980), 『어린이들의 기계: 컴퓨터 시대에 학교에서 컴퓨터 재숙고(*The Children's Machine: Rethinking school in the age of the computer*)』(1993), 『가정과 연계: 디지털 세대와의 차이에 다리 놓기(*The Connected Family: Bridging the digital generation gap*)』(1996)에서 학습자의 관점, 교사의 관점, 그리고 부모의 관점으로 구성주의를 언급하였다.

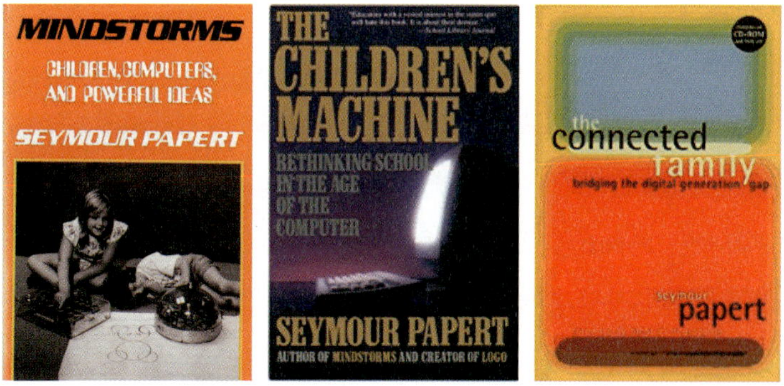

[그림 3-2] 3권의 책: 『마인드스톰』, 『어린이들의 기계』, 『가정과 연계』

그는 『마인드스톰(*Mindstorms*)』에서 어린이가 자연스럽게 학습하는 방법으로 구성주의를 설명하였다. 놀라운 것은 1980년대 당시에 앞으로 정보사회가 도래하므로 어린이가 컴퓨터를 단순히 사용하는 것을 넘어 어떻게 컴퓨터에 프로그래밍코딩을 하는지 배워야 하는 것에 대한 유토피아적인 생각을 언급했다는 것이다. 그 후 13년이 지난 후에도 『어린이들의 기계(*The Children's Machine*)』에서 학교에서 컴퓨터를 처음 사용했던 시기를 돌아보고, 현재 교사들은 컴퓨터 시대에 어떤 방향으로 나아가야 하는지에 대해 언급했다. 뒤이어 1996년에는 『가정과 연계(*The Connected Family*)』

에서 컴퓨터는 위협적인 존재가 아닌 사고와 학습의 파트너로 학부모가 이해하는 방법에 대해 언급하였다. 그는 이 책에서 부모와 어린이 간 디지털 세대 차이를 어떻게 다리 놓을지극복할지에 대한 선견지명적 관점을 말했다.

이렇듯 Papert는 컴퓨터를 이용한 교육은 궁극적으로 서로 연결하고자 하는 인간의 열정과 욕망에 관한 문제임을 말하며, 미래지향적 교육에 대한 그의 생각을 주장했다. 컴퓨터는 어린이의 삶에서 필수 불가결한 요소가 될 것이며, 어린이가 컴퓨터 프로그램코딩을 만들어 로봇을 제어하고, 음악을 작곡하고, 게임을 디자인하고, 그 밖에 많은 창의적 활동을 할 수 있도록 도와줄 것이라는 꿈과 같은 비전을 제시하였다. 컴퓨터가 아직 보편화되지 않았던 1980년대부터 꾸준히 펼친 그의 생각은 어린이가 경험을 통해 지식을 구성한다는 Piaget의 구성주의Constructivism에서 교육이 '해보는 학습learning by doing' 접근에 관련된다는 데에 그 뿌리를 두고 구성주의Constructionism로 발전시켜 나갔다.

구성주의의 영어 표현이 서로 다른 것처럼, DeVries와 Kamii의 구성주의Constructivism는 지식이라는 것이 개인의 마음속과 머릿속에서 어떻게 구성되는지와 도덕적 발달을 설명한다면, Papert의 구성주의Constructionism는 학습은 학습자가 의미 있는 물건들을 만들어 가며 직접 경험하는 과정을 통해 가장 효과적으로 이루어 낼 수 있다고 보았다(Papert, 1986; Bers, 2018; Martinez & Stager, 2015). Papert는 학습의 효율은 실제 세계에 존재하는 구체적인 사물을 창의적으로 만지는 과정, 뭔가를 만들어 가며 적극적인 참여를 통해 제고될 수 있다는 구성적 이론Constructionism theory으로 Piaget의 인식론과 교육철학을 확장했다. 어린이는 지식을 구성하는 주체인으로서 가르침을 받을instruct 때보다 직접 만들고 구성construct하면서 배우고, 스스로 사고하면서 개념을 확장하고, 그 과정을 통해 어려움의 재미를 깨달아 간다는 것이었다. Papert의 구성주의는 DeVries와 Kamii의 구성주의보다 좀 더 테크놀로지의 실제 활동에 한 걸음 다가가 있다. Martinez와 Stager(2015)에 의하면 학습자가 개인의 활동에 몰입할 때 학습이 가장 크고 효과적으로 이루어질 수 있다는 맥락과 같은 것이다.

Papert는 인간의 사고 능력이 보통 '이론적 사고Theoretical thinking'와 '실험적 사고Experimental thinking'의 두 가지로 구분되는 데 더하여 1997년에 정보과학을 이용해 문제 해결을 하는 '컴퓨팅 사고' 능력을 덧붙여 언급했다. 컴퓨팅 사고는 문제 덩어리를 쪼개고 분석해서 해결책을 찾아내거나 복잡한 시스템을 설계하는 데 동원되는 인간의 지적 능력을 가리키는 것에 초점을 맞춘 것이다(Resnick et al., 2015).

Papert는 피아제 이론에 근거해서 1967년 어린이가 생각하고 문제를 해결하는 방식으로 '로고'라고 불리는 하나의 교육적 도구인 '로고 프로그래밍 언어Logo programming language'를 개발했다. 이것은 컴퓨터가 어린이에게 생각하는 법을 키우는 유용한 수단이 될 수 있음을 최초로 보여 줌으로써 컴퓨터 활용 교육 분야에 크게 공헌했다. 그는 '로고 터틀Logo Turtle'이라 불리는 작은 로봇도 개발했다. 이것은 거북이 모양의 장난감 로봇에 프로그래밍 언어를 입력하여 움직이는 것으로 어린이가 컴퓨터와 같은 생각을 해 보고 실질적인 경험을 할 수 있도록 교육 환경을 마련한 것이었다. Papert는 어린이가 교실에서 머리로만 수학을 이해하는 것이 아니라, 실제 경험을 통해 학습을 할 수 있도록 해야 한다는 진보주의적 교육을 주장했다(Martinez & Stager, 2015). Papert가 어린이의 교육을 위해 프로그래밍 언어인 '로고'와 로봇 장난감과 같은 '로고 터틀'을 개발한 이유는 그가 수학자, 컴퓨터공학자이기 이전에 교육자였기 때문이다(EBS 미디어기획, 2017).

그러나 그 당시 Papert의 생각과는 달리 컴퓨터는 보편화되기에는 고가의 물건이었고 그것을 접근할 수 있는 어린이들은 소수였다. 컴퓨터는 제한적이며 일반 어린이들이 프로그래밍을 하기에는 어려울 수 있다는 시각도 있었다. 사람들은 그의 유토피아적인 생각을 받아들이기보다는 컴퓨터는 단순히 정보를 나르고 정보에 접근하기 위한 기계로만 사용하였다.

1990년도 후반에 들어 노트북 컴퓨터가 대중화되고 이와 함께 CD-ROM읽기 전용 저장 장치, 콤팩디스크이 개발되자 어린이를 위한 다양하고 화려한 게임용 'CD-ROM Title'이 등장하기 시작하였다. 'Just Grandma and Me'와 'KID PIX' 등이 그 예이다. CD-ROM Title은 약 7~8년 정도의 짧은 기간 동안 인기를 끌었다. 이때 어린이에게 적합하지 않은 많은 어린이용 게임이 개발되면서 이를 평가하기 위한 기준이 요구되었다. 이러한 제품들을 평가하기 위해 Buckleitner는 CSRChildren Software Review을 설립하고 운영하였다. 하지만 컴퓨터를 위한 프로그래밍코딩에 대한 관심과 교육은 사람들 관심 밖으로 밀려나게 되었다. 그러나 그것도 잠시 인터넷의 보급으로 'CD-ROM Title'도 화려했던 역사를 뒤로한 채 곧 먼지처럼 사라지게 되었다(Buckleitner, 2012).

[그림 3-3] CD-Rom Titles: 'Just Grandma and Me'와 'KID PIX'

Papert의 생각과 실천은 MIT 교수인 Mitchel Resnick(Resnick et al., 2014)이 가장 잘 표현하였다. 그것은 바로 Papert는 아직 테크놀로지가 개발되지 않았던 1980년대부터 '테크놀로지–어린이–학습'이라는 세 주제로 새로운 관점을 제시했다는 것이다. Papert에 영감받은 Resnick은 계속해서 이것을 4가지 P로 이야기하며 창의적 학습의 비밀을 강조하게 되었다. 그것은 바로 'Project, Passion, Peers, Play'이다(Resnick et al, 2015; Resnick, 2018). 그 요점은 다음과 같다.

- **P**roject: 단순한 문제 해결이 아니고 재미있는 아이디어를 상황의 전후 맥락으로 이어 프로젝트 접근을 해 나아가는 것
- **P**assion: 흥미 있는 수학적 아이디어에 집중해서 빠져들어 참여하는 것. 설명이 아닌 것
- **P**eers: 친구들과 함께 배우고 서로서로 배우는 것. 친구들과 함께 로고 언어, 즉 함께 생각하고 문제를 해결하는 것. 그래서 의견을 나누고, 피드백을 받고 창안하는 것

- **P**lay: 장난스러운 아이디어playful idea를 가지고 재미있게 발전시키고 탐색하며 도전하는 것

그는 특히 '창의적 유치원 학습 곡선상상 → 창작 → 놀이 → 공유 → 반영 → 상상'이라는 관점에서 창의적 과정을 강조하며, 이러한 학습은 유치원 환경에서 친구들과 협력해서 놀이하며 미래를 창조할 수 있다고 했다. 이는 제7장 메이커 교육에서 다시 논의된다.

Papert의 생각을 이어받은 Resnick은 스크래치Scratch가 탄생하는 데에는 Papert의 아이디어와 교육철학, 비전이 결정적인 역할을 했다고 인정했다(EBS 미디어기획, 2017). 이후 '스크래치Scratch'는 앞에서 언급했듯이 Bers의 참여로 좀 나이 어린 어린이를 위한 스크래치 주니어ScratchJr라는 교육용 프로그래밍 언어로 재탄생되었다. Bers는 스크래치 주니어ScratchJr 개발에 참여함과 동시에 '키보KIBO'라는 로봇 장난감을 유치원 현장에 도입하였다. 그녀는 어린이가 놀이터에서 놀이를 하듯 컴퓨팅 사고를 기르고 경험할 수 있는 환경을 조성해 주어야 한다고 주장했다(Bers, 2018).

30년이 지난 지금에서야 『코딩의 귀환: 아이들이 프로그래밍을 배워야 하는 이유(*Connected Code: Why children need to learn programming*)』(Kafai & Burke, 2014; 최윤희 역, 2017)라는 제목처럼 Papert의 프로그래밍코딩에 대한 이론이 메이커 교육Maker Education과 함께 다시 검토되고 있다. Papert의 구성주의Constructionism는 컴퓨터를 활용한 교육에 적용시킴으로써 컴퓨팅 사고를 기를 수 있는 학습이론으로 업그레이드되어 AI 시대가 요구하는 코딩교육으로 발전되고 있다. 사실, Piaget는 구성주의에 입각해서 학습이론컴퓨터를 활용해서 창의적인 것을 만들고 실행해 보는 것을 가장 잘 이해하고 연결한 학자가 바로 Papert라고 인정했다. Papert의 이론은 현재 세계 여러 나라에서 교과과정으로 편성되고 있다.

우리나라에서 특히 유아교육을 전공한 이들에게 Papert의 이론은 아직 생소하게 들릴지도 모른다. 아마도 그 이유는 컴퓨터 기기의 사용, 예컨대 iPad의 일상적 사용이 보편화되지 않은 것과 이에 상응하는 좋은 어린이 프로그램이 소개되지 않은 것,

유아기에 컴퓨터 교육에 대한 부정적인 반응, 교사를 위한 올바른 코딩교육의 부재, 그리고 어린이 영어교육에 대한 부정적 정책 등과 같은 우리나라 특유의 유아교육 문화적 영향일지도 모른다.

3) Constructivism과 Constructionism 비교

DeVries와 Kamii에 의한 구성주의Constructivism와 Papert의 구성주의Constructionism 이론을 계속해서 살펴보면 이 두 이론의 특징과 공통점은 다음과 같은 그림으로 표현할 수 있다.

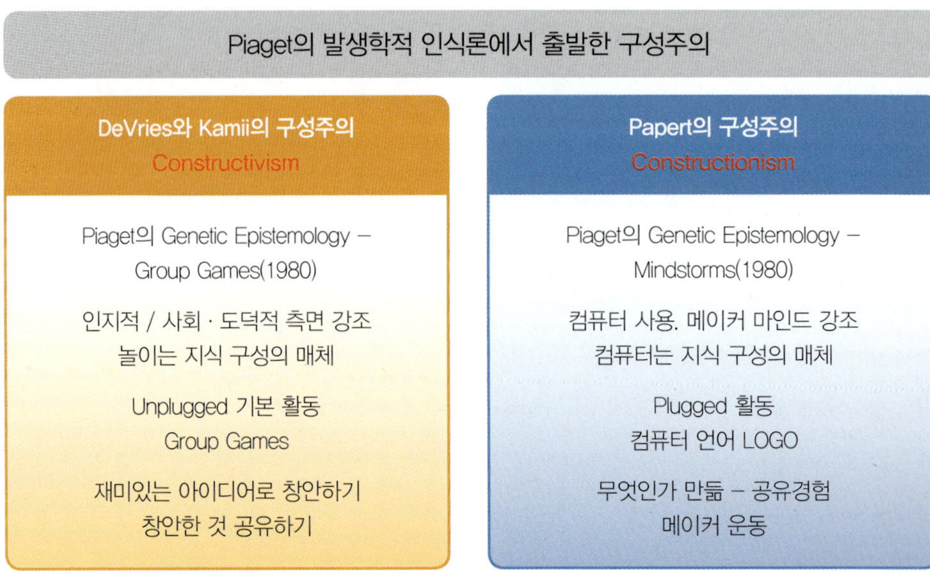

[그림 3-4] 구성주의의 두 갈래: Constructivisim과 Constructionism의 특징

위에 나타났듯이 두 입장은 Piaget의 발생학적 인식론에 의거하여 각기 독특한 측면으로 1980년도에 프로그램을 시작한 공통점이 있다. 지식 구성의 관점에서 DeVries와 Kamii가 유아기 지능과 도덕성 발달을 위한 매체로 그룹게임을 전개했다면, Papert는 로고언어를 컴퓨터라는 매개체와 상호작용하면서 더 나아가 자기가

창안한 것을 동료들과 나누고 공유하도록 하는 기초를 제공했다. 즉, 무엇인가 만들고 나누는 메이커 환경을 조성했다. Papert의 구성주의는 오늘날 메이커 운동maker movement의 근간이 되었으며, 그의 생각이 일찍이 West Coast Computer Fair에서 밝혀진 것이다.

DeVries와 Kamii가 흥미, 실험, 협동을 강조하며 상호작용적 문제 해결 및 재미있는 생각을 발전시켜 나아가는 것을 강조했다면 Papert의 이론에 영향을 받은 Resnick은 4P'sProject, Passion, Peers, Play를 강조하면서 구성주의의 면모를 확실하게 하였다. 4P's는 좀 더 큰 맥락에서 정열적으로 프로젝트를 실험/전개하며, 친구들과 실험하고/재미있는 생각을 나누며, 협동하며/놀이하는 것을 말한다. 무엇보다 중요한 것은 두 입장 모두 구성주의를 연구하는 학자들과 교사들에 의해 스케일 업 되어 AI 시대에 컴퓨팅 사고를 길러 주는 놀이, 즉 컴퓨팅 사고로 접근하고 있다. 그룹게임은 기초에 충실한 언플러그드unpluuged 놀이로, 반면 로고 프로그래밍은 스크래치 주니어ScratchJr로 발전되어 플러그드plugged 놀이로 발전/전개되고 있다. 이는 다음 항에서 더 논의된다.

2 컴퓨팅 사고의 흐름

제1장에서 이미 컴퓨팅 사고에 대한 용어 정리가 되었고 출현 배경도 설명하였다. 본 항에서는 계속해서 컴퓨팅 사고의 등장에 대해 살펴보고 유아 단계에서 컴퓨팅 사고란 무엇인지 그 뿌리를 알아보며, 우리가 이끌어 가야 할 컴퓨팅 사고를 위한 교육의 방향과 이를 어떻게 놀이활동과 연계할지도 살펴본다.

1) 컴퓨팅 사고의 출현

'컴퓨팅 사고Computational thinking'에 대한 중요성은 1980년에 Papert가 처음으로 언급하는데, 그는 앞으로 컴퓨터 시대가 오기 때문에 어린이가 컴퓨터를 다룰 수 있도록 해야 한다고 처음 말했다. 그는 『마인드스톰(*Mindstroms*)』(1980)에서 "어린이는 말하기를 배울 때 최선을 다해 배운다. 그렇다면 왜 어린이는 컴퓨터에게 말할 수 있는 것을 배우게 하지 못할까? 마치 어린이가 모국어를 배우고 외국어를 배우듯 컴퓨터도 배울 수 있게 해야 한다."라며, 어린이가 말하기를 배우는 것을 예로 들며 컴퓨터를 접하게 해야 한다고 주장했다.

앞서 여러 번 언급했듯이 Papert(1980)는 로고Logo 프로그래밍 언어와 후에 로고 터틀Logo Turtle 로봇을 개발하여 어린이가 주체적으로 프로그래밍코딩하면서 창의적 활동을 할 수 있다는 비전과 실제로 교육 현장에 컴퓨터 교육을 펼쳐 나갈 수 있도록 현장 적용을 했다. 그 당시 수많은 학교에서 컴퓨터로 무엇인가 창안하고 디자인하는 것, 즉 코딩하는 것이 중요하다는 생각에 공감도 했었다. 그러나 대부분의 사람들이 컴퓨터를 활용해서 무엇인가 만들고 창조하는 것이 아닌 단순히 정보를 실어 나르고 정보에 접근하기 위한 기술적 행위의 기계로만 컴퓨터를 사용하게 되면서 컴퓨터 프로그래밍코딩의 중요성은 점차 잊혀져 갔다.

제4차 산업혁명과 함께 시대가 빠르게 변하고 컴퓨터가 우리 생활에 들어오게 되면서 컴퓨팅 사고에 대한 필요성이 재조명되었다. 2006년에 Jeannette Wing이 미국 컴퓨터협회AMC에 발표한 짧은 논문 「*Computational Thinking*」에 '컴퓨팅 사고'라는 용어를 기술하였고 이때부터 다시 '컴퓨팅 사고'에 대해 활발한 논의가 이루어지면서 컴퓨팅 사고에 대한 것이 세계적으로 확산되었다. Wing은 컴퓨팅 사고란 "시스템을 설계하고, 문제를 해결하고, 컴퓨팅 사고를 바탕으로 세상이나 인간의 행동을 이해하는 행위에 관한 모든 측면"이라고 광범위하게 정의했다. 그는 컴퓨팅 사고야말로 21세기를 사는 모든 사람이 갖추어야 할 사고 능력이라고 강조했다. 이에 더해 Kafai와 Burke(2017)도 중요한 것은 컴퓨터 과학에서 사용하는 여러 원리를 다른 학문 분야에 적용해 종류와 상관없이 문제가 어떤 요소로 구성됐는지 분석하고 각각의 요소가 다른 요소 혹은 전체 문제와 어떤 관련이 있는지 밝힌 다음 자동화된 해결안에 도달하기 위한 알고리즘을 고안하는 데 힘을 보탠다는 판정을 표명했다.

2011년 ISTE미국기술교육국제모임과 CSTA컴퓨터과학기술연합회의 Barr와 Stephenson이 ACM 저널에 컴퓨팅 사고의 하위 요인에 대한 논의를 하였다. 이후 스크래치Scratch를 만든 MIT 미디어 랩과 학자들, 특히 Resnick, 영국의 BBC, 구글Google이 컴퓨팅 사고에 대한 하위 요소를 제시하였다. 우리나라에서도 교육부와 한국교육학술정보원KERIS에서 컴퓨팅 사고와 하위 요소에 대해 명시하였다. 이는 본 장 4항에서 CT의 구성 요소로 하여 다시 언급된다.

2) 유아 단계에서 컴퓨팅 사고의 뿌리

오늘날 컴퓨팅 사고가 교육과정에 들어오기까지는 어느날 갑자기 생긴 것이 아니라 그 배경에는 STEM 정책이 있다. 인류가 기술과 혁신의 길로 들어서면서 과학은 꽤나 중요한 분야로 여겨지게 된다. 그런 이유에서 1990년대에 미국에서는 미래의 글로벌 리더로 성장할 다음 세대에게 과학, 공학, 기술, 수학을 다루는 STEM이 중요함을 깨닫고 STEM 커리큘럼을 구성하여 교육지침으로 발표하였다. 우리나라에서도 2011년 교육정책으로 STEM에 예술을 더하여 STEAM 교육을 채택하여 '융합 · 창의교육'이라는 이름으로 초등학교에서부터 실시하게 되었다. 융합인재교육으로서 STEAM을 경험하는 것은 중요하다. STEAM 교육은 말 그대로 과목별 개별 수업이 아니라, 한 주제로부터 출발하여 모든 과목이 융합하여 발현된다.

유아교육에서는 주제 중심별로 수업이 진행되므로 어린이를 위한 STEAM 교육은 이미 교육과정 곳곳에 조금씩 녹아져 들어 있다. 유아교육 현장은 STEAM 부분을 좀 더 강화하고 지식과 정보를 연결 융합하면 최고의 창의력과 사고력이 발현될 수 있는 최적의 환경이다. 예를 들어, '봄'을 주제로 다양한 활동 안에서 STEAM 활동을 경험할 수 있다. '봄'에 관한 동화책을 읽고, 계절의 변화에 대해 이야기 나눈 후,

바깥놀이 시간에 꽃이 피는 과정을 관찰하면서 자연스럽게 과학적Science 기초 지식을 배울 수 있다. 꽃, 나비, 벌과 자연에서 볼 수 있는 것들을 사진 찍고 그들에 대한 궁금한 점을 컴퓨터에서 찾아보며 기술적Technology 경험도 할 수 있다. 자연에서 발견한 개미가 어떻게 집을 짓는지 토론하면서 친구들과 함께 교실 한편에 놓여 있는 개미집의 구조를 관찰하고, 그림으로 그리고, 만들어 보면서 공학적Engineering 사고를 키워 볼 수도 있다. 관찰한 꽃, 나비, 벌, 개미를 몸으로 표현해 보거나 교실을 '봄의 정원'이란 주제로 꾸며 보면서 예술적Arts 감각을 키울 수도 있다. 또 바깥놀이 시간에 꽃, 나비, 벌, 개미를 세어 보며 수학적Math 감각을 기를 수도 있다. 이렇듯 STEAM 교육은 기존의 유아교육과정과 다른 것이 아니고 해 오던 주제 중심의 활동 안에서 좀 더 체계적인 과학, 공학, 기술, 수학, 예술과 연결하여 심화 · 발전시켜 나아가는 놀이를 하면 된다.

STEAM 교육과 더불어 컴퓨팅 사고를 기르기 위한 교육을 유아 단계에서 적용하려는 이유는 간단하다. 유아 단계는 인공지능이 아닌 자연지능을 접할 수 있는 최초의 시기이기 때문이다. 컴퓨팅 사고도 실생활에서의 경험 없이는 발현하지 못할 것이다. 게다가 2000년대 초반부터 어린이는 우리가 생각한 것보다 더 어린 나이에 컴퓨터를 생활 안에서 쉽게 접하게 되었다. 유아의 환경은 이미 무수히 많은 컴퓨터 기능이 탑재된 물건들로 가득 차 있다. 텔레비전의 리모컨을 능가해서 텔레비전에게 명령할 수 있는 인공지능 스피커인 '에코', '시리', '기가지니', '클로버'의 사용은 이미 어린이의 생활 속에 깊숙이 들어와 있기 때문에 '어린이에게 컴퓨팅 사고를 길러 주어야 한다'는 것이다. 특히, 위에서 언급한 Wing(2006)은 "컴퓨팅 사고란 21세기를 살아가는 데 필요한 언어 능력literacy"이라고 하며, 어릴 적에 컴퓨터에 지시를 하는 '코딩교육'은 어린이가 컴퓨터 기능을 이해하고, 컴퓨터를 활용할 줄 알며, 컴퓨터 기능이 탑재된 물건들을 잘 사용하는 데 도움을 줄 것이라고 말했다. 쉽게 말해서 컴퓨팅 사고가 있어야 컴퓨터가 사고하는 대로 명령을 하는 언어코딩를 잘할 줄 알게 되는 것이다.

이러한 어린이를 위한 코딩교육 혹은 컴퓨팅 사고 놀이는 STEAM 활동 안에서 자연스럽게 경험할 수 있다. 어린이는 일상생활 속에서 다양한 변화를 체험하고 세상의 진리와 자연의 법칙을 깨닫는 과정을 통해 진보적인 기술과 공학을 적용하여 예술로 승화시켜 보게 된다. STEAM 활동 속에 녹아 있는 다양한 놀이와 실험을 통해 컴퓨팅 사고를 자연스럽게 접하고 경험할 수 있어야 함은 Kafai와 Burke(2017)가 그들의 책 『코딩의 귀환(*Connected Code*)』에서도 언급하고 있다. 어린이는 자신이 프로그래밍을 배운다는 사실을 머릿속에 인식할 필요 없이 학교에서 프로그래밍을 배워야 한다. 이렇듯 유아 단계에서는 유아가 코딩을 배운다고 인식하지 않고 컴퓨팅 사고가 담겨 있는 블록놀이나 그룹게임을 접하고 수 · 과학적 놀이 등과 같은 다양한 STEAM 활동 안에서 기초에 충실한 놀이로 컴퓨팅 사고를 기르게 되는 것이다.

Resnick(2007)은 그의 강연 'All I Really Need to Know I Learned in Kindergarten'의 제목이 의미하는 것처럼 '내가 배워야 할 모든 것은 유치원에서 배웠다'라고 말할 만큼 어린이가 유아교육기관에서 배우는 고전적이고 전통적인 놀이방법으로 배우면 가장 잘 배우고 창의성이 가장 잘 발현된다고 표현하였다. Bers(2018)도 어린이에게 코딩교육은 유아 단계에서 즐거운 놀이로 접근해야 한다고 강조하고 있는데, 그녀는 『놀이터에서의 코딩(*Coding as a Playground*)』에서 코딩 활동을 할 때 울타리가 쳐진 작은 어린이 놀이터playpen가 아닌 열려 있는 큰 놀이터playground가 되어야 한다고 주장한다. 왜냐하면, 어린이는 코딩을 배우는 동안 자신의 창의적 아이디어를 다른 친구들과 나누고 이야기하면서 생각을 조직하고 이를 표현하면서 컴퓨팅 사고를 배울 뿐만 아니라 긍정적인 행동발달에도 기여하기 때문이라고 말하고 있다. 긍정적 행동발달에는 사회성, 자신감, 창의성, 대화 능력, 협력, 배려하는 마음, 사회적 기여 등이 포함된다. 이런 생각은 Papert의 생각과도 흡사한 것이다.

우리는 어린이가 자신의 창의적 생각을 컴퓨팅 사고로 조작하고, 표현하며, 상호작용하고, 함께 나누는 과정이 얼마나 중요한가를 항상 생각한다. 왜냐하면, 미래세대는 컴퓨터 혹은 인공지능과 상호작용하며 함께 사는 삶을 살아갈 것이기 때문이다. 그들과 경쟁하며 함께 살아가기 위해서는 창의적 사고와 융합적 사고가 필수불가결하다. 예를 들어, 지금 성인이 된 우리의 경험을 되짚어 보자. 문법과 읽기 ·

쓰기를 집중적으로 배운 성인 세대는 사회에 나가서 영어를 유창하게 할 수 없다. 그 이유는 그들이 배운 것이 사용 가능한 영어가 아니었기 때문이다. 다시 말해, 지금 어린이들이 컴퓨팅 사고와 코딩을 올바르게 배우지 않는다면 미래 사회에는 컴퓨터가 탑재된 기기들과의 상호작용적 소통이 어려워진다는 것을 의미한다. 잘 듣고, 말하고, 읽고, 쓸 수 있을 뿐만 아니라 자신의 생각을 자연스럽게 표현할 수 있도록 언어를 배우는 것처럼 코딩도 배워야 한다.

지금까지 여러 관점을 살펴본바, 컴퓨팅 사고는 유아기부터 하나의 언어로 생활 안에서 자연스럽게 놀이를 통해 접하게 하는 것이 좋다는 것을 알 수 있다. 컴퓨팅 사고와 코딩을 하나의 과목으로 각각 따로 배우기보다는 이미 우리가 알고 실행하고 있는 주제별 중심 활동이나 STEAM 활동 안에서 컴퓨팅 사고를 연결 통합시켜 유치원에서 놀이를 통해 잘 배울 수 있게 하고 창의성을 가장 잘 발휘할 수 있도록 하는 것이다.

3) 언플러그드 놀이 활동의 출현

Wing(2010)은 컴퓨팅 사고는 이미 오래전부터 과학 연구 분야에 영향을 미쳤으며, 이미 우리 사회와 생활에 영향을 미치고 있다고 말한다. Kafai와 Burke(2017)도 아마 가장 놀라울 만한 것은 컴퓨터 없이 컴퓨팅 사고를 가르치겠다는 결정이라고 언급한 바 있다.

Bers(2017)에 의하면 어린이는 컴퓨터 없이도 과학자처럼 생각하고 자신의 생각을 정리하고 분류하며, 또 다른 영역과도 연결시킬 수 있는 컴퓨팅 사고가 가능하다. 이에 대한 예로 레고나 블록놀이로 보충 설명하고 있다. 어린이가 레고나 블록으로 규모가 큰 구조물을 만들어 나갈 때, 뒤죽박죽된 더미에서보다는 크기와 종류에 따라 분류·보관된 바구니에서 특정 블록을 골라 더 잘 구성해 나아간다. 수백 개의 블록을 크기와 모양, 색에 따라 분류한 바구니에서 골라 작업하며 자신이 구상했던 것을 위해 '찾기'가 아닌 '구성'을 더 잘하게 된다. 즉, 뒤죽박죽된 더미에서 찾기보다는 분류활동에서 만들기를 즐기게 되는 것으로 컴퓨팅적 사고가 길러진다고 말하고 있다.

컴퓨터 없이 하는 활동이라는 의미의 '언플러그드 활동'을 처음으로 언급한 사람은 Tim Bell 박사이다. SIGCSESpecial Interest Group on Computer Science Education에서 2018년에 상을 받은 뉴질랜드 컴퓨터 과학자인 Tim Bell 박사는 1990년대 중반부터 컴퓨터 없이 소프트웨어를 교육하고자 했던 Mike Fellows와 Ian Witten과 함께 '컴퓨터 사이언스 언플러그드Computer Science Unplugged 운동'을 시작했고 www.csunplugged.org 웹사이트를 운영하고 있다. 언플러그드 활동으로 컴퓨터 없이 '게임이나 퍼즐 맞추기에 참여하는 과정'과 같은 활동과 컴퓨터가 작동하는 원리에 맞춰 생각할 수 있게 하는 활동 그리고 컴퓨팅 사고와 코딩의 기초를 기를 수 있는 다양한 언플러그드 활동에 대한 교육 활동과 방법까지 제공하고 있다. CS Unplugged에서 제공하는 활동들은 한국어 버전으로도 번역이 되어 쉽게 다운받아 활용할 수 있다.

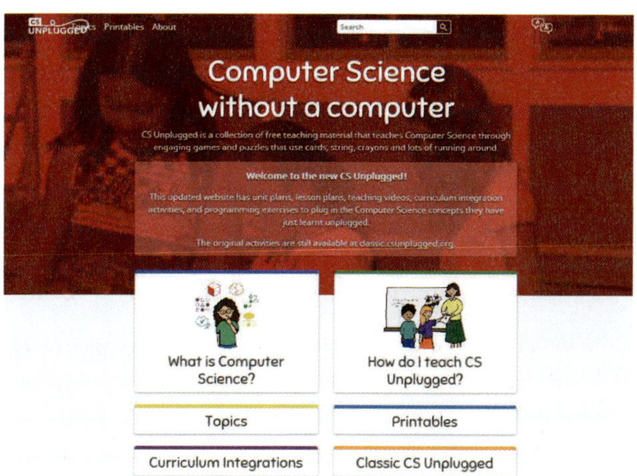

[그림 3-5] CS Unplugged 홈페이지

출처: www.csunplugged.org.

Tim Bell 교수가 제안한 언플러그드 활동들이 초등학생을 위한 활동들을 제한하고 있다면, 좀 더 유아교육 입장에서 다양한 언플러그드 활동을 제시한 사람은 McLennan(2017)이다. McLennan은 NAEYC에 기고한 「*Creating Coding Stories and Games*」라는 글에서 유치원 아이들은 이미 코딩과 관련된 많은 학습 활동을 하고 있다고 언급했다. 그녀는 어린이가 이야기를 창안하는 것도 그들의 스토리를 '코딩한다'고 표현했다. 그녀는 다음과 같은 활동이 모두 '프리코딩 활동pre-coding activity, 사전활동'이라고 하였다. 어린이는 명령을 위한 지시적인 언어를 사용해 보는 것, 연극활동에서 서로 지시하는 것, 지도를 그려 보는 것, 자동차 길을 만들고 놀이하는 것, 그리드Grid로 방향놀이 하는 것 등과 같이 자연적으로 지시를 따르고 창안적 놀이를 하는 것 모두 코딩을 포함한다고 표현하였다.

이런 의미에서 보면 지금의 유아교육과정에 내재되어 있는 일련의 활동을 컴퓨팅 사고로 연결 지어 준 것이다. 또한, 어린이의 일상생활에서 일어나는 사건과 다양한 활동을 통해 사전 코딩 활동이 이루어지고 있는데, 바로 이런 사전 코딩 활동 놀이 안에는 컴퓨팅 사고가 자연스럽게 들어가 있기 때문이라는 것이다. 바로 컴퓨터 없이 컴퓨팅 사고는 길러질 수 있다는 것이다. 다양한 그룹게임들이 컴퓨터 없이 컴퓨팅 사고를 길러 줄 수 있는 관점으로 다시 스케일 업 및 심화되고 있는 이유이다.

하지만 컴퓨터 없이 그룹게임 형태의 언플러그드 활동만 놀이한다고 해서 컴퓨팅 사고가 길러지는 것은 아니다. Bers(2018)는 특히 이 부분을 강조하는데, 왜냐하면 "컴퓨팅 사고란 문제 해결 과정만을 얘기하는 것이 아니라 창의적인 것을 표출하는 과정이므로 창의적 표현을 할 수 있는 가공물의 도구가 필요하기 때문"이라고 말한다. 어린이는 반드시 프로그래밍을 직접 해 볼 수 있는 기회를 가져야 할뿐더러, 컴퓨터가 탑재된 기계나 로봇을 디자인해 보고 자신의 프로그래밍코딩을 입혀서 움직여 보는 플러그드 활동도 균형 있게 해 보아야 비로소 컴퓨팅 사고가 정립될 수 있다.

4) 컴퓨팅 사고(CT: Computational Thinking)의 구성 요소

앞서 언급했듯이 Papert(1980, 1996)가 컴퓨팅 사고에 대해 처음 언급하였다. 구체적으로 컴퓨팅 사고의 구성 요소란 무엇을 말하는 것일까? 여러 학자와 연구기관이 그 구성 요소를 나누는 기준은 조금씩 다르지만 Papert의 생각을 뒤이어 가는 Wing과 Resnick은 빼놓을 수 없다. 그리고 영국의 BBC, 미국의 ISTE, CSTA의 입장과 구글Geogle도 살펴야 한다. 우리나라 교육부와 KERIS의 입장도 세계적 맥락으로 살펴져야 함을 바로 위에서도 언급했다.

Wing(2006)은 컴퓨팅 사고의 구성 요소를 크게 추상화와 자동화 두 가지로 나누어 말하고 있다.

- 추상화Abstraction: 복잡한 과정으로 문제를 이해하고 작은 단위로 분해, 분석하여 해결 방법을 생각하는 과정으로, 분해, 패턴 인식, 추상화로 구분된다.
- 자동화Automation: 추상화된 것을 컴퓨터가 자동으로 반복된 작업을 통해 시뮬레이션하는 것으로 알고리즘과 프로그래밍으로 구분된다.

미국에서는 K-12 교육평가기준 및 통합교육과정을 조정하고 어린이가 컴퓨팅 사고를 접할 수 있는 작업에 착수하였다. 구글 교육 웹사이트가 그 예이다. 구글(2015)은 컴퓨팅 사고의 구성 요소를 자료 수집, 자료 분석, 패턴 인식, 자료 표현, 분해, 추상화, 패턴 일반화, 알고리즘 디자인, 자동화, 병렬화, 시뮬레이션과 같이 11가지로 나누고 있다. 미국 국제기술 교육협회인 ISTEInternational Society for Technology in Education와 컴퓨터교사 협의회인 CSTAComputer Science Teachers Association에서는 2011년에 9가지 세부 요소인 〈표 3-1〉을 제시하였다. 여기에서는 CT를 문제를 형성하는 것, 논리적으로 조직하고 데이터를 분석하는 것, 추상화를 통해 데이터를 표현하는 것, 알고리즘적 사고, 식별하고 해결책을 찾는 것, 일반화하고 정의하는 것으로 보았다.

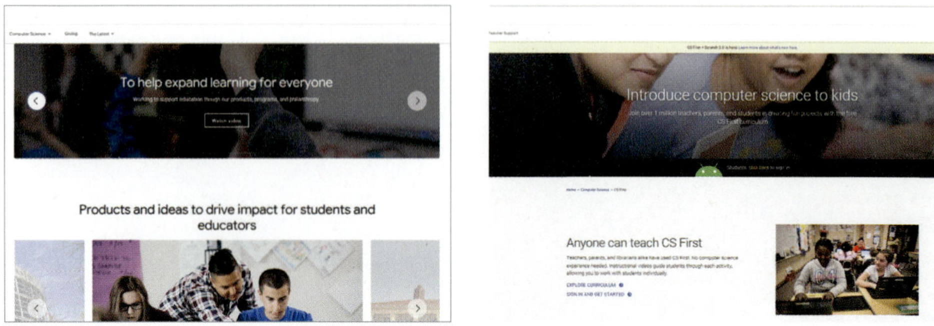

[그림 3-6] 구글 교육 웹사이트

출처: https://edu.google.com/?modal_active=none, https://csfirst.withgoogle.com/en/home.

〈표 3-1〉 ISTE와 CSTA 컴퓨팅 사고의 9가지 세부 요소(2011)

컴퓨팅 사고	정의
자료 수집	해결해야 하는 문제와 관련된 알맞은 자료를 모으는 과정
자료 분석	자료를 이해하고, 패턴을 찾아 결론을 도출
자료 표현	적절한 그래프, 차트, 글, 그림 등으로 자료 정리
문제 분해	문제를 해결 가능한 수준의 작은 문제로 나누기
추상화	문제 해결을 위해 반드시 필요한 핵심요소를 파악하고, 복잡함을 단순화
알고리즘과 절차	문제를 해결하거나 어떤 목표를 달성하기 위해 수행되는 일련의 단계
자동화	컴퓨팅 시스템이 수행할 수 있는 형태로 해결책 나타내기
시뮬레이션	자동화의 결과이며, 문제를 해결하기 위해 만든 모델을 실행시켜 결과 파악하기
병렬화	목표를 달성하기 위한 작업을 동시에 수행하도록 자원을 구성

이외 미국에서는 코드닷오알지code.org나 MIT의 미디어 랩 Lifelong Kindergarten 등 여러 연구단체에서도 컴퓨팅 사고나 코딩교육에 대한 정보를 제공하고 있다.

영국은 앞 제2장에서 언급했듯이 만 5세 이상을 대상으로 하여 유아 단계에서 코딩교육을 앞장서서 하고 있으며, 어느 나라보다 코딩 교육과정이 잘 정비되어 있다. 컴퓨터 관련 교육 사이트로서 영국 BBC Bitesize에서는 'Introduction to Computational Thinking' 영역에서 컴퓨팅 사고의 4가지 핵심요소를 퍼즐 모양의 뇌 그림으로 구분하여 그 내용을 다음 [그림 3-7]과 같이 소개하고 있다.

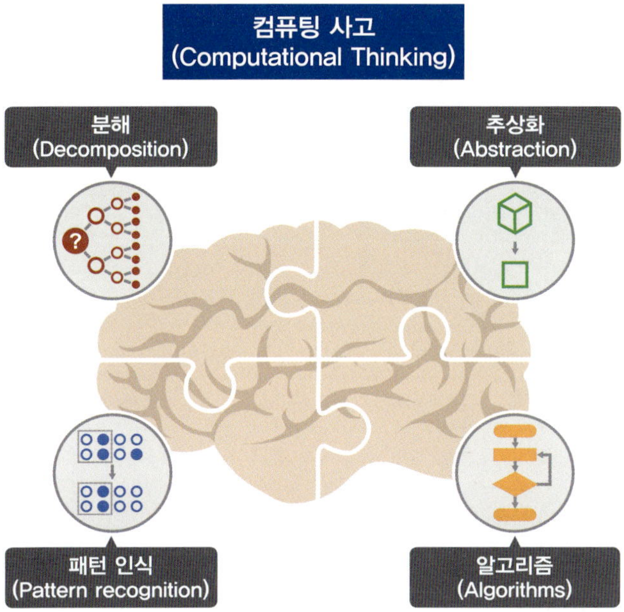

[그림 3-7] BBC Bitesize CT의 4가지 요소: 'Introduction to Computational Thinking'

- 분해Decomposition: 모든 문제를 작은 부분으로 나누어 보는 것. 한 가지 주제를 가지고 구성하고 있는 각각의 요소로 세분화하여 나누어 보는 것
- 패턴 인식Pattern Recognition: 문제에 있어 같고 다른 패턴을 인식하는 것
- 추상화Abstraction: 불필요한 것들을 생략하고 핵심만 남겨서 간결하고 이해하기 쉽게 만드는 것
- 알고리즘Algorithms: 어떤 일을 하기 위한 절차를 나열하는 것

BBC Bitesize에 따르면 각각의 4가지 요소가 퍼즐 조각으로 그려진 이유는 어느 한 조각이라도 잃어버리거나 맞지 않는다는 것은 의자 다리 하나가 없어지면 의자가 무너지는 것과 같은 현상이라고 했다. 모든 요소가 다 중요하며, 퍼즐 조각이 완벽히 다 맞춰진다는 것은 모든 요소가 정확히 컴퓨터 프로그래밍을 적용하는 데 도움을 줄 수 있다고 말한다.

영국 컴퓨터 협회인 BCSBritish Computer Society와 Barefoothttps://barefootcas.org.uk에서는 컴퓨팅 사고를 위한 자료를 제공하고 있다. [그림 3-8]처럼 6가지 개념과 5가지 접근 방법으로 나누어 컴퓨팅 사고를 유아교육에서 강조하는 측면인 팅커링, 창의, 디버깅, 끈기 및 협력을 접근 방법으로 나타내고 있어 유아교육기관에서 코딩교육의 방향을 제시하고 있다고 해도 과언은 아니다.

- **개념Concepts** : 논리logic, 평가evaluation, 알고리즘algorithms, 패턴patterns, 분해decomposition, 추상화abstraction
- **접근 방법Approaches** : 팅커링tinkering, 창의creating, 디버깅debugging, 끈기persevering, 협력collaborating

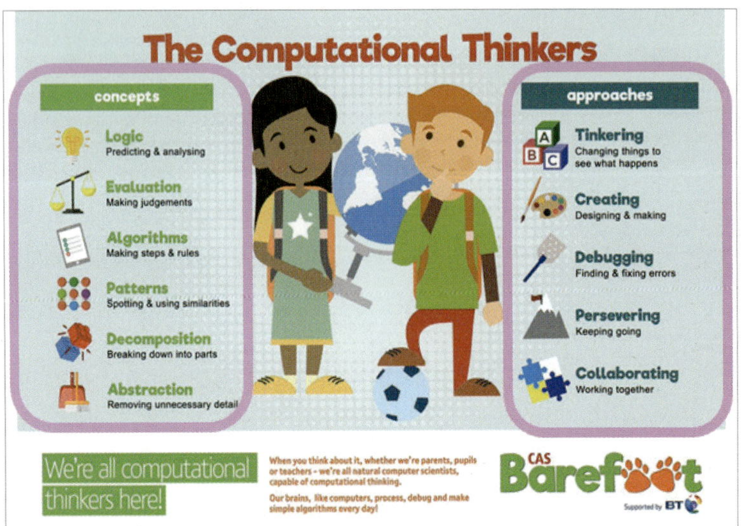

[그림 3-8] Computer At School(CAS) 홈페이지

출처: https://barefootcas.org.uk.

우리나라 교육부 운영 지침(2015)에서는 컴퓨팅 사고의 구성 요소를 다음과 같이 6가지로 제시하고 있다.

❖ 컴퓨팅 사고의 구성 요소

- 문제를 컴퓨터로 해결할 수 있는 형태로 구조화하기
- 자료를 분석하고 논리적으로 조직하기
- 모델링이나 시뮬레이션 등의 추상화를 통해 자료를 표현하기
- 알고리즘적 사고를 통하여 해결 방법을 자동화하기
- 효율적인 해결 방법을 수행하고 검증하기
- 문제 해결 과정을 다른 문제에 적용하고 일반화하기

출처: 교육부 운영 지침(2015. 2.).

교육부 운영 지침과 함께 한국교육학술정보원KERIS(2015)에서는 컴퓨팅 사고의 하위 요소를 패턴 찾기, 분해 · 모델링문제 해결을 위한 핵심요소를 추출하고 모델 만들기, 알고리즘, 코딩으로 제시하고 있다.

위에서 살펴보았듯이 컴퓨팅 사고의 구성 요소 중 일부는 초 · 중등 교육과정에 적합한 내용으로 유아 단계에서 다루기에는 고차원적 사고와 지식을 요구하는 부분이 있다. 세분화될수록 어린이에게 적용하기 어려우며, 발달적으로 적합하지 않기 때문에 유아 단계에서는 단순한 BBC Bitesize CT의 4가지 요소와 함께 Barefoot의 접근 방법인 팅커링, 창의, 디버깅, 끈기 및 협력의 측면을 고려해서 적용하는 것이 적합하다고 사료된다. 이에 근거해서 제6장과 실제편에서는 각 영역의 컴퓨팅 사고를 놀이활동으로 연결해 나아갈 수 있는 방안 및 방법이 소개될 것이다.

지금까지 살펴본 구성주의 흐름을 우리나라에 비추어 볼 때 우리나라는 Papert에 의한 구성주의constructionism보다는 오히려 DeVries와 Kamii에 의한 구성주의constructivism가 유아교육 현장에 보급되었고 익숙하다. 그룹게임은 1980년대에 인지적 · 도덕적 발달을 목적으로 소개되었고 물리적 지식으로의 패러다임 전환은 신선했으며, 많은 교사교육으로 연결되었었다. 그러다가 국가수준의 누리과정 보급으로 인해 유아교육기관에서는 오히려 자율적으로 구성해 나아가는 교육과정이 주춤해졌으나 몇몇 기관에서 그룹게임이나 프로젝트 접근 수업의 '놀이 교육'이 지속되면서

구성주의에서 컴퓨팅 사고와의 연결을 지어가고 있다.

이제는 세계화 시대이자 디지털 시대이기 때문에 유아 단계에서 코딩교육은 그 중요성과 함께 구체적으로 논의될 시기에 이르렀다. 코딩교육다운 코딩은 실현되지 않았으나 다행히 그룹게임으로 전개된 구성주의는 실행되고 있기에 이 시대와 세계의 동향에 발맞추어 코딩, 혹은 컴퓨팅 사고가 담긴 그룹게임의 재조명은 필수적이다. 우리는 숙고해야 할 것이다. 어린이에게 이미 세팅이 되어져 있는 컴퓨터 기기 로봇 장남감이나 앱를 던져 주어 사용만 할 줄 아는 어린이로 키울 것인가? 아니면 컴퓨터의 기능을 이해하고, 기기에 넣을 기능을 창안해 보고, 직접 만들어 보는 환경을 제공해 줄 것인가?

디지털 네이티브로서 이 시대 어린이에게 요구되는 컴퓨팅 사고의 재조명과 그것에 대한 교육의 발전은 필수적이다. 국가 간의 경쟁력과 세계시민으로서의 어린이의 개인적 권리를 위해 서로 국가 정책으로서 코딩교육 정책이 우선 세워져야 할 것이다. 대학의 교육과정 혹은 현장에서의 교사교육 프로그램 역시 시급히 필요하다. 그리고 어린이를 위한 컴퓨팅 사고의 하위 영역 및 그 사고를 함양하는 교육 현장에서의 다양한 연구가 이루어져야 컴퓨팅 사고를 위한 유아교육은 미래를 향해 발전될 수 있을 것이다.

생각해봅시다

1. Constructivism과 Constructionism의 유사점과 차이점은 무엇인가요?
2. Resnick이 말하는 4P's는 무엇인가요?
3. 컴퓨팅 사고의 배경에 STEAM의 역할은 무엇인가요?
4. 유아 단계에서 다룰 수 있는 컴퓨팅 사고는 어떤 것이라고 생각하나요?

제4장

언플러그드 놀이와 플러그드 놀이

장난감과 게임은
진지한 아이디어를 위한 서곡이다.
- Charles Eames

본 장에서는 제3장에 이어 컴퓨팅 사고를 길러 주는 측면을 언플러그드 놀이와 플러그드 놀이, 그리고 이 두 놀이의 균형도 살핀다. 중요한 것은 언플러그드 놀이는 어린이의 발달적 특징을 고려해서 컴퓨터를 실제로 다루기 이전에 기본에 충실한 놀이 경험으로 하는 활동을 사전 코딩pre-coding 활동으로 소개하기도 하므로 이를 살펴본다.

1 언플러그드 놀이를 통한 컴퓨팅 사고

제3장에서 언급했듯이 Tim Bell 교수가 제안하는 언플러그드 놀이는 컴퓨터 없이도 재미있는 놀이와 퀴즈로 컴퓨팅 사고를 기르는 교육을 가능하게 한다. 사실, 기존의 많은 놀이활동은 이미 코딩놀이에 연합되어 있지만 이런 것을 컴퓨팅 사고와 연결하고 생각하게 한 것이 그의 공헌이다. 예컨대, 그룹게임 중 '미끄럼 사다리각 놀이자가 말을 규칙에 따라 1~100까지의 숫자 칸을 이동하여 목적지에 가는 게임' 보드게임은 코딩을 위한 이상적인 그룹게임이다. 순서를 정하고, 주사위를 던져서 나온 숫자만큼 규칙에 따라 움직일 때, 보드에 그려진 그림에 따라 미끄럼chutes을 타고 아래로 내려가거나 사다리ladder를 타고 위로 올라가는 것은 새롭게 해석되어 지시와 방향을 연습하는 것, 즉 컴퓨터에 명령하는 것과 같은 놀이로 코딩의 기초 놀이가 된다. 규칙은 순서를 의미하는 알고리즘이며, 보드에 그려진 격자grid, 그리드는 언플러그드 활동에서 컴퓨팅 사고를 위한 기초가 된다.

McLennan(2017)은 캐나다의 한 유치원에서 놀고 있는 두 어린이의 놀이를 예로 들며, 코딩교육은 다음과 같이 시작된다고 했다. 한 아이가 명령자프로그래머이면, 다른 어린이게이머는 그 명령에 따라 화살표를 놓아 가며 놀이를 한다. 놀이를 하는 동안 어린이게이머는 언어적 지시예: 위로, 옆으로, 앞으로, 뒤로 등에 따라 화살표 방향의 카드를 놓아 보며 정확하게 움직인다. 어린이가 방향에 대한 놀이를 처음 접할 때에는 조금 헷갈려 할 수 있지만, 실제 몸을 사용하면서 방향에 대한 개념을 습득할 수 있는 코딩놀이이다. 우리나라 몇몇 유아교육기관에서도 격자판 놀이로 명령에 따라 놀이를 한다. 이것은 위상수학의 개념을 가지고 상호작용하는 것이며, 이것이 바로 컴퓨터에 명령하는 것, 즉 코딩의 기초 놀이이다.

[그림 4-1] 미끄럼 사다리 보드게임

[그림 4-2] 호원대 부속유치원 격자판 놀이

어린이는 격자 게임판 위를 모험하면서 움직이고, 방향에 따라 말을 움직일 때 어디위치에 말을 놓아야 하는지 자연스럽게 경험한다. 컴퓨터 없이 코딩의 기초가 되는 수 감각, 공간적 감각 등을 경험한다.

그 후 컴퓨터 스크린에서 격자 모양을 접하게 될 때, 보드게임 판에서 격자를 경험한 어린이는 컴퓨터로 프로그래밍 언어 활동예: 스크래치 주니어을 할 때 스크린 속 격자 모양을 자연스럽게 받아들일 수 있게 된다. 이런 기초 코딩을 경험하는 어린이일수록 쉽게 코딩을 이해하고 장차 새로운 직업이 생성되는 시대에 잘 적응할 수 있을 것이다. 따라서 유아기에 흥미 있게 놀이하는 그룹게임은 언어적 지시혹은 규칙를 따라 하거나 협동해서 놀이하기는 물론 코딩 언어coding literacy를 이해하는 매체가 된다.

2017년 교육부와 한국교육학술정보원KERIS에서 개발한 교육자료인 「언플러그드를 활용한 소프트웨어교육」에서는 언플러그드 활동의 유형을 크게 4가지로 구분하여 소개하고 있다. 4가지 유형이란 이야기 기반의 놀이중심 활동, 신체활동 기반의 놀이중심 활동, 도구 기반의 놀이중심 활동, 활동지 기반의 놀이중심 활동으로 이를 살펴보면 다음과 같다.

1) 이야기 기반의 놀이중심 활동(ST: Story Telling)

이것은 쉬운 컴퓨터 용어나 컴퓨터 과학의 개념 그리고 원리를 스토리텔링으로 쉽게 풀어가는 방식이다. McLennan(2017)은 다른 여러 놀이활동보다 스토리텔링 코딩storytelling coding을 가장 적합한 접근 방법으로 제안한다. 여기서 스토리가 있는 게임이라고 하는 것은 그림책을 바탕으로 다양한 활동 혹은 그룹게임으로 연결될 수 있는 것을 말한다. 예를 들어, 『아기 돼지 삼 형제(*Three Little Pigs*)』, 『골디락과 곰 세 마리(*Goldilocks and the Three Bears*)』, 『진저브래드맨(*The Gingerbread Man*)』, 『백설공주와 일곱 난장이(*Snowwhite and The Seven Dwarfs*)』, 『땅콩버터와 잼(*Peanut Butter & Jelly*)』 등과 같은 다양한 이야기를 경험한 후, 컴퓨팅 사고가 담겨 있는 활동을 자연스럽게 할 수 있다.

이야기란 긴 형태의 글만을 얘기하는 것이 아니라 단순한 형태 이야기story가 있는 전래동요도 해당한다. 이러한 이야기는 어린이를 위한 코딩교육으로 연결시킬 수 있다. 다음은 미국의 전래동요 「땅콩버터와 잼(*Peanut Butter and Jelly*)」의 내용이다.

Peanut Butter and Jelly

Peanut, peanut butter and jelly
First you take the peanuts
    And you crunch, crunch, crunch!
Then you take the grapes
    And you squish squish squish!
Then you take brea
    And you spead spead spead!
The you take the sandwich
    And you eat, eat, eat!
Peanut, peanut butter and jelly

어린이는 동요의 가사를 읽은 후, 이야기가 전개되는 순서를 말해 보며 알고리즘의 개념을 자연스럽게 접한다. 이야기와 연계된 요리활동은 STEAM을 모두 담고 있는 훌륭한 활동이다. 어린이는 땅콩버터로 샌드위치 만들기 STEAM 활동을 할 수 있다. 요리방법표를 읽는 것으로도 스토리 기반 코딩놀이는 시작된다. 어린이는 요리방법표를 보고 땅콩과 땅콩버터를 섞는다Science. → 땅콩혹은 포도이 자라는 과정을 영상을 통해서 본다Technology. → 빵 위에 도구칼를 사용해서 버터와 젤리를 바른다Engineering. → 골고루 예쁘게Arts 바른다. → 많이 혹은 적게 바를지 양Mathematics을 생각하며 근사하게 요리방법표의 순서알고리즘에 따라 샌드위치를 만든다. 어린

[그림 4-3] 구성주의연구소의 「땅콩버터와 잼(Peanut Butter and Jelly)」

출처: 아이원더 저널.

이는 일련의 STEAM 활동을 통해 컴퓨팅 사고를 길러 간다. 요리 순서도를 짜고 샌드위치를 만들어 보는 활동은 언플러그드 형태로 컴퓨팅 사고에서 알고리즘을 경험하는 가장 대표적인 활동으로 유튜브youtube.com에서 많은 사람들이 이 활동을 진행하고 있는 모습을 발견할 수 있다.

초등학교 이상의 어린이를 위한 예로는 전문 프로그래머였던 Linda Liukas가 컴퓨터 과학에서 사용되는 개념을 이야기로 풀어 나간 후, 활동을 제시한 『헬로 루비: 코딩이랑 놀자!(*Hello Ruby: Adventures in Coding*)』(2016)가 있다. 이 책에서는 프로그래밍을 하다가 접하게 되는 다양한 용어나 컴퓨팅 사고에 관한 이야기들예: 계획 세우기, 지도 읽기, 순차, 디버깅, 파이썬과 같은을 재미있게 펼쳐 나가 어린이들이 CT에 친숙하게 하고 있다.

2) 신체활동 기반의 놀이중심 활동(PA: Physical Activities)

컴퓨터 과학의 개념이나 원리를 신체를 움직이며 이해하는 방식이다. 몸을 움직이는 다양한 게임이나 놀이를 통해 자연스럽게 컴퓨팅 과학의 원리를 접할 수 있다. 때로는 직접 로봇이 되어 방향을 몸을 움직이고 표현해 보며 코딩에 필요한 코드를 몸으로 경험한다. '가라사대 게임Simon Says'이나 'Let's Go Gode' 게임판을 사용할 수 있다. Resnick 자신도 Hopscotch 놀이로 PA를 소개하고 있다Instagram ID: mitscratchteam.

[그림 4-4] 신체활동 기반의 예: Let's Go Code!™ Activity Set

출처: Learning Resources®

3) 도구 기반의 놀이중심 활동(MT: Media & Tools)

컴퓨터 과학의 개념이나 원리를 이해하기 위해 다양한 그룹게임이나 도구카드, 스티커, 자석, 바둑돌 등를 활용한다. '합해서 5'교사가 만든 게임나 '도블'상품화 교구과 같은 카드게임을 도구로 활용할 수도 있다. 구체적인 방법은 제11장과 제12장 그룹게임 실제편에서 다루어지므로 그 장을 참조할 수 있다.

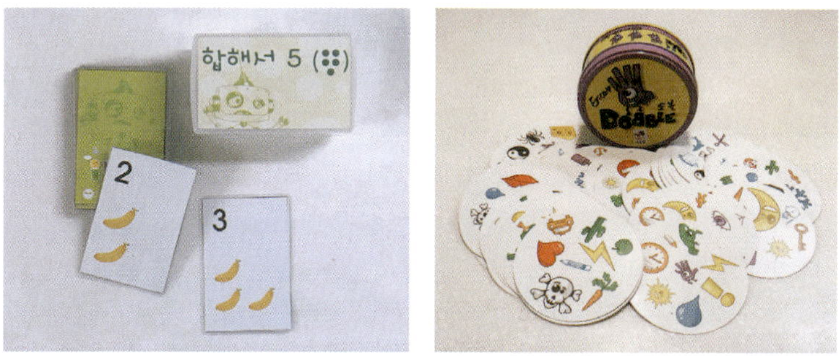

[그림 4-5] 그룹게임의 예: '합해서 5'와 '도블'

어린이가 좋아하는 이야기를 기반으로 하여 만들어진 장난감 형태나 블록 형태의 놀잇감도 있다. 코리아보드게임즈 사에서 출판한 '아기 돼지 삼 형제', '빨강 망토 소녀'와 '백설공주'와 같은 놀잇감은 그림책과 코딩 놀잇감이 함께 포장되어 있다.

어린 어린이에게 소개할 수 있는 '로보 터틀Robot Turtles'과 같은 그룹게임도 도구 기반으로 활용될 수 있다. 마이크로소프트와 구글 출신 프로그래머 Dan Shapiro가 개발한 '로보 터틀'은 코딩의 기초를 익힐 수 있도록 돕는 보드게임이며, 5세 이상이면 충분히 즐길 수 있다. Bers(2018)도 언플러그드 활동의 하나로 '로보 터틀'을 소개하고 있다. 이 게임을 하는 동안 어린이는 순서대로 나열하기sequencing, 문제를 찾아내어 수정하기debugging, 큰 문제를 작은 단계로 나누어 해결하기problem solving, 전략을 계획하기planning, 테스트하기testing를 하여 컴퓨팅 사고computational thinking의 핵심을 활용하는 강력한 아이디어를 마주하게 한다.

'로보 터틀'이 어린 어린이를 위한 보드게임이라면, 좀 더 난도가 높은 초등학생

이상의 어린이에게 적합한 코딩 보드게임도 많이 개발되고 있다. 우리나라에서 쉽게 접할 수 있는 보드게임으로는 '엔트리봇'이 있다.

[그림 4-6] 코딩 그룹게임의 예: 백설공주, 로보 터틀, 엔트리봇

4) 활동지 기반의 놀이중심 활동(WS: Worksheet)

활동지를 풀면서 컴퓨터 과학의 개념이나 원리를 이해하는데, 이때 익힌 개념이나 원리를 이해했는지 확인하거나 적용할 때 활용하는 방식이다. 학습지 기반이라고 표현하는 경우가 많은데 여기에서 말하는 활동지 기반의 놀이중심 활동이란 단순히 학습지를 풀어 나가는 것이 아닌 컴퓨터 과학을 확인하는 다양한 활동을 기록하거나 적용해 보는 것이므로 활동지 기반이라고 부르는 것이 더 적절하다. 다음과 같이 '코드닷오알지code.org'나 'CS Unplugged' 사이트에서 다양한 활동지를 제공한다.

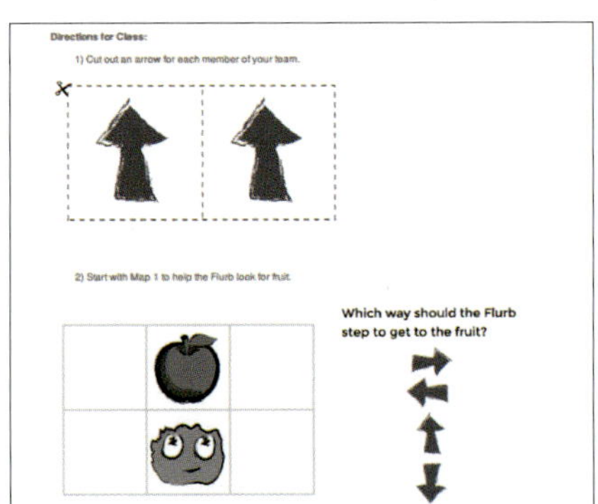

[그림 4-7] 코드닷오알지 과정1 대상 4~6세: Lesson 1. Happy Maps의 예

앞의 네 가지 유형은 때로는 이야기 기반이면서 도구 기반 활동으로, 활동지 기반이면서 신체활동 기반 활동으로 병행되어 진행되곤 한다.

2 플러그드 놀이를 통한 컴퓨팅 사고

위와는 달리 컴퓨팅 사고를 길러 주는 방법은 컴퓨터의 힘을 빌리는 것이다. 언플러그드 놀이에서 컴퓨팅 사고의 기초가 생기면 자연히 컴퓨터로 옮겨져 컴퓨팅 사고를 확장하게 된다. Bers(2018)는 어린이에게 컴퓨터를 사용하게 할 때 굳이 언플러그드 활동을 한 후에 플러그드 활동을 하도록 하지 않아도 무방할 것이라고 말한다. 즉, 동시에 두 가지 활동을 할 수 있게 하는 것도 괜찮다는 것이다.

1) 피지컬 컴퓨팅(Physical Computing) 놀이

최근에는 어린이를 위한 로봇이 많이 개발되고 있다. 어린이가 카드나 앱을 통해 코딩을 하면 로봇이 이를 읽고 움직이는 언플러그드 피지컬 컴퓨팅 형태를 띠는 이러한 로봇은 어린이가 놀이로 쉽게 접근 가능하며, 컴퓨팅 사고를 자연스럽게 배울 수 있게 한다. 키보KIBO나 레고 부스트Lego Boost와 같은 것이 바로 그것이다. 특히, 더 어린 어린이의 경우 어린이가 코딩한 것을 실제로 로봇을 활용해 움직여 보는 것으로 어린이에게 적합한 형태로 소개된 놀이이다.

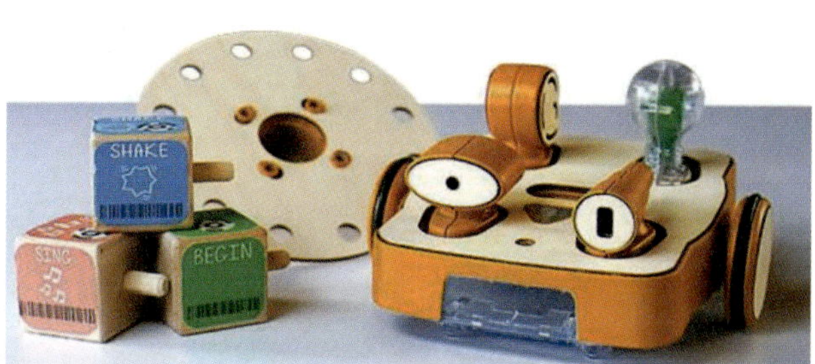

[그림 4-8] Weebly.com사의 센서와 스캐너가 있는 'KIBO'

카드를 사용하여 방향에 대한 지시를 내리면 로봇은 카드의 명령을 읽고 지시에 따라 움직인다. 로봇에는 다양한 센서가 탑재되어 있어 어린이가 로봇을 자신이 원하는 캐릭터로 꾸미고, 움직여 볼 수 있는 경험을 할 수 있다. 이를 통해 어린이는 컴퓨터의 원리를 직접 적용해 보며 이해할 수 있다.

로봇을 가지고 노는 놀이를 통해 어린이는 입력장치와 출력장치, 그리고 센서보드를 직접 다루어 볼 수 있다. 더 나아가 로봇이나, 다양한 IoT 물건 그리고 드론 등을 직접 만들고 조작할 수 있다. 단순히 가지고 노는 것이 아닌 이제는 자신이 프로그래밍한 것을 자신이 만든 물체에 반영하여 실현해 보는 것이다. 이런 피지컬 컴퓨팅 교육은 하드웨어교육이라고도 하는데 로봇형, 보드형, 모듈형으로 구분되며, 센서보드, 햄스터, 센서로봇, 아두이노 등이 여기에 해당한다.

2) 프로그래밍 언어(EPL: Educational Programming Language)

프로그래밍 언어를 위해서는 어린이에게 충분한 사전활동 혹은 언플러그드 놀이를 경험하는 것과 동시에 블록코딩인 스크래치 주니어ScratchJr를 접하게 해 줄 수 있다. 이는 어린이에게 자연스럽게 코딩을 이해하고 적용할 수 있게 하기 위함이다. 코딩교육의 목적은 컴퓨터에 데이터를 넣어 보고, 새 결과를 내면서, 창의적인 사고력이 생기고, 문제 해결 능력을 향상시키기 위함(AhnLab.com, 2017)임을 유념해야 한다.

또한, 제9장 교수-학습에서 숙고할 사항에서 자세히 언급되지만 어린이의 발달단계상 구체적 단계와 상징 단계를 연결해 줄 수 있는 경험을 고려해야 한다. 어린이는 아직 인지적 발달이 완전히 이루어지지 않았기 때문에 추상적인 프로그래밍으로 실제적 움직임을 예측하기 어렵다. 그러므로 유아기부터 프로그래밍 언어를 다루지 못할 것이라는 생각보다는 유아기부터 컴퓨터에 명령할 수 있는 놀이 경험을 하고 동시에 플러그드 놀이에서 프로그래밍한 것을 실제 화면으로 경험하게 하여 결과물을 볼 수 있는 EPL 교육도 함께 진행하는 것이 바람직하다.

컴퓨터가 탑재된 어린이용 장난감은 빠른 속도로 진화하고 있다. 지금까지 컴퓨터 기능이 탑재되어 자유롭게 가지고 놀 수 있는 로봇 장난감 KIBO코딩 로봇도 소개하고 컴퓨터 안에서 자신의 생각을 컴퓨팅 사고를 반영하여 적용시켜 볼 수 있는 놀이도 소개하였다. 과거의 장난감은 단순히 장난감을 가지고 노는 형태였다면, AI 시대의 어린이 장난감은 컴퓨터 프로그래밍이 탑재되어 본인의 생각을 코딩화하여 자신이 직접 명령한 대로 움직이는 것을 경험하는 놀이 형태로 더욱더 발전해 나가고 있다. 자신이 명령하는 대로 움직이는 로봇 장난감은 어린이에게 더 큰 흥미를 선사한다. 어린이가 나무 블록을 가지고 노는 동안 크기와 모양을 탐구하는 데 도움이 될 수 있었다면, 로봇을 가지고 노는 동안에는 센서와 같은 디지털 개념을 탐구할 수 있다(Bers, 2018).

초등 단계에서는 본격적으로 프로그래밍 언어 놀이코딩놀이를 하면서 컴퓨터처럼 논리적으로 정확하게 사고하는 방법을 익히게 한다. 스크래치Scratch에 이어 스크래치 주니어ScratchJr를 개발한 Resnick은 "컴퓨터 프로그래밍 능력은 현재 사회에서 언어 능력의 중요한 한 부분이라고 할 수 있으므로 스크래치Scratch에서 프로그래밍을 배우면 문제 해결, 프로젝트 기획, 아이디어의 의사소통에 필요한 중요 전략들을 배우게 된다."라고 말하고 있다(Resnick, 2013). Bers(2018)도 "우리는 우리 자신을 표현하기 위한 언어가 필요하듯이 프로그래밍 언어는 컴퓨팅 사고를 위한 도구"라고 말하면서 어린이가 컴퓨팅 사고의 잠재력을 최대한 발휘하기 위해서는 코딩을 직접 해 볼 기회를 제공해야 한다고 말한다.

스크래치 주니어ScratchJr가 유아 단계에서 명령어를 입력하여 프로그래밍하는 코딩놀이로 개발되었다면, 초등학교 저학년에서는 스크래치Scratch로 확장해 주어야 한다. 유아 단계에서도 충분히 블록 형태로 된 모양을 움직여 끼워 맞추고 컴퓨터 모니터의 캐릭터가 움직이고 배경을 넣고 텍스트를 적어 넣거나, 음성을 녹음해서 캐릭터에 적용해 보면서 자기만의 이야기를 게임 형태 혹은 애니메이션 형태로 만들 수 있다. 스크래치Scratch와 더불어 우리나라에서 초등학교 저학년 어린이들에게는 교육용 프로그래밍 언어로 엔트리Entry가 소개되고 있다.

3 두 놀이의 균형과 방향성

지금까지 컴퓨팅 사고를 길러 주기 위해 언플러그드 활동과 플러그드 활동을 살펴보았다. 본 항에서는 두 놀이의 균형에 대해 살펴보고자 한다. 그리고 수많은 앱이나 놀잇감을 선택하는 올바른 방향성을 찾는 방향에 대해 언급하고자 한다.

1) 두 놀이의 균형

유아 단계에서 어린이를 위한 코딩교육을 위해 언플러그드 활동만으로도 충분할 것이라는 생각으로 언플러그드 활동으로만 그치거나 센서sensor가 입력된 로봇만 던져 주고 놀이를 하는 것으로 컴퓨팅 사고를 배울 수 있다고 생각하고는 한다. 마찬가지로 초등학생 코딩교육에서 언플러그드 활동 없이 그저 컴퓨터로 한 코딩 프로그래밍 교육만으로 충분히 컴퓨팅 사고를 가르쳤다고 생각하게 된다. 그러나 제3장에서 언급하였듯이 Bers(2018)는 한 가지 교육만으로 충분하지 않으므로 언플러그드에서 배운 것을 창의적 사고로 표출할 수 있는 도구로 플러그드 활동을 해야 한다고 주장한다. 유아기에도 이 두 가지 형태의 활동은 균형을 이루어 경험되어야 한다는 것이다. Bers도 Papert처럼 두 놀이의 균형을 강조하는데 그것은 '실질적인 경험'을 할 수 있는 교육 환경을 제공하는 것이며, 플러그드와 언플러그드를 넘나들면서 좀 더 폭넓은 경험을 할 수 있게 한다는 것이다. 스마트 기기와 컴퓨터를 접하는 어린이의 나이가 점점 더 하향화되고 있기 때문이기도 하다.

앞에서 언플러그드 놀이와 플러그드 놀이에 대해 각각 살펴봤는데, 특히 좀 더 어린 유아들에게는 컴퓨팅 사고의 기초를 발달시켜 주기 위한 놀이로 다양한 언플러그드 활동 혹은 프리코딩 활동을 접하게 하는 것이 중요하다. 아직 인지발달적으로 컴퓨터에 대한 생각이 이해되지 않기 때문이기도 하다. 만 4~5세경이면 두 놀이를 함께 경험시켜 주는 것도 괜찮은 방법이다.

현재 유아교육 현장에서 이루어지고 있는 모든 활동이 코딩 활동과 연결되는 것은 아니지만 주제 중심별 활동은 코딩교육에서 발현하게 될 어린이의 지식과 경험 및 자신의 생각을 창의적으로 표현하는 발판이 될 수 있으므로 유아 단계에서 활동을 컴퓨팅 사고와 연결시켜 주는 것이 중요하다. 주제별 활동을 STEAM 활동과 융합하는 가운데 경험하는 언플러그드 놀이와 플러그드 놀이는 자연스럽게 초 · 중등 코딩교육의 밑바탕이 될 수 있을 것이다. 왜냐하면, 제3장에서 언급했듯이 "내가 배워야 하는 모든 것은 유치원에서 배웠다."를 인용한 Resnick(2007)의 말처럼 유아교육기관은 가장 잘 배울 수 있는 곳이고 창의성이 살아 있는 메이커 현장이기 때문이다. 놀이 속에서 어린이는 융합된 지식을 자신의 아이디어로 자유롭게 표현하고 발현할 수 있는 기회를 제공받는다. 영역 활동 안에서 친구들과 함께 아이디어를 공유하고 다양하게 만드는 활동은 어린이가 먼 미래에 컴퓨터가 탑재된 물건을 개발하는 메이커로도 성장해 나아가도록 하는 기반을 마련해 준다. 미래 교육은 코딩교육과 메이커 교육을 통해 자신의 창의적 아이디어를 다른 사람과 공유할 수 있고 무섭게 발전하는 새로운 AI 기술과 통합하고 융합하고 초연결하여 새로운 것을 재창조하는 사업가 정신까지도 경험해 볼 수 있도록 설계되어져야 한다.

어린이에게 쉽게 접근할 수 있는 사전 코딩교육은 주제 중심 활동의 경험과 함께 언플러그드 활동으로서 그룹게임에 접근하는 것이 바람직하다. 그와 동시에 플러그드 활동프로그래밍과 코딩 장난감을 균형 있게 소개해야 한다. 이것은 어린이에게 익숙한 놀이에서 충분히 경험할 수 있는 환경을 마련해 주는 것이다.

흥미 있는 책과 게임을 연결하는 경험도 중요하다. 『아기 돼지 삼 형제』나 『*Brown Bear, Brown Bear, What Do You See?*』 책을 읽거나 이야기를 들은 어린이는 코딩의 기초 활동으로 이야기에 나오는 사건을 순서대로 나열해 볼 때 순차의 개념이나 알고리즘에 대한 생각을 자연스럽게 하게 된다. 사전 코딩 활동으로 '가라사대 게임Simon Says'을 통해 컴퓨터에 명령 방법도 이해하게 된다. 또 '화살표 짝꿍 카드게임'과 같은 게임을 통해 같은 그림을 찾는 패턴 인식에 대한 컴퓨팅 사고도 구성한다.

실외놀이에서 바닥에 격자를 그려 놓는 활동은 아기 돼지가 늑대를 피해 튼튼한

집을 찾아 오른쪽, 왼쪽, 위, 아래로 신체를 움직이는 동안 컴퓨터가 가는 방향에 대한 개념을 몸으로 익히게 한다. 이 활동은 플러그드 활동으로 연계되어 컴퓨터에서 돼지와 늑대 캐릭터를 색칠해 보거나, 스크래치 주니어ScratchJr에서 캐릭터를 그려 자신이 선택한 배경 안에서 움직여 보는 나만의 에니메이션 창작 활동으로 전개해 나갈 수 있다. 또한, 로봇을 돼지나 늑대로 꾸미고 움직이게 해 보게도 할 수 있다.

2) 코딩교육의 방향성

AI 시대에 사는 어린이는 컴퓨터 기능이 탑재된 장난감을 가지고 놀이하는 것뿐만 아니라 스마트 기기에서 다운받을 수 있는 수많은 앱app과 게임, 그리고 교육용 로봇도 쉽게 접하게 된다. 어린이가 무차별적으로 노출되는 스마트 기기나 앱 게임을 막기보다는 부모와 교사가 어린이들이 적합하고 올바른 선택을 할 수 있도록 도와줄 수 있는 올바른 안목을 가지는 것이 중요하다. 뒷 장에서도 자세히 소개하겠지만 수많은 로봇 놀잇감이나 앱 중에 어떤 것을 선택해야 할지 우리가 직접 판단할 수 없다면 이를 평가해 주는 CTRChildren's Technology Review과 같은 전문지나 전문가의 도움을 받을 수도 있다.

Bers(2018)는 스마트폰 및 태블릿 컴퓨터에서부터 전자 학습 장난감에 이르기까지 새로운 기계를 점점 더 어린 어린이가 빨리 접하게 되자 각 연령층의 어린이의 발달에 적합한 놀이활동와 콘텐츠를 정의하는 방법에 대해 질문이 제기되고 있다고 말했다. 이제 수많은 놀잇감이나 프로그램앱이 먼지Dust와 같이 사라질지 아니면 마술Magic처럼 어린이에게 좋은 영향을 미칠지에 대한 질적 평가가 중요한 시점이다.

Buckleitner는 컴퓨터 교육이 유아교육에서 올바르게 활성화되도록 어린이에게 발달적으로 적합한 미디어와 앱, 그리고 로봇을 선별하여 평가를 내리는 작업을 하고 있다. 그는 CTRChildren's Technology Review이라는 온라인 인터페이스 시스템을 구축하여 부모, 교육자 및 관련 연구원들이 올바른 선택을 할 수 있도록 서비스를 제공한다. 또한, 세계적으로 개발된 수만 가지의 앱이나 로봇, 놀잇감이 어린이에게 적합한지 아니면 부적합한지를 평가하고 진일보해서 앱 개발자와 교육자를 위해 올바른 방향을 제시하는 'Dust or Magic'이라는 앱캠프AppCamp를 진행하며, 좋은 앱을 가려내는 필터 역할을 이행하고 있다. 실제편 제12장에서 좋은 앱과 놀잇감을 소개하고자 한다.

생각해봅시다

1. 언플러그드 놀이를 컴퓨팅 사고와 연결할 수 있는 가치에 대해 논의해 보세요.
2. 교육부와 한국교육학술정보원에서 추천하는 언플러그드 활동 4가지로 부모교육 자료를 만들어 보세요. 그리고 대표적인 놀이도 선정해 보세요.
3. 만 5세 어린이에게 스크래치 주니어를 소개하기 전에 교사 자신이 먼저 탐색하고 토의해 보세요.
4. 언플러그드 놀이와 플러그드 놀이를 균형 있게 해야 하는 이유에 대해 논의해 보세요.

제5장

놀이의 역사와 종류

놀이는 어린이의 경험을 능동적이고 즐겁게 통합하는 과정으로
여러 가지 놀이를 통해 세계를 경험하고
가장 순수하게 동화 조절을 이루어 나아가게 한다.

- Jean Piaget

본 장에서는 어린이에게 놀이는 상상력과 지능, 언어, 사회적 기술, 지각 운동 능력의 발달을 위한 수단임을 간단히 살핀다. 특히, 놀이에 포함되는 게임이 어린이의 생활에서 어떻게 발전되는지 살피면서 우리나라의 놀이 문화도 살펴본다. AI 시대가 요구하는 인재로 양성하기 위한 다양한 놀이와 장난감이 개발되고 있는 가운데 구성주의에서 제안하는 발달 단계에 따른 사전 코딩 활동으로 사용될 그룹게임이 올바른 코딩교육 환경 안에서 경험될 수 있도록 하는 것은 중요한 일이다.

1 놀이의 시작

1) 놀이하는 인간

현대에 와서 인간은 다양한 의미로 정의되고 있다. 인간을 '생각하는 인간', 즉 '호모 사피엔스Homo Sapiens'라고 정의하기도 하고, 또 다른 표현으로 네덜란드의 문화사학자 Johan Huizinga1872~1945는 인간을 '놀이하는 인간', 즉 '호모 루덴스Homo Ludens'라는 말로 그의 책 『호모 루덴스(*Homo Ludens*)』(2010)에서 소개하고 있다. 윤형섭 외(2012)는 인간은 본질적으로 유희를 추구하며, 놀이는 인간 문명의 원동력이라고 주장한다. 「지식채널 e」(2010. 5. 24.)에서는 인간의 본능인 놀이와 그로 인한 놀이의 필요성에 대해 언급하면서 '놀이'가 바로 '생각의 도구'가 됨을 이야기한다.

어린이의 것으로만 여겨졌던 놀이가 현대에 이르러 인간을 놀고 즐기는 사람으로 정의하는 것을 보면 놀이는 세대를 아울러 모든 인간이 살아가는 데 중요한 요소로 자리하고 있음을 알 수 있다. 놀이의 경험과 관찰에서 시작해 학문적 업적을 남긴 인물도 많이 있다. 벽지를 관찰하고 이미지를 발견하여 패턴을 통한 예술 작품을 남긴 M. C. Escher1898~1972, 접시 돌리기 놀이를 하다가 접시 돌리기 원리를 찾아내고 후에 전자궤도를 연구한 물리학자 Richard Feynman1918~1988, 박테리아 놀이를 하며 관찰을 하다가 최초의 항생물질인 페니실린을 발견한 Alexander Fleming1881~1955과 같이 놀이를 하다가 혹은 우연히 규칙을 지키지 않고 새로운 것을 발견한 많은 이들이 있다(지식채널 e, 2010). 어린이도 놀이를 하다 보면 많은 발견을 하게 될 것이다.

이렇듯 어린이는 놀이 안에서 자란다. 놀이는 어린아이의 상상력과 지능, 언어, 사회적 기술, 지각 운동 능력의 발달을 위한 수단으로 묘사되어 왔다(Frost, 1992). 놀이는 심심할 때 시작된다. 관찰과 탐색에서부터 시작하는 어린이의 놀이는 호기심과 흥미 있는 것을 발견하면서 그들을 더 많은 성장으로 이끄는 계기가 된다. 놀이야말로 어린이가 가장 좋아하는 일이며, 그 안에서 어린이는 많은 경험을 쌓고, 느끼고, 배운다. 이러한 놀이를 통해 어린이는 언어발달, 사회적 능력, 창의력, 상상력 및 사고력을 향상시킨다(Fromberg & Gullo, 1992). 이숙재(2017)는 영유아는 놀면서 배운다고 정의하며, 놀이를 통해 자연스러운 방식으로 감각운동적 능력을 기르고, 지식을 습득하며, 사회적 기술이나 규칙에 익숙해지고 풍부한 상상력과 창의력을 기를 수 있다고 이야기한다.

『한국 게임의 역사』의 저자 윤형섭 외(2012)는 놀이에 게임을 포함하여 정의한다. 그는 인간이야말로 동물과는 달리 본질적으로 유희를 추구하므로 놀이는 인간 문명의 원동력이라고 하며, 인간의 정치, 사회 · 문화, 종교, 철학의 기원이 바로 놀이에서 시작되었다고 말한다. 게임이 언제 시작되었는지에 관해 「전자오락게임의 문화정책적 접근방안」(한국문화정책개발원, 1996; 윤형섭 외, 2012)에서는 게임의 유래에 대해 세 가지로 설명한다.

첫째, 게임은 일상생활에서 유래했다는 설
둘째, 전쟁이나 전쟁을 예비하는 군사 훈련에서 유래되었다는 설
셋째, 풍년과 다산을 비는 종교적 제의에서 유래되었다는 설

일상생활에서 유래되었다는 것은 생존 부담에서 벗어나 일이 아닌 놀이로서 생존 활동을 즐기게 되었다는 것을 의미한다. 다트, 경마, 카드놀이, 스키 등과 같은 게임은 민족종족을 초월한 모든 문화권에서 발견되고 있다.

게임이 군사 훈련이나 전쟁 연습과 관련이 있다고 주장하는 증거로는 창 던지기, 투포환, 격구, 검도, 사격, 폴로, 석전, 궁술 등으로 볼 수 있다. 또한, 평소 게임이나 스포츠를 할 때 경쟁적으로 겨루기를 준비하는 모습에서 게임의 기원이 전쟁과 관련이 있음을 시사한다.

놀이와 게임의 기원이 종교적 제례 의식과 관련되었다고 볼 수 있는 증거는 줄다리기 등과 같은 겨루기 게임이 풍년과 다산을 성취하고자 하는 모방적 주술 행위였음을 통해 찾을 수 있다. 고대 올림픽 게임에는 던지기, 달리기, 각종 구기 종목뿐만 아니라 주사위와 게임판을 이용한 놀이도 있다.

게임은 후손을 교육하고 훈련시키는 것을 목적(윤형섭 외, 2012)으로 고안되었다. 바둑은 4, 300년 이상의 역사를 지닌 놀이로, 고대 중국 요순 시대에 자식의 어리석음을 깨우치기 위해 만들어졌고, 장기는 2, 500년 전 초한 시대에 전쟁을 상징화하여 전략과 전술을 가르치기 위해 만들어졌다. 체스는 약 4, 000년 전 '차투랑가chartranga'라는 고대 인도의 게임에서 유래되었는데, 귀족 자제에게 전략과 전술, 통치술을 훈련하는 데 사용했다. 따라서 게임은 놀이의 성격이 있다고 할 수 있다.

[그림 5-1] 호원대 부속유치원: 체스를 두는 어린이들

이와 같이 교육과 훈련이 목적이든, 다른 목적이든 게임은 결국 놀이의 성격을 띠고 있으며, 인간의 본질적 유희를 추구하고 있다. 어린이에게도 마찬가지다. 다양한 게임을 포함한 놀이는 어린이의 삶이고 놀이가 곧 배움이다. 고대 그리스의 교육학자인 Platon을 비롯하여 Piaget와 Montessori, Fröebel, Vygotsky까지 고전에서 현대로 이어지는 모든 학자들이 놀이의 중요성을 강조한 것처럼 제4차 산업혁명 시대를 살아가는 어린이에게 새로운 영역으로 경험을 하게 될 코딩교육은, 특히 어린 어린이에게는 놀이로 접근해야 하는 점을 강조한다. 자기가 관심 있고 좋아하는 것에 푹 빠져서 놀이를 하다 보면 몸과 마음이 성장하고, 언어를 배우고, 함께 나누는 법도 배우게 될뿐더러 미래에 대처하는 컴퓨팅 사고까지 기르게 될 것이다. 그러므로 인간발달에 전반적인 도움을 주는 놀이는 어린이의 성장 단계에 따라 적절한 환경 안에서 올바른 방법으로 제안되어져야 한다.

2 전통놀이

놀이와 게임의 적용에 있어서 우리나라의 놀이 문화를 이해하고 어린이가 접해 볼 수 있는 기회를 마련하는 것은 중요하다. 우리나라 사람들은 본디 다양한 놀이 문화를 가지고 있다. 놀이활동은 공동체의 역사성, 전통성, 지역성을 반영한 것으로 Hall은 놀이가 전 인류의 역사를 반복하는 것이라고 말하고 있다(배영희, 2005; 이숙재, 1993). 놀이활동은 내적으로는 어린이의 내면세계에 영향을 주는 동시에 외적으로는 전통문화라는 공통체적 틀 속에서 이루어지는 것이다. 따라서 전통놀이는 오랜 세월 동안 세대 간에 걸쳐 이어져 내려왔고 세대 간의 결속과 유지를 위해 반복적으로 해 온 행사라고 할 수 있다. 전통놀이는 세대 구성원들의 성향과 습속에 의해 함께 변화 · 발전해 왔다. 전통놀이는 오늘날 민속오락, 민속경기, 민속유희, 민속예능 등 다양한 명칭으로 불린다. 전통놀이 안에는 겨루기를 의미하는 경쟁의식과 유희성, 오락성, 예술성 등이 얽혀 형성되어 있다. 다시 말해, 전통놀이에는 인지적 · 정의적 · 신체적 측면을 모두 포함하고 있기에 오늘날의 교육에 활용하므로 그 가치가 발현될 수 있다고 할 수 있다(배영희, 2005).

현재 우리가 하고 있는 많은 놀이, 특히 게임은 전통놀이에서부터 시작되어 스케일 업 되었기에 코딩의 기초 활동을 전통놀이에서부터 시작하는 것은 중요한 의미일 것이다.

[그림 5-2] 왼쪽: 신윤복의 「쌍륙놀이」, 오른쪽: 쌍륙놀이

전통놀이의 전인적인 교육적 가치를 유아발달의 5개 영역에서 살펴보면 다음과 같다(배영희, 2005).

＊ 전통놀이의 전인적 교육적 가치

첫째, 사회성을 발달시켜 준다. 줄다리기, 고무줄놀이와 같이 한 명 이상이 함께 힘을 합쳐 놀이를 하면서 협동성과 단결력 등을 기를 수 있다. 숨바꼭질과 술래잡기를 통해 술래가 되어 보고, 술래를 찾아보며, 신체의 크기와 힘의 세기와 상관없이 평등하게 게임을 즐길 수 있으며, 모두에게 균등한 기회가 돌아갈 수 있음을 배울 수 있다.

둘째, 정서적 가치를 풍부하게 발달시켜 준다. 자치기, 딱지치기, 연날리기, 제기차기 등 주변에서 놀잇감을 쉽게 구해 만들어 볼 수 있으며, 놀잇감에 대한 애착심을 가질 수 있다. 또 만든 놀잇감으로 이겼을 때 부모로부터의 인정과 함께 성취감을 느낄 수 있다.

셋째, 지적 발달을 돕는다. 공기놀이, 땅따먹기, 자치기, 딱지치기, 구슬치기, 칠교놀이Tangram 등은 고등의 인지 전략을 필요로 한다. 손과 눈의 협응력과 위치, 일대일 대응 개념, 수 세기, 공감 개념, 거리 측정 등의 능력을 필요로 하며, 게임을 하는 동안 발달시켜 준다.

넷째, 신체발달을 돕는다. 그네뛰기, 널뛰기, 과녁 맞히기, 제기차기 등은 소근육과 대근육 발달과 조정 능력에 도움을 준다.

다섯째, 언어발달을 돕는다. 소꿉놀이, 무궁화꽃이 피었습니다 등과 같은 놀이는 게임을 하는 동안 규칙에 따라 여러 명이 함께 의사소통을 하며 즐기는 게임이다. 어린이는 놀이를 하는 동안 정확한 어휘 사용법과 적절한 의견 교환을 하게 된다.

전통놀이가 유아발달에 기여하는 이러한 점을 고려해 볼 때 코딩 기초 활동으로 다양한 놀이게임를 제공하는 것이 그 출발점이 될 수 있을 것이다. 우리가 알고 있는 전통놀이 안에는 다양한 컴퓨팅 사고가 담겨 있다.

예를 들면, 우리나라 전통놀이인 '윷놀이'는 여러 가지 길과 전략말을 2동, 3동으로 업고 가기이 있는 대표적인 보드게임이다. '윷놀이'를 하기 전에 『전통놀이: 윷놀이 이야기』(이은화, 1993)에 있는 이야기를 들려주어 놀이의 유래를 알게 하며, 도 · 개 · 걸 · 윷 · 모 캐릭터의 역할이름에 맞는 숫자만큼 가기과 숫자로 표기되는 것도 한국 문화와 문학, 수 개념을 이해하는 데 도움이 된다. 또한, 문제를 해결하는 데 몇 가지 방법이 있는 게임에서 어린이는 다양한 지름길을 알고 결론에 도달할 수 있게 된다. 이런 게임에서 어린이는 가장 바람직한 전략 혹은 가장 적은 수로 도착점까지 도달할 수 있는 선택을 할 수 있다. 짝과 함께 협동하여 계획하는 것으로 더 빨리 성공할 수도 있다.

어린이는 교사의 도움으로 여기에 코딩이 있음을 알게 된다. 즉, 도 1이며, 개 2, 걸 3, 윷 4, 모 5, 뒷도 −1과 같은 내재된 규칙은 코딩할 때 규칙을 정해 주는 것과 같다. '윷'과 '모'가 나왔을 때 한 번 더 윷을 던질 수 있는 규칙도 코딩을 할 때 규칙을 부여하는 지식으로 이해된다. 윷놀이와 같은 보드게임에서 말 대신 로봇 장난감을 사용해 본다면 우리나라의 전통놀이와 코딩교육 활동을 연결 지을 수 있다.

'사방치기hopscoach, 오랏말'도 보드게임의 일종이다. 규칙에 따라 앞으로 가고 뒤로 돌아 목적지에 도착하는 동안 놀이자gamer가 던진 돌을 밟지 않고 건너뛰는 과제를 이행하면서 문제 해결problem solving을 경험하는 게임으로 코딩 기초 활동으로 볼 수 있다.

'둥글게 둥글게'와 같은 놀이는 잘 들으면서 놀이해야 한다. 술래의 지시에 따라 「둥글게 둥글게」 노래를 한다. 재미있게 움직일 때 술래는 "둘혹은 셋" 하고 외치면 둥글게 돌며 놀이하던 어린이들은 둘씩 짝을 짓는다. 이때 짝을 만들지 못한 어린이는 제외되며, 마지막 두 사람이 남을 때까지 진행된다. '술래'는 코딩에서 명령을 주는 사람이며, '놀이자'는 지시에 따라 움직이는 사람이다. 이런 지시적인 말둘 혹은 셋에 따라 놀이하는 것두 사람 혹은 세 사람이 짝짓기이 컴퓨터에 지시하는 것과 같음을 알게 해 주는 것이 교사의 역할일 것이다. '무궁화꽃이 피었습니다'도 이와 흡사한 놀이게임이다.

이러한 전통놀이를 하며 정확한 지시를 내리는 연습을 한 어린이는 코딩 게임을 할 때 상대방혹은 컴퓨터에게도 정확한 방향을 지시해 주어야 함을 깨닫게 된다. 이때 어린이가 의사소통을 위해 하는 말words은 간결하고succinct 순차적sequence이어야 한다. 어린이의 언어는 길지 않고 복잡하지 않아야 한다. 함께 게임을 하는 놀이자가 게임 중에 위치를 잃거나 의도하지 않은 방향으로 갈 수 있기 때문이다.

놀이나 게임을 할 때는 지시앞으로, 뒤로, 위로, 아래로 등를 받는 어린이가 잘 듣고 이해해서 정확하게 바른길로 움직일 수 있도록 해야 한다. 코딩 게임에서는 정확한 의사소통과 순서를 지키는 것이 기본적인 의사소통 방법이다. 이러한 그룹게임 활동을 통해 어린이는 상대방이 쉽게 듣고 행할 수 있는 언어, 상대방을 움직이게 할 수 있는 언어, 상대방이 쉽게 이해할 수 있는 언어로 전달하며, 다양한 방법을 시도해 보면서 실패를 경험하고, 이를 토대로 의사소통적 기술과 능력을 강화할 수 있게 된다.

이와 같은 전통놀이 경험을 한 어린이는 컴퓨팅 사고를 자연스럽게 익히게 되어 미래 사회에 적용할 때 우리의 정서와 문화도 함께 반영된 창의적인 작업으로 발전시킬 수 있을 것으로 기대된다.

3 그룹게임

국립국어원 『표준국어대사전』에서는 "게임은 규칙을 정해 놓고 승부를 겨루는 놀이"라고 정의한다. 『옥스퍼드 사전』에서도 "게임은 규칙에 따라 놀이하는 스포츠나 경쟁적 활동의 형태가 있다."라고 기록하고 있다. 놀이와 게임의 다른 점이 바로 이 규칙에 있다고 볼 수 있다. 그룹group과 게임game의 합성어인 '그룹게임group game'은 사실상 Kamii와 DeVries(1980)가 유아교육에서 그룹게임이라는 용어를 사용하면서 구성주의 교육으로부터 시작되었다. 그룹게임은 Piaget의 규칙이 있는 게임에 대한 유아의 반응 연구(Piaget, 1932, 1965)에서 시사점을 찾아 교육적 적용으로 이루어진 것이다.

Kamii와 DeVries(1980)는 그룹게임을 다음으로 정의한다.

첫째, 어린이가 성취해야 할 이미 정해진 클라이맥스climax가 있다.

둘째, 놀이자가 상호 의존적 · 협력적이면서도 상대방과 반대되는 역할을 해야 하며, 규칙에 따라 같이 놀이한다.

구성주의에서는 그룹게임을 할 때 이기는 것을 그리 강조하지는 않는다. 게임에서 경쟁은 중요한 요소이기는 하지만, 이기는 것만이 중요하지는 않기 때문이다. 게임에서 이기려고만 하는 노력보다 어린이가 최선을 다했을 때 얻을 수 있는 사회 · 도덕적 측면과 인지적 측면의 이익에 대해 관심을 갖는 것이 특히 중요하다고 보는데, 바로 이 입장이 특징적이다. 따라서 그룹게임에서 고려되어야 할 점은 '단순히 교훈적인 것'만이 아니라 어린이의 발달적 특징이 무엇인지 고려하여 제시될 필요가 있다고 보며, 발달 단계에 맞는 그룹게임의 기준을 제시했다(Kamii & DeVris, 1980).

* 발달 단계에 따른 그룹게임의 기준

첫째, 어린이가 게임 방법을 이해할 수 있어야 하고 재미있어야 한다. 게임 내용이 어린이의 발달 수준, 즉 추상적이고 형식적 발달 단계가 아닌 실제적 경험 수준에 적합해야 한다.

둘째, 어린이 스스로 성공을 판단할 수 있어야 한다. 어린이 자신이 원하는 결과를 얻었을 때, 어린이는 자연히 자신의 노력에 대해 성취감을 느끼게 된다.

셋째, 모든 놀이자는 적극적으로 게임에 참여할 수 있어야 한다. 놀이하는 모든 어린이가 적극적으로 게임에 참여한다면, 이것은 그 게임이 어린이의 발달 수준에 적합하다는 것을 의미한다. 즉, 어린이가 게임을 활발히 한다면 무엇인가 열심히 활동하고 있다는 것을 의미한다.

Kamii는 그룹게임에 대해 특별히 애착을 갖고 Piaget의 이론이 암시하는 수학교육을 게임으로 전개하여 유치원에 이어 유아와 초등학교 저학년을 위해 전개하였다(Kamii, 1982; Kamii & Declark, 1985). 다시 말해서, Kamii는 행동주의에서 수학을 사회적 지식처럼 설명하고 학습지를 풀어 가는 방법에 반기를 들어 어린이 스스로 지식을 구성해 가는 것에 초점을 맞추었다. 그는 특히 카드게임 놀이에서 수학적 지식의 구성에 대해 강조하였다.

설명 위주의 전통적 방법에 대해 그룹게임은 수학교육에 대한 혁신이라고 표현할 수 있다. 그룹게임은 적어도 두 가지 점에서 유익하다고 주장한 Kamii와 DeVries(1980)의 입장은 오늘날에도 그대로 가치가 있다. 첫째, 그룹게임을 하면서 셈하는 동안 어린이는 스스로 합리성을 찾아내게 된다. 둘째, 동료들로부터 혹은 스스로 피드백feedback을 받는 기회를 얻게 된다. 특히, 다른 어린이로부터 받는 피드백을 통해 다른 사람의 관점에 대한 의견을 수렴하고, 관계를 형성하도록 해 준다. 어린이는 자기 의견을 표현하고 실행하는 기회가 많을수록 지적으로 더욱 능동적이게 된다.

이처럼 동료들 간의 피드백은 어린이로 하여금 '내 생각이 친구들과 왜 다르지?' 하며 다시 한번 자기 생각을 검토하는 기회를 갖게 된다. 수학적 규칙을 배워서 바로 연습하면서 알게 되는 행동주의 기반의 학습지와 규칙에 따라 상호작용을 하고 놀이를 하면서 수학적 지식을 알게 되는 그룹게임을 하는 것이 학습지와는 다른 점이다. [그림 5-3]이 이를 잘 나타내 준다.

[그림 5-3] 왼쪽: 학습지하는 어린이 / 오른쪽: 호원대 부속유치원: 그룹게임을 하고 있는 어린이들

지식을 소위 체계적이고 효율적으로 주입하기 위해 어린이들 간에 상호작용의 기회를 갖게 하지 않는 것은 바람직하지 않다. 특히, 그룹게임을 할 때 상호작용적 게임은 간접 교육의 효과와 자율성을 구상하는 과정으로 중요하다. 이는 뒤에서 다시 언급된다. 그룹게임에서 규칙을 따라 하는 것, 순서를 지키는 것 등이 바로 AI 시대 코딩교육의 기초 활동이다.

구성주의에서 그룹게임에 대한 DeVries와 Kamii의 관점은 그 강조하는 측면이 다르다. DeVries가 발달을 도모하는 데 중점을 둔 것과 다르게 Kamii는 교육의 목적을 자율성에 두었다(곽향림, 2015). Kamii는 그룹게임을 초등학교 저학년에서도 실시하고 연구(Kamii, 1982; Kamii & Declark, 1985)를 지속하며, 그룹게임을 통한 수학교육에 몰두했다. 한편, DeVries는 좀 더 광범위하게 구성주의 유아교육을 Kohlberg와 함께 연구(1990)하면서 그룹게임에서 규칙 지키기와 같은 것을 도덕적 측면으로 중요하게 포함했다. 또한, 지능과 지식 구성은 동시에 일어나는 것이기 때문에 어린이가 어떤 사고 과정을 통해 지적 관계를 맺으면서 지능 발달을 하는지를 함께 고려했다. 오늘날에는 그룹게임 안에서 일어나는 활동들이 컴퓨팅 사고를 발전시킬 수 있는 토대로 언플러그드 활동으로 활용될 수 있음이 재발견되고 재인식되어 그 중요성이 다시 강조되고 있다.

4 놀이의 변화와 게임의 귀환

놀이에는 다양한 형태가 있다. 앞에서 살펴보았듯이 손뼉치기, 달리기, 노래하기, 춤추기, 역할놀이, 블록으로 만들기 등과 같은 규칙이 다소 필요하지 않은 놀이에서부터 '숨바꼭질'이나 '열 고개', 다양한 카드게임이나 보드게임, 퍼즐, 칠교놀이 등과 같이 규칙이 있는 놀이, 혼자서 하는 놀이, 둘이서 하는 놀이, 팀으로 나누어 하는 놀이, 대그룹으로 하는 놀이 등 다양한 형태의 놀이와 게임이 있다. 그런데 이러한 놀이도 시대적 변화에 따라 점차 사라지고 줄어들거나 스케일 업 되고 있다.

AI 시대에 살고 있는 지금의 어린이는 대가족 속에서 살던 어린이의 놀이와는 확실히 다르다. 지금 부모가 된 세대만 해도 동네 놀이터에서 친구들과 '무궁화꽃이 피었습니다'나 '꼬리잡기' 같은 단체 놀이를 하면서 시간 가는 줄 몰랐었다. 그러나 지금은 핵가족화가 되고 아파트가 들어서고 공터가 사라지고 놀이터에 있는 어린이는 줄어들고 어린이는 놀이터보다 집 안에서 놀기를 더 선호한다. 어른, 어린이 할 것 없이 포노 사피엔스Phono Sapiens가 되어 각자 소파에 틀어박혀서 혹은 온 가족이 모인 식탁 앞에서도 각자 스마트폰을 들고 혼자 놀이를 즐긴다. 포노 사피엔스란 영국 경제주간지 『이코노미스트(*The Economist*)』(2015)가 만든 용어로 스마트폰 없이 살 수 없는 사람들을 가리키는 신조어이다. 그들은 바깥놀이보다 집 안에서 스마트폰과 컴퓨터를 통해 가상의 문화와 놀이를 즐기며 앱을 통해 다양한 오락적 · 교육적 게임을 즐기기도 한다.

장진태는 보드게임의 중요성을 역설하고자 우리 아이 행복 프로젝트로 『잠든 뇌를 깨우는 보드게임』(2016)이라는 책을 통해 기능성 보드게임의 장점을 소개하고 교육적으로 활용할 수 있는 방법까지 제시하고 있다. 그는 전자 기기가 좋지 않은 영향은 전자파라고 하며, 전자파는 대뇌, 기억력과 학습을 담당하는 해마, 운동과 평형을 담당하는 소뇌의 기능을 떨어뜨린다고 했다. 컴퓨터 게임이 말초신경을 자극하는 반면, 보드게임은 사고력 중심의 전략을 길러 줄 수 있다고 주장한다. 아날로그analog 방식인 면대면 상호작용, 휴머니즘humanism의 인간 접촉이 유대감을 높일 수 있으므로 보드게임은 바람직한 놀이로 추천한다. 특히, 오프라인off-line에서 초등학생이 즐기는 언플러그드 보드게임을 소개하면서, 실제로 우리나라 초등학교 어린이들은 보드게임그룹게임을 쉬는 시간이나 점심시간에 수시로 즐기고 있다고 말한다.

위와 같은 여러 관점은 컴퓨터를 사용하는 플러그드 놀이나 전두엽 발달에 도움이 되지 않는 스마트폰 놀이는 어린이의 두뇌 발달을 위해서는 바람직하지 않으므로 두뇌 발달을 위해서는 언플러그드 그룹게임이 바람직하다는 것이다.

이를 감안하여 때마침 게이미피케이션Gamification, 즉 게임화는 2010년부터 적극적으로 연구되고 활성화되고 있으며, 2020년까지 산업군 외에, 특히 교육에서 활발히 적용될 것이라는 전망이 있다. 이은정(2018)은 언플러그드 보드게임을 활용한 활동은 소프트웨어교육에 대한 동기와 흥미를 유발시킬 수 있다고 본다. 보드게임은 게임이 주는 '재미'라는 요소를 통해 자발적 참여와 집중을 강화할 수 있다고 언급하며, 전통적 교육을 게임처럼 즐기게 하는 중에 상호 협력, 문제 해결, 논리적 사고를 하게 할 수 있다고 주장한다. 한국콘텐츠진흥원www.kocca.kr과 게임학회는 산학 협동으로 게임문화포럼을 발족2017. 4. 17.하여 게임문화공론화를 위한 첫발을 내딛었다. 김상균(2017)은 멈춤이 없는 평생학습시대에 새로운 학습법의 해답으로 게임이 주목받고 있으며, 미래 교육의 방안으로 "게임을 플레이하라."라며 추천한다. 그는 교육적 기능을 가진 게임과 게임 속에 존재하는 흥미 있는 요소를 실제 교육에 반영하는 것을 강력하게 권장하고 있다.

게임을 교육의 실제로 교실에서 놀이하는 것은 구성주의 교실에서뿐만 아니라 어린이들이 있는 교실에서는 놀이를 통한 배움으로 일어나고 있다. 게임을 통해 놀이하는 것은 어느 교육의 방법보다 효과적이기 때문이다. 학습방법으로서 게임화의 효과는 [그림 5-4]와 같다. 읽고 듣고 보기보다는 실제로 유사한 상황에서 직접 활

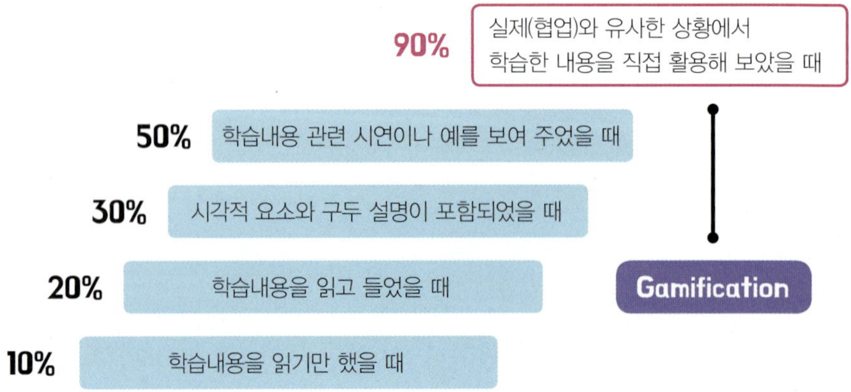

[그림 5-4] 게임화의 효과

용했을 때, 즉 게임 상황에서 직접 활용해 보았을 때 90%의 내용을 기억할 수 있을 뿐만 아니라 몰입하게 할 수 있다elearningindustry.com. 이런 점에서 게이미피케이션, 즉 게임화는 유아 단계에 특히 효과적이라고 할 수 있다.

Scott Hebert(2018)는 우리 모두는 책상에 앉아서 배웠기 때문에 놀이나 게임으로 교육을 혁신하려는 데에는 두려움을 가지고 있다고 언급하며, 지루한 분위기나 학습지는 없애고 게임을 교육의 매체로 해야 한다고 주장한다. 이를 바꾸어 말한다면 읽고 듣기만 하는 일방적 학습방법에서 상호작용적인 게임문화로 교육 혁신에 임하자는 것과 같은 것이다. 이미 교실 현장에서는 교육용 게임이 수업에 적용되고 활용되고 있다. 예를 들어, 마이크로소프트MS는 2018 SW코딩 교사연수 프로그램에서 프로젝트 수업으로 마인크래프트Minecraft 게임을 과학, 음악, 사회 등에 접목시키는 교육으로 제시하고 있다.

[그림 5-5] 마인크래프트 홈페이지

출처: https://www.minecraft.net.

앞에서 포노 사피엔스라고 말했듯이 제4차 산업혁명을 맞이하고 있는 지금의 어린이는 일찌감치 영유아 시기 때부터 스마트폰을 손에 쥐고 게임을 접하고 있다. 2017년 과학기술정보통신부에서 발표한 '2017 인터넷이용실태조사' 결과 발표에 따르면 스마트폰 보급률은 94.1%이며, 어린이가 쉽게 게임을 접할 수 있는 스마트패드의 보급률도 11.2%로 꾸준히 증가하였다. 2012년도 방송통신위원회와 한국인터넷진흥원에서 발표한 조사에 따르면 2011년도 스마트폰 보급률이 65%였음에도 불구하고 만 3~5세의 인터넷 이용률이 72.8%였으며, 이 중 스마트폰 게임 서비스 이용률이 유아가 29.7%이였다. 5년간 스마트폰 보급률이 29.1% 상승했음을 볼 때 현재 유아의 스마트폰 게임 이용률이 얼마큼 상승했을지는 미루어 짐작할 수 있다.

얼마 전만 해도 게임을 하기 위해 오락실이나 개인 PC를 사용했다면 이제는 손 안에서 마음대로 게임을 즐길 수 있는 시대가 되었다. 사람들에게 하나의 문화로 자리 잡은 놀이로서의 게임은 게임산업의 발달로 더 많은 사람들에게 보급되고 있다. 윤형섭 외(2012)는 게임이 일부 마니아만의 전유물이 아니라 많은 사람들의 일상이자 여가라는 것은 많은 사람들이 모이는 장소에서 적지 않은 사람들이 게임을 즐기는 모습을 일상적으로 볼 수 있는 것만으로도 충분히 설명할 수 있을 정도라고 말한다. 먼 미래에는 가상현실 속에서 게임VR게임을 즐길 수 있는 등과 같이 그 범위와 종류가 매우 다양해질 것이다.

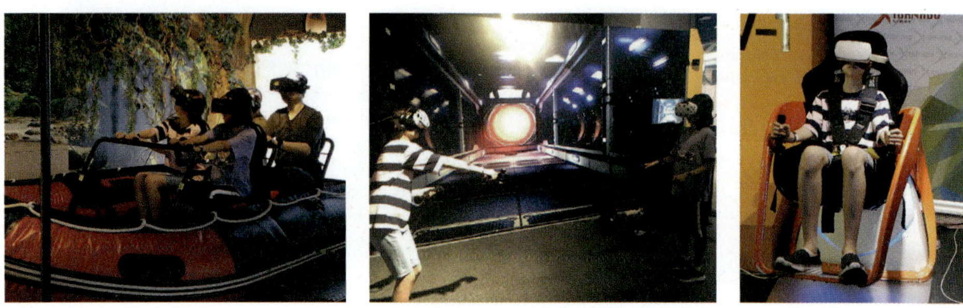

[그림 5-6] VR게임 중

게임에 대한 이중적 시각과 부정적 이미지도 많다. 이는 아마도 게임은 어린이만 하는 것, 시간 낭비라는 전반적인 선입견과 미디어 매체를 통해서 접하게 되는 게임 중독', '게임 과몰입' 등의 현상에 대한 뉴스를 접했기 때문이다. '게임'을 '놀이'라는 표현으로 바꾸면 게임을 한다는 것은 놀이를 통해 능동적으로 즐거움에 도달하는 행위가 된다고 윤형섭 외(2012)는 이야기한다.

어린이의 인지적 놀이 발달에 맞는 게임이 개발되고 올바르게 사용되도록 꾸준히 노력한다면 부정적인 효과를 줄일 수 있을 것이다. 어린이에게 적절한 게임인지 분별해 내고 이를 올바른 교수방법과 교수 환경을 제공하는 것은 중요한 일일 것이다. 지난 수십 년 동안 컴퓨터는 인간의 '직관적 사고thinking'에 도달하고자 노력해 왔다. 이제는 반대로 인간의 생활을 유용하게 해 주는 컴퓨터 기능이 들어간 기기를 만들고 사용할 수 있도록 컴퓨터 언어를 배우고 컴퓨팅 사고를 길러야 할 때이다. 잊혀져 간 다양한 전통놀이와 게임의 귀환을 통해 어린이가 가져야 할 AI 시대의 덕목인 컴퓨팅 사고를 잘 배워 나갈 수 있어야 한다.

❖ 퍼즐의 귀환

언플러그 활동으로 그룹게임이 다시 중요시되듯이 퍼즐 또한 어린이의 컴퓨팅 사고 발달에 도움을 줄 수 있다. 퍼즐은 다양하면서도 흥미로운 문제 상황을 만들 수 있어 어린이의 동기를 유발할 수 있다. 재미있고 짧게 제시되는 문제 상황은 누구나 쉽게 접근할 수 있다. Moursund(2007)는 "게임은 컴퓨팅 사고의 아이디어를 탐색할 수 있는 훌륭한 환경을 제공한다."라고 말한다. 그는 특히 언플러그드 형태의 많은 게임과 컴퓨터화된 형태의 게임은 어린이가 컴퓨팅 사고를 기를 수 있는 우수한 학습 환경을 조성하는 데 도움이 된다고 말했다. 현재에는 그중 가장 쉽게 접근할 수 있는 방법으로 다양한 퍼즐이 활용되고 있다.

Gregg(2013)는 『*The Great Puzzles of Computer Science*』에서 컴퓨터 과학은 수학과 논리에 깊은 기초를 가지고 있으며, 간단한 컴퓨팅 퍼즐과 수수께끼는 대중에게 쉽게 접근할 수 있고, 재미있고 도전적이며 중요한 컴퓨팅 아이디어를 전달하는 놀라운 일을 한다고 말하고 있다. Anany Levitin과 Maria Levitin(2011)는 『*Algorithmic Puzzles*』에서 퍼즐은 이 중요한 기술컴퓨팅 사고을 마스터하기 위한 다음의 두 가지 이유에서 이상적인 수단이라고 말했다. 첫째는 퍼즐은 재미있고, 사람들은 일상적인 운동을 할 때보다 퍼즐을 풀기 위해 더 노력하고 있다. 둘째는 알고리즘 퍼즐은 문제를 푸는 사람이 추상적인 수준으로 생각하도록 돕는다. 다양한 퍼즐 중에는 수학적인 개념은 물론이고 컴퓨터 개념이 들어 있는 퍼즐을 많이 발견할 수 있다.

어린이가 쉽게 접할 수 있는 칠교놀이Tangram도 퍼즐에 속한다. 어린이는 주어진 몇 개처음에는 2, 3개의 조각으로 다양한 모양네모, 세모, 마름모 등을 만들어 보는 데 흥미를 느끼며 도전하게 된다. 후에는 7개의 조각을 모두 사용하여 주어진 이미지동물, 사람, 글자를 만들거나 7~14개의 모양 조각으로 자신만의 창의적인 모양을 만들어 낼 수 있다. 어린이는 조각을 위/아래/돌리기/뒤집기 등과 같이 조각을 재배치하며 문제 해결 능력을 기를 수 있다. 칠교놀이를 통해 수학적 개념과 공간적 감각을 쌓을 수 있을 뿐만 아니라 지시에 따라 새로운 모양을 만들 때에는 알고리즘도 함께 익힐 수 있어 컴퓨팅 사고를 기르는 대표적인 놀이로 재인식되고 있다.

유아기에서부터 퍼즐과 같은 게임을 통해 컴퓨팅 사고를 길러 가는 것은 퍼즐의 장점을 더욱 극대화시킨다. 유아기의 퍼즐의 장점을 다음과 같이 이야기할 수 있다.

– 컴퓨팅 사고 발달을 위한 퍼즐의 장점 –

1) **문제 해결과 추론**: 가장 단순한 퍼즐을 완성할 때도 단순한 목표를 완성함으로써 문제 해결력의 기초를 쌓고 성취감도 쌓을 수 있다. 이 과정에서의 문제 해결, 추론과 같은 기술들이 컴퓨팅 사고와 연결될 수 있을 것이다.
2) **디버깅**: 퍼즐을 가지고 노는 것은 손과 눈을 많이 다루는 시행착오 과정이 필요하다. 이러한 시행착오를 통해 다시 시도해 보려는 마음도 생겨날 것이다. 이는 컴퓨팅 사고에서도 실수나 실패bug가 일어나면 다시 시도해 보는 디버깅debugging 능력으로 연결될 수 있다.
3) **분류, 추상화**: 알파벳 글자, 도형, 숫자, 동물, 교통기관과 색상, 모양 등을 보며 그림의 패턴, 분류, 단순화 작업을 통한 추상화와 같은 컴퓨팅 사고와 연결될 수 있다.

게임의 한 형태인 퍼즐의 가장 큰 장점은 다양한 옵션, 스타일 및 형식으로 제공되어 어린이가 즐겁게 놀고, 고민하고 결국 해결할 수 있는 최상의 방법을 선택할 수 있다는 것이다. 코딩과 프로그래밍이 믿을 수 없을 정도로 복잡하다는 인식 때문에 일반 대중에게 기피되는 경향이 있다. 그러나 이러한 유형의 퍼즐은 복잡한 계층을 풀어내는 데 도움이 될 것이다(Gregg, 2013). 이러한 게임이나 퍼즐을 다루는 기회가 어린이의 놀이로 제공된다면 어린이는 어린 나이부터 컴퓨팅 사고를 쌓을 수 있을 것이다.

5 코딩놀이

어린이가 처음 코딩 활동을 접할 때에도 게임과 같은 형태나 언플러그드 활동 혹은 코딩 놀잇감을 경험할 수 있는 놀이로서의 환경을 조성해 준다면 어린이는 자연스럽게 컴퓨팅 사고를 발달시키고 코딩의 경험을 맛볼 수 있을 것이다. Martinez와 Stager(2015)는 어린이의 중요한 학습 경험은 직접적인 경험을 통해서 이루어지며, 컴퓨터는 어린이가 가지고 놀 수 있는 장난감의 범위를 확대했다고 말하고 있다. 컴퓨터 과학CS과 컴퓨팅 사고CT를 유아교육에 도입할 때 놀이로 접근하는 것이 중요하다고 제안한 Bers(2018)는 어린이가 무언가를 스스로 발견할 수 있는 자유로운 범위로 재미있는 방법놀이나 게임으로 제공받을 때 강력한 학습 결과를 얻는다고 말한다. Bers(2018)는 어린이가 놀이할 때, 자신이 직접 했거나, 다른 사람을 관찰했거나, 책으로 읽었거나, TV로 보았거나, 다른 미디어를 통해 보았던 것을 포함한 자신의 모든 과거의 경험을 활용한다고 말한다. 또한, 이러한 경험을 게임과 시나리오로 통합하고 두려움과 감정을 표현하고 전달하고 있으며, 이것은 어린이가 놀이하는 것을 지켜보면 더 잘 이해할 수 있다고 이야기한다.

코딩교육은 국어, 영어, 수학, 미술과 같이 '코딩'이라는 하나의 과목처럼 다루어지게 될 것이라는 의견이 분분하다. 미술 과목을 배웠다고 해서 모두 화가가 되는 것은 아닌 것처럼, 코딩을 배웠다고 해서 모두 코딩 프로그래머가 되거나 컴퓨터 계통에서 일하게 되는 것은 아니다. Bers(2018)는 "코딩교육이 인지 능력과 사회 · 정서적 발달 모두를 향상시킬 수 있는 과정"이라고 말한다. 단순히 코드를 입력하는 기술을 익힌다거나 코딩 실력을 겨루는 경시대회에서 좋은 성적을 얻기 위한 방법으로 접근하는 프로그램과 사설 학원이 생겨나고 있는데 이것은 바람직한 방향이 아니다. 코딩교육은 어린이가 시간 압박을 받으며 도전 과제를 풀거나 명령어나 메시지에 응답하는 올바른 방법을 찾아야 하는 전통적인 컴퓨터 과학 과정과는 달라야 한다(Bers, 2018). 그래서 코딩교육을 STEM 교육 안에 융합시켜 가르치고자 하는 모습이 보이고 있다. 특히, 핀란드는 과목을 통합시켜 프로젝트 수업을 하면 그 안에서 자연스럽게 코딩을 접하는 기회를 주려고 한다. 또 코딩교육을 처음 접하게 될 어린이는 주입식 · 암기식으로 접하는 것이 아닌, 놀이 혹은 게임으로 접할 수 있어야 할 것이다. 코딩 언어를 이해할 수 있는 활동으로 접근된 코딩교육 안에서 자연스럽게 컴퓨팅 사고를 기르고, 코딩에 필요한 언어를 습득하게 될 것이다. Bers(2018)는 코딩을 통해 문제 해결, 상상력, 인지 문제, 사회적 상호작용, 운동기술 개발, 감정적 탐구 및 다양한 선택과 같은 발달적으로 적절한 경험을 촉진하는 방법을 익혀 나갈 수 있다고 말한다. 그러므로 코딩교육을 즐거운 활동으로 경험할 수 있는 환경을 제공하는 것은 아주 중요한 과제이다.

프로젝트 기반 접근법을 통해 문해력, 수학, 과학, 공학 및 예술 등과 같은 다른 커리큘럼 영역에 코딩을 통합하도록 교수설계하고 구성주의 교수방법으로 상호작용해야 한다. 코딩교육이 어린이의 일상 안에 놀이로 스며들도록 해야 한다. 놀이로 코딩을 전할 때 어린이는 실수를 두려워하지 않는다(Bers, 2018). 규칙을 지키기도 하고 규칙을 깨 보기도 하면서 새로운 사실을 발견하게 된다(지식채널 e, 2010). 스스로 알아서 놀도록 환경을 조성하는 것도 아주 중요하다.

이 책에서는 다양한 방향에서 어린이가 즐겁게 놀이할 수 있는 활동들과 그룹게임을 소개할 것이다. 게임이 단순히 시간을 때우는 활동이 아닌 그룹게임이라는 놀이를 하며 어린이가 어떠한 성장을 하게 될지 각각의 게임이 가진 교육적 의의를 살펴보며 코딩교육과 연결해 보고자 한다. 놀이로 접한 진정한 코딩교육 안에서 어린이는 컴퓨터 과학을 경험하고 컴퓨팅 사고를 쌓아가게 될 것이다.

어린이에게 올바른 교육 환경을 제공하고 적절한 놀잇감을 선택 활용하도록 돕는 사람은 교사이다. 그래서 교사의 역할이 무엇보다도 중요하다. 코딩에 기초한 활동들을 어떻게 소개할 것인지, 놀잇감은 어떤 것을 사용하고 제공할지, 교사는 아이와 어떻게 상호작용할지 등에 깊이 생각하여야 한다. Kafai와 Burke(2017)는 그의 책 『코딩의 귀환: 아이들이 프로그래밍을 배워야 하는 이유(*Connected Code: Why children need to learn programming*)』에서 '교사와 학생 모두가 학습자'라고 말하고 있다. 가르치려고 하는 것은 놀이가 아니다. 성인이지만 어린이의 놀이나 게임에 또 한 명의 놀이자로 임하고, 함께 즐기는 것이 중요할 것이다. 어린이의 놀이에 참여하자.

어른도 어린이와 마찬가지로 놀이를 좋아한다. 성인이 된 어른도 각자 흥미 있는 것을 찾아 놀이나 게임을 즐긴다. Piaget(1962)는 구체적 조작기에 시작되는 규칙 있는 게임은 나이가 들수록 다양해져서 성인기까지 계속된다고 한다. 코딩이나 컴퓨팅 사고가 무엇인지 잘 이해하지 못하는 학부모에게 그룹게임을 활용한 학부모 참여수업을 진행함으로써 기관과 학부모가 소통하는 것은 중요하다. 이러한 기회를 통해서 어린이가 기관에서 미래 사회에 대해 어떻게 대비하고 있는지 학부모가 함께 경험하고, 함께 놀이하며, 상호작용하며 건전한 놀이 문화를 확산하고 가정에서의 소통을 유도할 수 있다. 이렇게 놀이와 게임은 가족과 타인과의 소통의 수단으로 발전될 수 있다. 게임은 원인과 결과를 만들어 내는 상호작용적 요소를 제공하며, 바로 이것이 사람들의 흥미를 끄는 핵심요인이다(윤형섭 외, 2012). Bers(2018)는 더 많은 사람들이 코드 작성법을 배우고, 컴퓨터 프로그래밍이 컴퓨터 과학의 독점적 영역을 떠나 다른 직업의 중심이 된다면, 코딩 문해력에 대한 시민 의식이 생겨나게 될 것이라고 말한다. 어린이뿐만 아니라 기초 코딩 활동을 경험한 그 누구라도 미래 사회를 주도할 수 있는 역량 있는 사람이 될 것이다.

생각해봅시다

1. 놀이가 역사적으로 달라지는 이유를 설명해 보세요.
2. 규칙이 있는 게임 혹은 놀이와 컴퓨팅 사고와는 어떤 관계가 있는지 논의해 보세요.
3. 우리나라 전통놀이의 가치와 컴퓨팅 사고는 어떤 연관이 있는지 서술해 보세요.
4. 놀이로 접근하는 코딩교육의 미래는 어떨지 논의해 보세요.

제 6 장

수학교육 내용과 그룹게임

세상에 없는 새로운 물건을 만들기 위해서는
마음대로 생각하고 상관없는 물건끼리 연결 짓는 능력이 필요하다.
창의력은 연결하는 능력이다.
- Steve Jobs

본 장에서는 미국의 국가공통핵심교육기준CCSS: Common Core State Standards에 나타난 수학교육의 내용과 우리나라 교육과정에 나타난 수학교육을 살피며, 수학교육으로서 그룹게임과의 관계를 살핀다. 궁극적으로 그룹게임은 그 본연의 기초에 충실한 놀이로 컴퓨팅 사고를 구성할 수 있게 하는 언플러그드 놀이로 재인식되므로 이를 살피는 것이다.

1 수학교육의 내용

우리나라와는 달리 미국에서는 그 나이에 배워야 할 핵심내용을 유치원부터 고등학교까지 기준으로 제시하고 있어 모든 주ststes에서 같은 수준의 교육을 이행하고 있다. 이는 장차 어떠한 환경에서도 잘 적응하며, 어느 곳에서도 취업이 가능하도록 하는 정책이기도 하다. 특히, 미국의 정책을 살펴보면 논리 · 수학적 사고는 문제 해결 능력을 길러 주는 기본으로서 중요시된다. 따라서 여기서 먼저 미국 공통핵심교육기준CCSS을 살펴본 후, 우리나라 누리과정에 나타난 수학교육 내용을 살펴보고자 한다. 그리고 수학교육 내용과 컴퓨팅 사고와의 연결도 살펴보고자 한다.

1) CCSS에 나타난 수학교육 내용

미국은 2010년 이전에는 주마다 각각의 학교가 서로 다른 기준으로 교육과정을 운영하고 평가했었다. 우리나라처럼 국가의 교육부가 운영하는 일원 체제가 아니었다. 그 결과, 교사들은 교육을 하는 데 있어 혼란을 가져왔으며, 학생들도 졸업 후 취직에 어려움이 생겼다. 이런 문제를 최소화하고 개개인의 성취도에 따른 차별화된 수준의 교육이 절실히 필요하다는 인식 아래 1990년대부터 여러 주의 교육과정을 통합하고 전 미국에 공통으로 적용할 수 있는 교육의 내용과 평가의 기준을 마련하려는 노력을 통해 1994년에 연방 미국학교 개선법 제정과 함께 국가 전략으로 발전시켜 왔으며, 2001년에는 NCLBNo Child Left Behind, 어떤 아이도 뒤처지지 않게!라는 법을 제정하면서 공립학교 기준을 강화해 나아갔다. 2010년에 주 교육감협회CCSO: Council of Chief School Officers와 미국 전국 주지사협회NGA: National Government Association에서는 국가공통기준으로 '그 학년에 배워야 할 기준Standards'을 개발하였다. 드디어 2012년부터는 여러 주 단위로 이루어지는 교육의 기준에서 벗어나 새로운 국가공통핵심교육기준CCSS을 각 주의 재량에 따라 실시하게 되었다. 전에는 보지 못하던 교육의 목적을 개인의 평생교육 차원에서 창의인재 양성을 융합적 접근으로 전개하게 된 것이다. 이 기준과 함께 STEM 교육이 대두되었고 그 어느 때보다 더 과학과 수학을 강조하게 되어 그야말로 교육과정의 혁신적 변화를 가져오게 되었다.

다른 각도에서 보면 국가공통핵심교육기준CCSS이란 유치원부터 12학년까지의 미국 공통핵심교육기준안이다. 특히, 목표를 분명히 하여 부족한 학생들을 집중적으로 도와주며 자신감을 갖게 하고 준비시켜, 학생으로 하여금 세계를 향한 직업의 무대에 진출하고 보다 많은 직업의 기회를 만날 수 있게 하자는 취지의 혁신적인 법안이다. 이는 2010년 Obama 대통령 시기부터 STEM을 강조하면서 시작된 것으로서 과학Science, 테크놀로지Technology, 공학Engineering 및 수학Math에 집중적으로 교육을 하는 방안이기도 하며, 지금은 거의 모든 주44개 주가 참여하여 이 가이드라인을 따르고 있다.

CCSS는 초등교육기본법이라고 할 수 있는 '모든 학생 성공법Every Student Succeeds Act'에 근거를 두고 있다. 이는 "연방정부는 CCSS를 주 정부 등에 강요할 수 없으며, 일체의 행위를 강요할 근거를 지니고 있지 않다SEC. 8526A.[20 U.S.C. 7906a] PROHIBITION AGAINST FEDERAL MANDATES, DIRECTION, OR CONTROL (a) IN GENERAL."는 규정을 담고 있다. 따라서 CCSS는 법률도 아니고 연방정부가 강제하는 것도 아닌 자율 협약 형태이다. CCSS에서도 어떻게 이 기본법이 학생들에게 대학과 직업을 준비하는 데 돕고 있는지 그 취지를 잘 설명하고 있다.

CCSS에 나타난 수학교육의 내용은 〈표 6-1〉과 같다.

〈표 6-1〉 CCSS의 수학교육 내용

내용범주	내용	세부내용	내용설명
CCSS Math Standards	수 세기와 순서	수의 이름을 알고 순서대로 세기	하나씩 세기, 10~100까지 세기
			1에서 시작하는 대신 주어진 수부터 순서대로 세기
			0~20까지 수 쓰기, 0~20의 사물과 수를 표현 (0은 사물이 없는 것으로 표현)
		사물의 수를 말하며 세기	수와 양의 관계 이해: 기수와 연결하기
			사물을 셀 때 수의 이름을 순서대로 말하고 각 사물에 한 물체를 놓고 수의 이름만큼 물체 놓기
			마지막에 센 수의 이름을 이해하기 물체의 배열에 상관없이 센 물체의 수 이해하기
			연속적인 수의 이름은 하나 더 많은 양을 지칭한다는 것을 이해
			1~20개의 사물을 선, 원, 흩어진 배열을 한 것에도 "얼마나 많이"라는 대답에도 셀 수 있다.
		수의 비교	짝짓기나 세기 전략을 사용해서 한 그룹의 물체의 수가 더 많은 것 혹은 적은 것, 동등한 것을 구분할 수 있다.
			1과 10이 프린트된 두 수를 비교할 수 있다.
	수의 조작과 대수학적 사고	사물을 가져오면서 더하기를 이해하기	더하기와 빼기의 이해
			물체, 손, 이미지, 소리-손뼉, 상황 흉내, 언어 표현, 표정, 질문 등으로 더하기와 빼기를 표현할 수 있다.
			언어 물체나 그림을 사용하여 10까지의 더하기와 빼기의 문제를 해결할 수 있다.

내용범주	내용	세부내용	내용설명
CCSS Math Standards	수의 조작과 대수학적 사고	사물을 가져오면서 더하기를 이해하기	1~5의 물체의 짝을 보다 적은, 혹은 같은 것을 물체나 그림으로 표현할 수 있다. (예: 5=2+3 & 5=4+1)
			1~9까지 어느 수라도 더해서 10을 만들 수 있으며, 그림이나 부호로 답을 기록할 수 있다.
			5로 더하기와 빼기를 잘할 수 있다.
	수와 십진법	11~19의 수를 다루면서 수의 자리값 알기	수와 큰 수의 다른 표현
			11~19 수의 자리값 알기
			11과 19의 숫자로 10 하나와 다른 숫자를 구성할 수 있다. (예: 18=10+8)
	측정과 데이터	측정 가능한 물체를 비교하고 서술하기	길이, 무게와 같은 물체의 서술. 물체의 속성을 여러 다른 방법으로 측정하고 설명할 수 있다.
			두 가지 물체를 측정하고 '더 많은', '더 적은'과 같이 직접 비교할 수 있다. (예: 두 어린이의 키를 직접 비교할 수 있다.)
		물체를 분류하고 각 카테고리 세기	물체를 주어진 카테고리로 분류: 각 카테고리의 수를 셀 수 있다. (각 카테고리는 10 이하 혹은 10으로 제한한다.)
	기하학	모양들을 설명하고 변별하기	모양을 구분하고 설명하기
			모양의 이름을 이용한 환경 안에서 물체를 서술하기, 물체의 위치를 위, 아래, 옆, 앞, 뒤, 다음 등으로 비교하고 설명하기
			크기나 생김에 상관없이 모양의 이름을 바로 말하기
			이차원이나 삼차원의 모양을 구분하기
		모양을 분석, 비교, 창안할 수 있으며 구성하기	이차원과 삼차원의 모양을 분석하기, 다른 크기나 생김을 유사성, 다른 점, 부분(예: 옆, 코너, 정점 등), 다른 속성(예: 같은 길이 등)으로 비교하고 분석하기
			구성 요소(예: 막대나 찰흙덩이)로 좀 더 큰 모양들을 구성하기 (예: "여기에 있는 두 개의 세모 모양을 붙여 직사각형을 만들 수 있니?")
	수학적 태도		

이와 같은 수학교육의 내용은 누리과정에서는 좀 더 기본적인 내용을 포함하여 다루고 있다. 다음 항에서 이를 살펴본다.

2) 우리나라 교육과정에 나타난 수학교육 내용

우리나라 교육과정에 나타난 수학교육의 내용은 〈표 6-2〉와 같다. 여기에서는 수학을 자연탐구의 영역으로 포함하여 다루고 있다.

〈표 6-2〉 누리과정의 수학교육 내용

[자연탐구] 목표: 호기심을 가지고 주변 세계를 탐구하며, 일상생활에서 수학적 · 과학적으로 생각하는 능력과 태도를 기른다.

<table>
<tr><th></th><th>3세</th><th>4세</th><th>5세</th></tr>
<tr><td>탐구하는 태도 기르기</td><td colspan="3">목표: 주변의 사물과 자연세계에 대해 알고자 하는 호기심을 가지고 탐구하는 태도를 기른다.</td></tr>
<tr><td>호기심을 유지하고 확장하기</td><td>주변 사물과 자연세계에 대해 호기심을 갖는다.</td><td>주변 사물과 자연세계에 대해 지속적으로 호기심을 갖는다.</td><td>주변 사물과 자연세계에 대해 지속적으로 호기심을 갖고 알고자 한다.</td></tr>
<tr><td rowspan="2">탐구과정 즐기기</td><td rowspan="2">궁금한 점을 알아보는 과정에 흥미를 갖는다.</td><td rowspan="2">궁금한 점을 알아보는 탐구과정에 관심을 가지고 참여한다.</td><td>궁금한 점을 알아보는 탐구과정에 참여하고 즐긴다.</td></tr>
<tr><td>탐구과정에서 서로 다른 생각에 관심을 갖는다.</td></tr>
<tr><td>탐구기술 활용하기</td><td></td><td>일상생활의 문제를 해결하는 과정에서 탐색, 관찰 등의 방법을 활용해 본다.</td><td>일상생활의 문제를 해결하는 과정에서 탐색, 관찰, 비교, 예측 등의 탐구기술을 활용해 본다.</td></tr>
<tr><td>수학적 탐구하기</td><td colspan="3">목표: 생활 속의 여러 상황과 문제를 논리 · 수학적으로 이해하고 해결하기 위한 기초 능력을 기른다.</td></tr>
<tr><td rowspan="4">수와 연산의 기초개념 알아보기</td><td>생활 속에서 수에 관심을 갖는다.</td><td colspan="2">생활 속에서 사용되는 수의 여러 가지 의미를 안다.</td></tr>
<tr><td>구체물 수량의 많고 적음을 비교한다.</td><td>구체물 수량에서 '같다', '더 많다', '더 적다'의 관계를 안다.</td><td>구체물 수량의 부분과 전체 관계를 알아본다.</td></tr>
<tr><td>다섯 개가량의 구체물을 세어보고 수량에 관심을 갖는다.</td><td>열 개가량의 구체물을 세어 보고 수량을 알아본다.</td><td>스무 개가량의 구체물을 세어 보고 수량을 알아본다.</td></tr>
<tr><td></td><td></td><td>구체물을 가지고 더하고 빼는 경험을 해 본다.</td></tr>
</table>

<table>
<tr><th></th><th>3세</th><th>4세</th><th>5세</th></tr>
<tr><td rowspan="4">공간과 도형의 기초개념 알아보기</td><td>나를 중심으로 앞, 뒤, 옆, 위, 아래를 알아본다.</td><td colspan="2">위치와 방향을 여러 가지 방법으로 나타내 본다.</td></tr>
<tr><td></td><td></td><td>여러 방향에서 물체를 보고 그 차이점을 비교해 본다.</td></tr>
<tr><td>물체의 모양에 관심을 갖는다.</td><td>기본 도형의 특성을 인식한다.</td><td>기본 도형의 공통점과 차이점을 알아본다.</td></tr>
<tr><td></td><td colspan="2">기본 도형을 사용하여 여러 가지 모양을 구성해 본다.</td></tr>
<tr><td rowspan="2">기초적인 측정하기</td><td>두 물체의 길이, 크기를 비교해 본다.</td><td>일상생활에서 길이, 크기, 무게 등을 비교해 본다.</td><td>일상생활에서 길이, 크기, 무게, 들이 등의 속성을 비교하고 순서를 지어본다.</td></tr>
<tr><td></td><td></td><td>임의 측정 단위를 사용하여 길이, 면적, 들이, 무게 등을 재 본다.</td></tr>
<tr><td rowspan="2">규칙성 이해하기</td><td>생활 주변에서 반복되는 규칙성에 관심을 갖는다.</td><td>생활 주변에서 반복되는 규칙성을 알아본다.</td><td>생활 주변에서 반복되는 규칙성을 알고 다음에 올 것을 예측해 본다.</td></tr>
<tr><td></td><td>반복되는 규칙성을 인식하고 모방한다.</td><td>스스로 규칙성을 만들어 본다.</td></tr>
<tr><td rowspan="3">기초적인 자료 수집과 결과 나타내기</td><td></td><td colspan="2">필요한 정보나 자료를 수집한다.</td></tr>
<tr><td>같은 것끼리 짝을 짓는다.</td><td>한 가지 기준으로 자료를 분류해 본다.</td><td>한 가지 기준으로 분류한 자료를 다른 기준으로 재분류해 본다.</td></tr>
<tr><td></td><td></td><td>그림, 사진, 기호나 숫자를 사용해 그래프로 나타내 본다.</td></tr>
</table>

위의 두 〈표 6-1〉, 〈표 6-2〉에 나타났듯이 CCSS에서는 수, 측정 기하학 및 수학적 태도를 다루고 있으며, 우리나라에서는 수, 측정, 기하학 및 탐구하는 태도에서 더 나아가 규칙 및 그래프의 기초로서 자료 수집과 결과 나타내기를 다루고 있다. 이는 큰 틀에서 보면 미국이나 우리나라 수학교육의 내용은 '대동소이'하다고 할 수 있다. 본 장에서는 두 내용을 비교 검토하는 것이 아니라 큰 맥락을 짚어 보는 것임을 밝힌다.

3) 수학교육 내용과 컴퓨팅 사고와의 연결

Wing(2010)에 따르면 컴퓨팅 사고는 수리적 생각mathematical thinking과 공학적 생각engineering thinking에 의지하고 있다고 말한다. 같은 맥락으로 Bers(2010, 2018)는 컴퓨팅 사고는 수학적 사고예: 문제 해결, 공학 사고예: 프로세스 설계 및 평가 및 과학적 사고예: 체계적 분석와 유사성을 갖는 일종의 분석적 사고를 함께 접근하는 것이라고 말하고 있다. 어린이는 컴퓨팅 사고를 위한 코딩교육을 접하면서 수학적 사고뿐만 아니라 언어적 사고와 과학적 사고도 발달해 갈 수 있다는 것이다.

이를 근거로 하여 미국에서 컴퓨팅 사고로의 접근법에 대해 코드닷오알지Cord.org에서는 수학적 개념과 컴퓨팅 사고를 함께 소개하는 방식으로 수학교육 내용에 접근하고 있다. 그 기준은 컴퓨터교사 협의회인 CSTA에서 제시하는 CSTA 컴퓨팅 사고 교육기준과 더불어 CCSS의 언어영역과 수학영역의 교육기준을 참고로 하고 있다. 예를 들면, 코드닷오알지에서는 [그림 6-1]의 '행복한 지도Happy Map' 놀이활동는 알고리즘을 배우게 하는 언플러그드 활동지이다. 이에 해당하는 [그림 6-2] 교육계획안을 살펴보면 CSTA에서 제안하는 컴퓨터 과학CS 교육기준과 CCSS에서 제안하는 언어영역과 수학영역의 교육기준에 바탕을 두고 진행하고 있음을 알 수 있다.

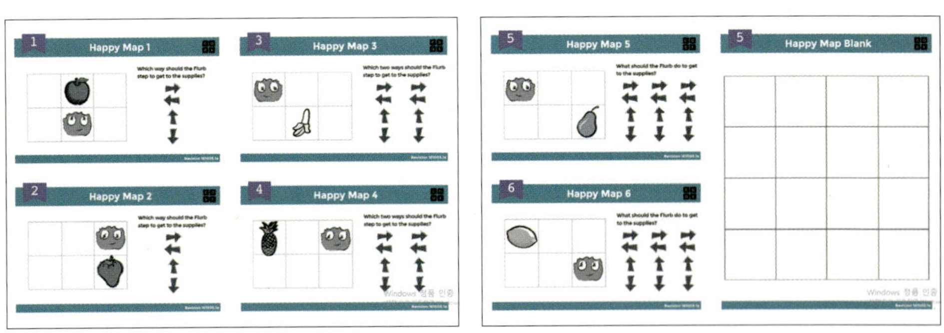

[그림 6-1] 코드닷오알지 언플러그드 활동: 'Happy Maps' 활동지

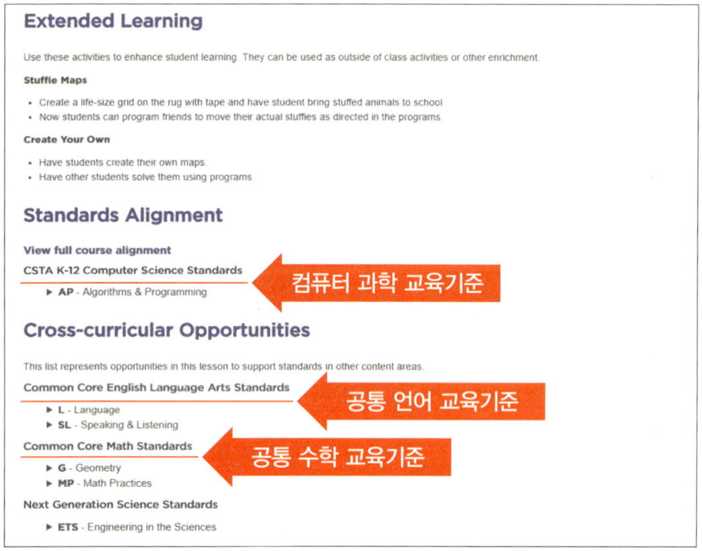

[그림 6-2] 'Happy Maps' 의 교육계획안: CCSS 교육기준의 예

출처: www.code.org.

영국의 코딩교육은 5세 어린이부터 흥미와 발달에 적합한 수준에 초점을 맞춘 프로젝트 기반 접근project based approach의 놀이활동와 다양한 주제별 활동 등을 연계시켜 전개하고 있다. 잘 구성된 다학문적 접근을 통해 컴퓨팅 사고를 기르고 코딩교육으로 자연스럽게 연결시키고 있다.

컴퓨팅 사고를 높이기 위해 영국에서는 프로그래밍 언어를 배워 한 줄씩 입력하는 실제 코딩교육 이전에 문제 해결에 필요한 기본적인 수학 · 공학적 원리부터 배우도록 한다. 교육계획안을 보면 컴퓨팅 사고의 어떤 개념을 배워야 하는지 핵심어휘로 알려 주고 있다. 예를 들어, PBS KIDS에서 스크래치 주니어ScratchJr를 배우기 위한 언플러그드 활동지인 [그림 6-3]의 '나무 문제Tree Problem'를 살펴보면 스크래치 주니어ScratchJr를 사용하기 전에 주어진 문제를 살피고 이를 해결하기 위한 프로젝트를 진행하도록 하고 있다.

수업계획안에 제시된 활동목표를 살펴보면 컴퓨팅 사고와 수학적 사고를 함께 요구하고 있다. 핵심어휘에 '순차Sequence'는 컴퓨팅 사고를, '가로와 세로Horizontal and Vertical' 그리고 '왼쪽과 오른쪽Left and Right'은 수학적 사고를 말하고 있다. [그림 6-4]에서 살펴보듯이 'Tree Problem'을 해결하기 위해 어린이들은 프로젝트 활동을 하며, 다양한 프리코딩 활동사전활동을 하게 된다. 핵심어휘와 관련된 'Simon Says' 게임도 하고 'Yet Another Tree Problem'란 에피소드를 짧게 비디오로 시청하기도 한다. 충분한 사전활동 후에 어린이들에게 지금까지 배운 프리코딩 활동수 · 과학적 지식과 컴퓨팅 사고의 지식을 바탕으로 스크래치 주니어ScratchJr라는 프로그래밍 언어를 사용하여 코딩을 하면서 창의적 결과물로 표출할 수 있도록 연결시키는 것이다.

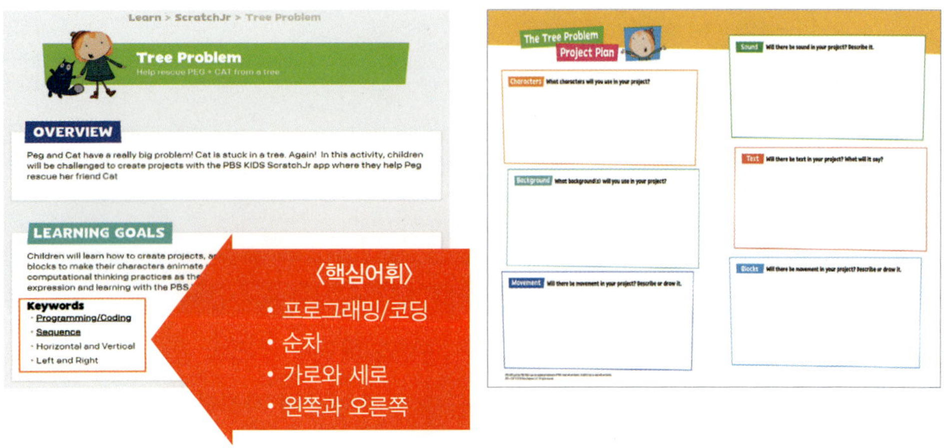

[그림 6-3] PBS KIDS: ScratchJr를 배우기 위한 'Tree Problem' 프로젝트 디자인 기획안

[그림 6-4] PBS Kids: 'Tree Problem'에서 출발한 프로젝트 수업 결과물의 예

위에서 살폈듯이 영국이나 미국에서 가르치는 코딩은 코딩 언어를 배우고 단순히 입력하는 연습을 하는 것보다는 넓은 의미를 지닌다. 유아기야말로 이러한 컴퓨팅 사고를 기를 수 있는 시기이므로 다양한 놀이를 통한 경험을 할 수 있는 것이다. 일상생활 안에서, 주제 중심 안에서, 문학책을 읽으며, 신체활동을 하며, 만들기를 하며, 즉 다양한 놀이를 하면서 컴퓨팅 사고 혹은 사전 코딩 활동을 할 수 있다는 말이다. 그중에서도 수학교육 내용과 컴퓨팅 사고를 포함한 그룹게임은 코딩교육이 강조되는 현시점에 중요하고도 기본에 충실한 놀이가 될 것이다.

다음 항에서는 수학교육의 기준이라고 할 수 있는 우리나라 누리과정의 수학교육 내용에 따라 그룹게임과의 관계를 살핌으로써 궁극적으로 코딩이 숨어 있는 AI 시대에 그룹게임이 그 기초에 충실한 놀이가 되어 컴퓨팅 사고를 구성할 수 있게 하는 근원임을 알아보고자 한다.

2 수학교육의 내용과 그룹게임과의 관계

1) 수학교육 내용을 포함한 그룹게임

『유아교육에서의 그룹게임(*Group Games in Early Education*)』(1980)은 일찍이 Kamii와 DeVries가 피아제 이론이 교육에 시사하는 점으로부터 그룹게임으로 구성주의에 입각한 수학교육 프로그램으로서 전개한 것이다. 즉, 그룹게임은 행동주의에 반기를 든 구성주의 교육에서의 수학교육을 위한 놀이이다. 이 책은 이윤경 외(1985)에 의해 『피아제 이론에 따른 그룹게임 이론과 실제』로 일부 번역 · 소개되었다. 그전에도 Kamii는 『*Piaget, Children and Number*』(1976)에서 유아 단계 수 교육에 관한 혁신적인 방안을 일상생활과 그룹게임으로 소개했다. 그는 초등학교 저학년의 전통적 수학교육에 대비해서 그룹게임을 소개하는 『*Young Children Reinvent Arithmetic*』(1985)과 『*Young Children Continue To Reinvent Arithmetic*』(1989)을 펴냈다.

한편, DeVries는 수 개념뿐만 아니라 사회 · 도덕성 발달을 위해 통합적으로 그룹게임에 접근하여 그의 지도교수였던 Kohlberg와 함께 유아교육 프로그램인 『*Programs of Early Education*』(1987)에 구성주의 관점으로 그룹게임을 소개했다. 우리나라에서는 이경우 · 이은화의 『한국 어린이의 전통적 집단놀이에 관한 연구』(1987), Lee와 Lee의 『*The Educational Value of Korean Traditional Group Game*』(1989), 문미옥 · 이혜상 · 민행난의 『한국전통 문화와 유아교육』(2004), 이경우 · 반운경의 『그룹게임: 피아제 이론이 암시하는 수교육』(1994) 등이 소개되었다. 곽향림은 『구성주의 유아교육 교수학습법』(2015)에서 세 부분으로 나누어 구성주의 철학과 핵심원리인 흥미 실험 협동을, 이론과 실제가 교류하는 과정에 뿌리를 둔 교수학습을, 그리고 교육 실제로 생활주제 운영, 이야기 나누기, 자유선택활동, 공동체의 사회 · 도덕적 구현으로 방대하게 전개하면서 그룹게임을 함께 소개하고 있다.

그룹게임의 특징은 행동주의경험주의와 구성주의의 관계로 수학교육이 대비되는 것임을 다시 언급한다. 전통적 교육 방법에서는 사회적 지식처럼 어린이에게 수학을 가르쳤으나, 구성주의에서는 지식 구성의 과정에서 어린이의 자율성을 존중하면서 사회적 상호작용으로 수학에 그룹게임을 가지고 접근한다. 구성주의에 입각한 다양한 형태의 그룹게임은 기초적인 수학적 지식을 흥미 있는 게임을 통해 모두 습득할 수 있도록 한다. 규칙을 따라 게임하는 중에 폭넓은 시야를 갖도록 하며, 협동하는 마음을 길러 준다. 또한, 규칙을 따라 하는 것은 컴퓨팅 사고로의 전환도 가능하게 한다. 그룹게임을 하는 중에 어린이는 수학적 개념과 개념 사이에서 연결하며, 재미있는 아이디어를 가지고 궁극적으로는 창안적 생각을 나누어 보는 것은 메이커교육으로도 연결될 수 있다.

수학교육의 내용과 그룹게임과의 관계를 살피기 전에 먼저 구성주의에서 사용하는 그룹게임은 교사가 제작하거나 혹은 매일 아침 날씨와 기분을 말하며 만들어가는 '달력 활동'[그림 6-7] 참조: CT에서 추상화 능력이나 상품화된 그룹게임 중에 구성주의 철학에 맞는 게임을 사용한다는 것을 밝힌다. Kamii(1976)와 Kamii와 DeVries(1980)에 의하면 그룹게임의 목적은 "어린이가 흥미 있게 놀이하는 동안 수학적 개념을 스스로 형성하여 지적 자율성도 구성할 수 있도록" 하는 데 있다.

과연, '구성주의의 그룹게임이 누리과정의 수학교육 내용에 포함되어 있는가?'라는 질문으로 누리과정에 그룹게임을 대입해 보면 다음 〈표 6-3〉과 같이 그 답이 나올 수 있다. 이에 대한 것은 실제편에서 다시 언급된다.

교사가 제작한 그룹게임과 상품화된 그룹게임을 교육과정에 비추어 보면 아래와 같다.

〈표 6-3〉 누리과정에 대입한 그룹게임

** 수학교육 내용을 담고 있는 그룹게임

<table>
<tr><th colspan="3">수학적 탐구하기</th><th>그룹게임</th></tr>
<tr><td>목표</td><td colspan="2">생활 속의 여러 상황과 문제를 논리 · 수학적으로
이해하고 해결하기 위한 기초 능력을 기른다.</td><td>• 생활 속에서 수 다루기
: 시장놀이, 요리하기 등</td></tr>
<tr><td rowspan="4">수와 연산의
기초개념
알아보기</td><td colspan="2">생활 속에서 수에 관심을 갖는다.</td><td>• 수수께끼, 열 고개</td></tr>
<tr><td>구체물 수량의
많고 적음을 비교한다.</td><td>구체물 수량에서 '같다',
'더 많다', '더 적다'의
관계를 안다.</td><td>• 전쟁 카드게임
• 윷놀이</td></tr>
<tr><td>다섯 개가량의 구체물을
세어 보고 수량에 관심을 갖는다.</td><td>열 개가량의 구체물을
세어 보고 수량을 알아본다.</td><td>• 트랙보드게임
• 미끄럼과 사다리 보드게임</td></tr>
<tr><td colspan="2">구체물을 가지고 더하고 빼는 경험을 해 본다.</td><td>• 합해서 5 카드게임
• 의자 뺏기 게임
• 할리갈리 카드게임</td></tr>
<tr><td rowspan="4">공간과
도형의
기초개념
알아보기</td><td colspan="2">나를 중심으로 앞, 뒤, 옆, 위, 아래를 알아본다.</td><td>• 가라사대 게임
• 격자놀이
• 화살표 짝꿍 카드게임
• 사방치기
• 로보 터틀 보드게임</td></tr>
<tr><td colspan="2">여러 방향에서 물체를 보고 그 차이점을 비교해 본다.</td><td>• 앞뒤를 찾아라 카드게임</td></tr>
<tr><td>물체의 모양에 관심을 갖는다.</td><td>기본 도형의 특성을 인식한다.</td><td>• 점 잇기
• 빨리 가져가 카드게임</td></tr>
<tr><td colspan="2">기본 도형을 사용하여 여러 가지 모양을 구성해 본다.</td><td>• 칠교놀이(탱그램)</td></tr>
<tr><td>기초적인
측정하기</td><td>두 물체의 길이, 크기를
비교해 본다.</td><td>일상생활에서 길이, 크기,
무게 등을 비교해 본다.</td><td>• 비석치기
• 연날리기
• 볼링</td></tr>
</table>

<table>
<tr><th colspan="3">수학적 탐구하기</th><th>그룹게임</th></tr>
<tr><td>기초적인 측정하기</td><td colspan="2">임의 측정 단위를 사용하여
길이, 면적, 들이, 무게 등을 재 본다.</td><td>• 땅따먹기
• 비석치기
• 앵그리버드 게임</td></tr>
<tr><td rowspan="3">규칙성 이해하기</td><td>생활 주변에서 반복되는
규칙성에 관심을 갖는다.</td><td>생활 주변에서 반복되는
규칙성을 알아본다.</td><td>• 패턴 놀이
• 이것 좀 봐 카드게임</td></tr>
<tr><td></td><td>반복되는 규칙성을
인식하고 모방한다.</td><td>• 규칙 바꾸어 놀이하기
• 틱–택–토
• 할리갈리 컵스 디럭스</td></tr>
<tr><td colspan="2">필요한 정보나 자료를 수집한다.</td><td>• 열고개
• 스무고개</td></tr>
<tr><td rowspan="2">기초적인 자료 수집과 결과 나타내기</td><td>같은 것끼리 짝을 짓는다.</td><td>한 가지 기준으로
자료를 분류해 본다.</td><td>• 도블 카드게임
• 이것 좀 봐 카드게임</td></tr>
<tr><td colspan="2">그림, 사진, 기호나 숫자를 사용해 그래프로 나타내 본다.</td><td>• 화살표 짝꿍 카드게임</td></tr>
</table>

〈표 6-3〉에 나타났듯이 어린이는 그룹게임 놀이를 하는 동안 우리나라 교육과정에 나타난 수학의 내용을 모두 접할 수 있어 수학적 개념을 구성할 수 있다. 그런데 어린이는 여기서 더 나아가 자연스럽게 창의적으로 자신의 재미있는 생각을 더해 게임을 발전시키기도 한다. 이것은 현재 메이커 교육에서 말하는 메이커로서 팅커링Tnikering을 할 수 있는 계기가 되기도 한다메이커 교육과 팅커링에 대한 내용은 제1장, 제7장, 제13장 참조.

거듭 강조하지만 그룹게임은 발생학적 인식론에 그 근거를 두고 있어 어린이 스스로 수학에서 지적 자율성과 도덕적 자율성까지도 구성할 수 있게 하므로 방법론적인 면에서 결과정답를 추구하는 전통적인 방법과는 완전히 다르다. 그러므로 Piaget 자신도 그룹게임은 '코페르니쿠스적 혁신'이라는 표현으로 거듭 강조하였다. Kamii도 언급했듯이 우리는 고정관념의 틀에서 벗어나지 못해 구성주의 교실의 교사조차 그룹게임을 하면서 전통적 수학을 병행하고 있다.

다행히 어린이를 위한 그룹게임은 코딩놀이의 기초가 된다는 학자들의 생각에 의해 언플러그드 격자 보드게임으로 소개(McLennan, 2017)되고 있으며, 이러한 코딩놀이는 어린이에게는 수학의 기본basic놀이로서 강조되어야 한다는 생각(Buckleitner, 2015)으로 프리코딩놀이pre-coding play로 활용할 수 있는 다양한 앱이나 로봇놀이가 소개되고 있다. 그룹게임은 나이 어린 어린이가 즐겁게 놀이하는 경험을 통해 컴퓨팅 사고를 할 수 있다는 것을 인식하게 하며, 유아기에 경험하는 논리 · 수학적 사고 혹은 컴퓨팅 사고에 기초가 된다는 것을 알게 해 준다. 사실, 컴퓨팅 사고를 처음 언급한 Papert의 생각을 살펴야 그룹게임은 컴퓨팅 사고를 하는 프리코딩 활동 혹은 놀이로 연결된다는 것을 인식하게 될 것이다. 다음 항에서 이를 살핀다.

2) 컴퓨팅 사고를 포함한 그룹게임

이미 앞 장에서 수차례 언급했듯이 Papert는 어린이는 정보사회에 살게 되므로 컴퓨팅 사고가 필요함을 언급했었다. 그는 구성주의 관점에서 코딩교육의 목적은 직업적 기술이 아니라 사고하는 기술Not as a job skill, but as a thinking skill이라고 주장하면서 컴퓨터는 어린이 스스로 지식을 구성해 나갈 때 이를 도와주는 도구(1993)임을 강조했다. 같은 관점으로 Resnick(2007)은 컴퓨팅 사고를 위한 교육코딩교육은 유치원에서 어린이가 놀이하는 동안 놀이처럼 배워야 한다고 했다. Bers(2018) 또한 '생각하기'야 말로 유아교육에서 코딩을 소개하는 핵심이유라고 설명한다. 그룹게임은 어린이의 발달적 특징을 고려한 기본 경험을 강조하며, 코딩에서 요구하는 컴퓨팅 사고를 체계적이고 순서적 방법으로 어린이가 생각할 수 있도록 돕는 사전놀이활동 혹은 프리코딩놀이로 가능하기 때문이다.

여러 학자나 단체에서는 컴퓨팅 사고를 구성하는 요소로 일반적으로 분해, 패턴인식, 추상화, 알고리즘과 같이 4가지 핵심요소를 다루고 있다. 이 책에서도 컴퓨팅 사고의 요소를 그룹게임과 연관시켜 설명하는 데 있어 이와 같은 4가지 컴퓨팅 사고의 요소에 따라 언급하고자 한다.

- 분해Decomposition
- 패턴 인식Pattern Recognition
- 추상화Abstraction
- 알고리즘Algorithms

이 4가지 컴퓨팅 사고에 적합한 그룹게임의 예나 활동은 다양하다제11장, 제12장 참조. 여기서는 위의 네 가지 요소를 이해하기 쉽도록 그룹게임 혹은 관련 활동과 연관하여 다음과 같이 소개한다.

■ 분해 활동

복잡한 전체의 문제를 해결하기 위해 문제를 작은 부분으로 나누어 해결해 보는 것이다. 쉽게 말하면, 수학적 개념으로는 분류에 해당하는 것이다. 여름에 입는 옷과 겨울에 입는 옷을 구분해 보는 것, 재활용품을 종이/병/캔/플라스틱으로 나누어 보는 것, 음식을 식품군으로 나누어 보는 것 등과 같이 다양한 주제 안에서 분류해 보고 특성에 따라 나누어 보는 간단한 활동에서부터 컴퓨팅 사고의 기초 개념은 습득될 수 있다.

앞모습과 뒷모습의 모양을 보고 짝을 맞추는 '앞뒤를 찾아라'와 같은 카드게임을 통해서 수학적 개념인 물체의 모양에 관심을 갖고 짝을 맞추며 분해해 나아가는 경험을 할 수 있다.

[그림 6-5] 아이원더 저널 샘플: K3-V10 'Recycling Bins', K3-V9 'Clothes'

■ 패턴 인식 활동

문제의 같거나 다른 요소를 알고 패턴을 인식하는 것이다. '이것 좀 봐'나 '도블'과 같은 그룹게임으로 무엇이 같고 다른지 그 요소를 찾는 놀이는 패턴 인식을 하면서 수학적 개념에서 비교와 분류를 인지하고 논리적 판단을 하는 컴퓨팅 사고 놀이를 가능하게 한다. 이런 그룹게임에서 무엇이 '같은' 그림인지 많은 그림 중 각각의 그림을 살피면서 같은 구성 요소를 찾아내는 것이다. 특히, '이것 좀 봐' 카드 그림에서 달라진 것 찾기는 패턴 인식과 함께 디버깅의 컴퓨팅 사고로 접근하는 것이다.

[그림 6-6] 그룹게임의 예: '이것 좀 봐'와 '도블: 바오밥'

■ 추상화 활동

복잡한 내용에서 핵심내용만을 뽑고 다른 것을 제외하고 공통된 것만을 찾아서 단순화하는 것이다. '아기 돼지 삼 형제' 이야기의 순서를 단순화하거나, 일과 중에 오늘 해야 할 일들을 간략히 적어 보는 활동이 이에 해당된다. 예를 들어, '달력 활동'에서는 수학적 개념인 매일 매일 일어나는 일련의 활동 안에서 반복되는 규칙성을 인식하고, 날짜, 날씨, 기분 등의 핵심적인 부분만 가지고 이야기를 나누어 볼 수 있다. 이러한 '달력 활동'은 불필요한 요소를 생략하고 핵심만 남겨 간결하고 이해하기 쉽도록 하는 추상화의 대표적인 활동이다. 지하철 노선도를 그려 보거나 우리 마을 지도를 그려 보는 것도 추상화 활동에 해당된다.

[그림 6-7] 아이원더 저널: 달력 활동 자료

■ 알고리즘 활동

어떤 일을 위한 절차나 순서를 나열하는 것으로 반복될 수 있다. 생활에서 매일 반복되는 활동 중에 복잡한 일을 분해하고, 패턴화하고, 추상화해서 순서화하는 것이 좋은 예이다. 요리하기, 양치하기와 같은 활동을 통해 순서를 이해하고 순서를 정해 보는 활동을 해 봄으로써 컴퓨터는 코딩프로그램한 대로 반응한다는 것을 알게 된다. 이것은 순서에 대한 수학적 개념은 물론이고 알고리즘을 알게 하는 컴퓨팅 사고를 할 수 있게 한다. 즉, 어떤 일을 하기 위한 순서나 장난감 조립 순서, 또는 게임을 할 때 순서와 규칙을 세우는 등과 같은 활동 안에서 알고리즘을 경험하게 된다.

[그림 6-8] 아이원더 저널: '믹서기에 갈아요', 'Brush My Teeth'

그런데 여기서 주의할 점은 모든 그룹게임이 직접적인 컴퓨팅 사고를 포함하고 있는 것은 아니라는 것이다. 그러나 그룹게임은 다양한 컴퓨팅 사고가 포함된 기본적이고 좋은 컴퓨팅 사고를 위한 놀이활동인 것이 있다. 따라서 어린이가 놀이로서 다양한 형태의 그룹게임을 할 때 그 안에 내포된 논리 · 수학적 사고나 컴퓨팅 사고의 기초적인 개념은 기본적이며 기초가 되는 좋은 경험으로 축적될 것이다. 또한, 광범위하게 이루어지는 프로젝트 접근의 활동에 참여하는 동안 그 안에서 해 보는 게임을 하면서 어린이는 미래에 요구되는 창의적 역량이 되는 컴퓨팅 사고를 길러 갈 수 있게 될 것이다.

생각해봅시다

1. 수학적 개념이 있는 그룹게임을 몇 개 선택하여 어떤 수학적 내용을 포함하고 있는지 도표화해 보세요.
2. 그룹게임을 주장하는 타당성에 대해 Kamii와 DeVries 입장으로 주장해 보세요.
3. 컴퓨팅 사고를 길러 주는 그룹게임의 예로 부모교육 자료를 만들어 보세요.
4. 컴퓨팅 사고에 적합한 그룹게임이나 전통놀이를 찾아 소개해 보세요. 그 이유도 설명해 보세요.

제 7 장

메이커 교육

틀릴 준비가 되어 있지 않다면 당신은 결코 창의적인 일을 할 수 없다.
실수가 최악의 상황이라고 정의하는 교육 시스템 아래서는,
도리어 사람들의 창의적 역량을 빼앗는 교육만 가능할 뿐이다.
- Ken Robinson

2005년 이후 STEM 교육과 함께 연관 지어서 미국과 전 세계에 펼쳐진 메이커 교육은 '메이커 운동Maker Movement'이 그 출발점이다. 본 항에서는 메이커 운동이 시작된 배경과 현재진행형인 메이커 교육 현장을 살펴보고 메이커 교육의 모형과 팅커링에 대해 살펴보기로 한다. 또 이를 바탕으로 유아교실의 현재와 유아교육의 방향을 되짚어 보고자 한다.

1 메이커 운동의 배경

인간을 동물과 구분할 수 있는 가장 큰 특징은 바로 도구를 만들어 사용하는 것이다. 도구의 인간이라는 뜻을 가진 '호모 파베르Homo Faber'가 의미하는 것과 같이 인간의 본질은 도구를 사용하고 무언가를 만들어 내려고 한다. 인간은 놀이하는 인간Homo Ludens에서 그치지 않고 무언가를 창조해 내는 도구의 인간Homo Faber으로 발전한 것이다. '만드는 사람'이라는 단어인 '메이커maker'는 '만들다'라는 뜻인 메이크Make'의 단어에서 파생되었고, 인간에게 무언가 만들어 내는 것이 중요한 것처럼 '메이커 운동'은 인간의 본질을 반영하고 있다.

메이커 운동이란 오픈소스 제조업 운동을 말한다. 미국 최대 IT 출판사 오라일리O'Reilly Media의 공동 창업자였던 Dale Dougherty는 메이커 운동이 일어나는 모습을 보고 2005년에 DIY 잡지 『*MAKE*』를 출판한다. 그는 스스로 필요한 것을 만드는 사

람들, 즉 메이커가 만드는 법을 서로 공유하고 발전시키는 흐름을 메이커 운동이라고 말하였다. 사실, DIYDo It Yourself는 제2차 세계대전 후 영국에서 물자 부족, 인력 부족의 상황 중에 자신의 일은 자신의 손으로 만들거나 수리해야 된다는 사회운동으로 생긴 것이다.

메이커 운동의 출발 배경에서 교육 현장에서는 Papert를 빼고는 말할 수가 없다. Papert는 구성주의 접근 방식을 John Dewey가 주장한 '해 보는 학습Learning by Doing'에 중점을 두어 학습자가 직접 무엇인가 수행하는 학습은 경험의 과정이 포함되어야 하며, 의미 있는 생산물이나 결과물을 산출할 때 가장 효과적이라는 내용을 더했다. 즉, '해 보는 학습'으로는 충분하지 않으므로 무엇인가를 만들고, 디자인하고, 짓고, 창작하면서 배우는 '만들기를 통한 학습Learning through Making'을 강조하였다. 이것은 2005년부터 강조되는 'STEM 교육'과 함께 시대적 배경과 맞물려 메이커 운동에서 메이커 교육으로의 이론적 토대가 된다. 메이커 교육은 '만드는 활동'에 국한되지 않고, 소프트웨어교육, STEAM 교육이 함께 어우러지는 과정에서 컴퓨팅 사고를 함께 발전(강인애 · 윤혜진 · 황중원, 2017)시켜 나아가는 독특성이 있다.

메이커 문화는 사회적 운동이었으며, 'Learning-Through-Doing'이라는 적극적 형태의 배움으로 나타났다. Dougherty는 2011년 TED 강연에서 "We Are Makers."라고 말한다. 즉, 누구나가 메이커가 될 수 있으며, '우리 모두가 메이커'라고 말하고 있다.

다음은 어렸을 때부터 컴퓨터를 접하면서 새로운 것에 도전하고 이 과정에 생기는 실패를 두려워하지 않고 만들고 또 만들어 지금의 세계 최고의 벤처기업 창업가가 된 사람들의 이야기가 담긴 동영상을 옮긴 내용이다.

❖ 성공한 벤처기업 설립자의 과거에서 살펴볼 수 있는 메이커 모습의 예

- William H. Gates(Microsoft **창업자**): 13세에 처음 컴퓨터를 접했다. 처음으로 틱-택-토Tic-Tac-Toc 게임을 하는 프로그램을 만들었다. 코딩이란 별것이 아닌 더하기 빼기... 그게 전부다.
- Mark Zuckerberg(Facebook **창업자**): 6학년 때 처음 컴퓨터를 접했다. 내가 프로그래밍을 처음 배우기 시작한 이유는 컴퓨터 공학을 완습하거나 그 분야의 최고가 되고 싶어서가 아니라 매우 단순한 이유 때문이었다. 나를 포함해서 우리 남매들이 서로 같이 재미있게 할 수 있는 무엇인가를 만들고 싶었기 때문이다. 간단한 프로그램을 짜고 나서 조금씩 기능을 추가했다. 그리고 새로운 걸 배워야 하는 상황이 생기면 책을 보거나 인터넷을 찾아보면서 배우고 거기에 나만의 방식을 추가했다. 누구나 컴퓨터 프로그램을 배워야 하는데 그 이유는 생각하는 방법에 대해 가르쳐 주기 때문이다. 그냥 몇몇 사람들과 기숙사 방 안에서 뭔가 시작했다. 큰 회사를 세우려는 게 아니라 그냥 함께 모여서 뭔가를 만드는 거였다. 그런데 후에는 10억 명이 매일 사용하는 것이 되니, 생각할수록 엄청난 것이었다. 처음에 그냥 작은 것이었는데 놀라웠다.
- Drew Huston(Dropbox **창업자**): 시작은 초라했다. 처음 만든 프로그램은 사용자가 좋아하는 색깔이 뭔지, 나이가 몇 살인지 물어보는 프로그램이었으니까.
- Elena Silenok(Clothia.com **창업자**): 처음에 초록색 동그라미와 빨간색 정사각형을 화면에 나타내는 방법을 배웠다.
- Gabe Newell(Valve **창업자**): 처음으로 'Hello World'라는 말을 화면에 뜨게 했을 땐 그것을 내가 해냈다는 사실이 믿기지 않았다.

출처: 코드닷오알지의 'Inspirational videos'. https://code.org/educate/resources/videos.

호기심에서 출발한 것이 만들기 활동으로 이어지고, 그것이 미래에 새로운 것을 창조해 내는 결과를 낸 모습을 우리는 위에서 말한 개발자와 창업자의 증언을 통해 확인할 수 있다. 코딩은 누구나 할 수 있고 이 디지털 시대를 살아가는 데 필요한 과학적 사고방식으로 필요하다는 이 영상을 보면 어렸을 적 경험을 통해 지식의 구성 과정을 알 수 있게 된다. Papert(1980)도 그의 책 『마인드스톰(*Mindstorms*)』에서 어렸을 적 경험이 컴퓨터에 집착한 동기가 되었다고 장황하게 말한다.

Seymore Papert(Logo 개발자): 자신이 어릴 적(4세경)에 자동차 부품을 가지고 놀았던 경험을 통해 메타인지를 형성하였다. 후에 로고 프로그램을 만들고 컴퓨터교육에 흥미를 갖게 되었다.

디지털 시대에 공헌한 과학자들은 처음에는 단순한 호기심에서 출발하여 머릿속에 있는 재미있는 생각에 몰입하여 어떤 의미 있는 결과를 만들어 내었다. 그리고 그 창조창안된 제품을 다른 사람들과 공유하였다. 공유 가능한 지식은 다른 사람에게 수정할 수 있게도 하였다. 이것이 바로 디지털 시대에 메이커 운동으로 연결시켜 놓은 최초의 작업이었고 인류의 역사를 바꾸어 놓은 것이다.

2 메이커 교육의 현장, 유아교실

앞서 언급했듯이 STEM 교육과 함께 시작된 메이커 교육이 추구하는 환경은 프로젝트 기반 학습 형태의 수업으로 진행된다. 프로젝트 접근법은 이미 유아교육에서 사용되는 교수-학습방법이며, 사회적 네트워크와 '학습 가시화Make Learning Visible' 과정을 강조한 레지오 에밀리아Reggio Emilia 접근법(Edwards, Gandini, & Forman, 2011)과도 비슷한 형태로 이미 유아교육자에게는 익숙한 형태의 접근 방법이다.

어린이는 유치원에서 그룹게임이나 인형놀이 혹은 로봇놀이와 같은 다양한 놀이와 만들기, 그리기와 같은 다양한 창의적 활동을 하면서 친구들과 지식을 공유하기도 하고, 종이배와 같이 무엇인가를 만들며 친구들에게 자랑하거나 변형시키기도 하며, 주변다른 반, 학부모, 지역사회에 자랑하기도 한다. 이러한 일련의 활동은 크게 보면 메이커 운동의 출발점과 매우 흡사하다. 메이커 운동은 디지털 제작 도구를 활용해 개인의 취미부터 공예, 산업 영역까지 발명하고 공유하는 것으로 광범위하게 번지고 있다.

Resnick(2007)은 Norman Brasterman의 『유치원의 발명(*Inventing Kindergarten*)』에서

언급한 20세기 최고의 선물은 유치원이라는 의견에 공감하면서 유치원에서의 창의성 교육이 얼마나 중요한지 그리고 모든 학교와 생활 터전이 오히려 유치원화해야 한다며 '평생유치원'을 강조하고 있다. Dougherty는 『메이커의 사고방식(*The Maker Mindset*)』에서 만들기는 어린이가 가장 열광하는 동시에 어린이에게 깊은 인상을 남기는 중요한 학습이며, 유치원은 만들기가 진행되는 장소라는 지위를 부여했다(Kafai & Burke, 2014, 재인용). DIY 정신이야말로 프로그래밍을 부활시키기 위한 중대하고 적극적인 움직임 중 하나라고 말할 수 있다. 그리고 이런 DIY가 발전된 '메이커 운동'은 좋은 유아교육 프로그램에서 실천되고 있다.

여기서 잠시 Mark Hatch의 『메이커 운동 선언(*The Maker Movement Manifesto*)』(2014)에서 자주 사용되는 다음과 같은 용어들도 있음을 명기한다.

- 메이커Maker: 무언가를 만드는 사람
- 메이커 운동Maker Movement: 스스로 필요한 것을 만드는 사람들이 만드는 법을 공유하고 발전시키는 흐름
- 메이커 스페이스Maker Space: 메이커가 만들기에 필요한 도구를 갖춰 놓은 장소

메이커 교육을 위한 학습과 교육이라는 측면에서 구성주의 교실에서는 '연결된 학습'에서부터 '연결된 교육'까지 컴퓨팅 사고와 코딩교육을 연결하고 있다. Kafai와 Burke(2014)는 컴퓨터를 가지고 어떻게 해야 학습자가 창작 활동을 펼치고, 다른 사람과 연결될 수 있도록 지식을 변환하고, 자신을 표현하고, 사회와 관련을 맺는 데 필요한 도구로 바라볼 수 있는지를 살피는 것이 '연결된 학습'이라고 말하고 있다.

구성주의 이론에서 특징적으로 나타나는 연결된 학습을 구성하는 4가지 요소(Kafai & Burke, 2014)에는 개인적 · 사회적 · 문화적 · 실제적 요소가 있다.

- **개인적 요소**: 학습자가 개인적으로 겪은 경험과 아이디어가 Papert가 말한 '생각 유도 객체object-to-think-with'를 만나 자신의 지식을 연결시키고 다른 삶과 공유하는 것
- **사회적 요소**: 네트워크 안에서 공개하고 서로 공유하며 상호작용을 하여 '생각

유도 객체'가 '공유 유도 객체'로 바뀌면서 커뮤니티 안에서 공동 작업과 학습이 낳은 산출물과 윤리를 대표하는 것

- **문화적 요소:** 보고, 배우고, 가치 있는 일을 하는 것에 초점을 맞추며, 학습자가 자신을 누구와 어떻게 연결할 수 있는지 이해하는 것
- **실제적 요소:** 추상적인 생각을 화면 속 결과물로 만들어 내고 이것을 실제로 발현하는 결과물과 연결해 나아가는 것

이러한 4가지 구성 요소는 실제적으로 유아교육 현장에서 기초 코딩 활동의 실천을 통해 어린이의 컴퓨팅 사고가 길러지며, 메이커 교육이 이루어질 수 있다. 이에 발맞춰 메이커 교육이 이루어지고 있는 미국과 유럽에서는 어린이가 메이커로 다양한 재료와 도구를 활용해서 자유롭게 무언가 만들어 볼 수 있는 메이커 스페이스라는 창작 공간을 제공하고자 하는 운동이 일어나고 있다.

메이커 스페이스는 만들고자 하는 욕구와 아이디어가 있는 사람들이 모여 해결 가능한 최소한의 재료와 기계가 마련된 장소에서 활동하며 소통하고 공유할 수 있는 공간이다. MIT 미디어 랩에서는 창의와 혁신을 위한 플랫폼으로 팹 연구소FabLab를 만들어 놀고, 창조하고, 배우고, 발명하고, 공유하는 곳으로 운영하고 있다. 또한, 미국의 박물관이나 공공도서관에는 'Learning LAP'이라는 이름의 메이커 스페이스를 세우고 어린이들을 참여시키고 있다.

꼭 메이커 스페이스의 형태가 아니더라도 전 세계에는 비슷한 형태의 컴퓨터 클럽하우스가 생겨나고 있다. 처음에는 컴퓨터 코딩을 가르치려는 목적에서 출발했으나 구성주의를 기반으로 하며, 어린이의 흥미와 자율성을 중요시하면서 어린이 중심의 프로젝트 형태의 수업이 진행되다 보니 자연스럽게 프로젝트를 위해서 어린이가 테이블로 모여들기 시작하였고 아이디어를 서로 공유하면서 새로운 것을 스케치할 공간, 무언가를 만들 재료와 공간이 필요하게 된 것이다. 그 결과 클럽하우스의 공간 설계는 어린이가 함께 서로 배우는 '동료 기반 학습Peer-based-Learning'을 위해 설계가 되었고 '함께하는 생각'으로 이끌어 가고 있다(Resnick, 2018).

우리나라에서도 정부 및 민간 주도하에 메이커 운동과 메이커 스페이스가 빠르게

[그림 7-1] 민간형 메이커 스페이스 '팹랩 서울': 공간과 창작물

생겨나고 있다. 현재의 흐름은 제4차 산업혁명 시대를 맞아 ICT 기술이 강조되면서 메이커가 디지털 제조 장비를 활용하여 창작 활동을 하도록 디지털 제조 장비가 구비된 공간의 메이커 스페이스가 생겨나고 있다. 첨단 기술 장비는 아니어도 3D 프린터, 레이저 커터나 재봉기와 같은 메이커의 상상을 발현해 줄 수 있는 장비가 준비된 공간이다. 우리나라 문화체육관광부에서는 이러한 시설을 겸비한 '우리 동네 창작소메이커 스페이스'를 공공도서관에 적용하여 학생부터 노년층까지 더 쉽게 다가갈 수 있는 공간으로 진화하고 있다. 아직 출발선상에 있어서 그 수가 많지는 않지만 우리 동네 창작소에서는 IT와 기계의 범주에서 벗어나 예술, 공예, 요리 분야와 융합이 되어 누구나 발명가, 공예가, 창작자가 될 수 있는 기회가 주어지고 있다.

[그림 7-2] 메이크올 홈페이지

출처: https://www.makeall.com/.

한국과학창의재단에서는 '메이크올' 페이지를 운영하며, 메이커 운동 확산에 앞장서고 있다.

사실, 유아교실에는 블록과 두꺼운 도화지나 골판지, 그리고 가위와 풀, 플라스틱 등의 재활용품과 같은 다양한 재료가 어린이를 위해 항상 준비되어 있다. 메이커 스페이스와 메이커 교육은 멀리 있는 것이 아니다. Resnick(2017)이 말한 대로 이러한 창의적 활동은 유치원에서부터 가능한 교육이고 유치원에서는 이미 전통적인 방법으로 진행해 오고 있다. 어린이를 21세기 기술을 요하는 인재로 키우기 위해서는 교사가 메이커 교육을 진행할 수 있도록 교사교육을 제공해 주어야 한다. 메이커 스페이스의 유아교실은 어린이가 무엇이든 창안할 수 있도록 안전하고 간편한 디지털 제조 장비3D 프린터 등과 같은와 나만의 프로그램을 개발할 수 있는 컴퓨터 등이 지원되어 어린이가 직접 제작의 과정을 경험할 수 있는 교육으로 발전할 수 있는 미래를 위한 창의 공간이 될 수 있을 것이다.

실제로 호원대 부속유치원 어린이들은 "나는 이런 방식이 좋아요.", "우리가 좀 더 좋게 만들어 봐요."라고 이야기하면서, 궁금해하는 것을 탐색하고 연결하는 과정을 경험하게 한다. 만들기, 개조하기, 공학이 바로 교실에서 이루어지고 있다. 컴퓨팅 사고를 위한 언플러그드 활동으로의 그룹게임이 자연스럽게 메이커 교육으로 전환된 예다. 아래의 그림은 그 현장 모습이다.

[그림 7-3] 호원대 부속유치원: 나만의 그룹게임을 만드는 과정과 완성 제품

나랑유치원에 교실에서도 어린이들이 달팽이를 관찰하고 달팽이의 일생을 찾아보고 이를 정보책자로 만드는 '책 만들기' 프로젝트가 진행되었다. 사실 나랑유치원에서는 2016년부터 유치원 프로젝트로 어린이들이 흥미 있어 하는 여러 주제를 문학책으로 만드는 활동이 진행되고 있었는데 2018년에는 STEAM 활동과 컴퓨팅 사고를 접목한 추상적 활동과 연관된 과학적 내용의 정보책자로 내용을 발전시켰다(박수진, 2018). 이 프로젝트는 한 출판사와 연결되어 출판 과정을 어린이들이 직접 경험한다. 어린이들은 스스로 이야기를 만들고, 교정하고, QR코드를 부가하는 등의 출판 과정을 거치게 된다. 어린이들은 여기서 그치지 않고 책을 판매하는 과정까지 경험하게 되었다.

이런 경험은 더 발전하여 2019년에는 어린이들의 책을 구매하여 보게 된 모 치약회사에서 관심을 갖고 나랑유치원의 브랜드 이름 '나리랑이 출판사'가 들어간 어린이 치약을 만드는 개발에 참여하게 되면서 다음과 같은 경험을 하게 된다. 치약 회사 대표진들과 질의응답→'나리랑이'의 브랜드 사용 인허→치약 만드는 과정 견학하기→치약 향의 허브 키우기→관찰하기→냄새 맡기→허브 티 맛보기의 경험은 드디어 각자 이야기를 만들기→그림 그리기→그림과 글 연결하기→'허브 이야기' 책 출판하기 과정으로 이어졌다. 이 일련의 과정은 STEAM과 언플러그드 교육 출발점이었지만 유아교육 과정에서 책자를 만들고 어린이 치약을 만들어 가면서 사용되는 일련의 메이커 교육의 출발점 상태로도 연결된다.

[그림 7-4] 나랑유치원: 책과 치약 만들기 과정의 장면들

3 메이커 운동의 교육 모형

교육학자들에 따르면 어릴 때 최고점에 있던 창의성은 어린이가 학교에 들어가면서 책상에 앉아 담임 선생님의 강의식 교육, 즉 하향식Top-down 교수법을 받으면서 점점 줄어들며, 성인이 되었을 때 최저점을 찍는다고 한다. MIT 미디어 랩은 창의성을 향상시키기 위한 많은 연구를 하였고 Resnick(2018)은 그의 책 『평생유치원(*Lifelong Kindergarten*)』에서 전통적 유치원 교육에서 그 비밀을 찾았다고 밝히고 있다. 제3장에서 언급한 교육 형태로 Resnick은 Papert의 '4P'sProjects, Passion, Peers, Play'를 지지하고 있다. 그는 더 발전된 창의적 학습방법으로 '창의적 유치원 학습 곡선Creative Kindergarten Learning Spiral' 모형을 소개하며, 어린이가 유치원에서 놀이를 통해 학습을 경험하는 과정을 구체적인 모형으로 보여 주고 있다.

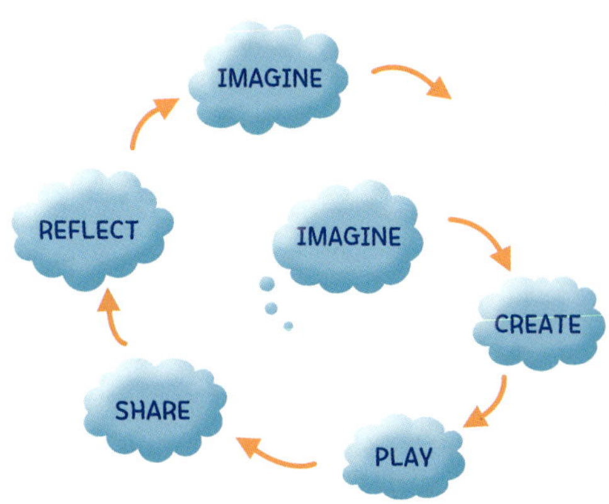

[그림 7-5] 창의적 유치원 학습 곡선

출처: Resnick(2018).

창의적 유치원 학습 곡선이라고 명명한 이 모형은 다음과 같이 반복되는 선순환 요소로 6가지를 제시한다.

- 상상하기Imagine
- 창안하기Create
- 놀이하기Play
- 공유하기Share
- 반영하기Reflect
- 상상하기Imagine

어린이는 펼쳐져 있는 재료블록, 색종이, 반짝이, 풀, 색연필 등를 가지고 새로운 아이디어를 상상하며 무언가를 끊임없이 창안노래, 이야기, 그림, 탑, 성 등한다. 다시 어린이는 자신이 만든 것을 가지고 놀다가 친구와 함께 놀고 공유하면서 그 과정에서 다른 친구의 의견을 듣고 경험한 것을 가지고 또다시 자기 경험에 비추어 창안한 것들을 여러 번 바꿔 본다. 여기서 그치지 않고 이렇게 반영한 것을 다시 본인의 새로운 아이디어를 '상상→창안→놀이→공유→반영→상상' 선순환을 반복하며 창의적 사고를 지속한다. 이와 같은 Resnick의 창의적 유치원 학습 곡선은 메이커 교육에 반영되어 다양한 학습방법으로 발전시켜 나아가게 된다.

Martinez와 Stager는 『메이커 혁명, 교육을 통합하다(*Invent to Learn: Making, Tinkering, and Engineering in the Classroom*)』(2015)에서 메이커 활동을 위한 학습방법을 다음과 같이 기술하고 있다. 강의식 교육, 억압된 분위기, 효율성만 강조되는 환경에서 벗어나 창의력과 어린이 각자의 재능 개발을 위한 프로젝트 기반 학습으로 구성적 활동이 일어나게 개선하는 방안으로 체계화하였다. 즉, 구성적 측면에서 한발 더 나아가 만들기, 개조하기, 그리고 공학 등의 모든 교실에서 이루어져야 하는 학습방법을 디지털 시대에 맞게 강조하고 있다.

- 만들기Making: 학습에서 능동적인 역할 구성 놀이. 이 활동에서 메이커는 도구와 재료를 가지고 무엇을 만들지 구상
- 개조하기Tinkering: 일종의 사고방식. 직접 경험, 실험, 발견 등의 활동을 통해 문제를 해결하는 놀이

- 공학Engineering: 직접적 경험으로부터 원리를 도출. 우리가 사는 세상을 잘 설명 · 측정 · 예측하게 하여 과학에 연결

위의 3가지 학습방법을 유아교육 환경과 관점에 적용해서 살펴보면 다음과 같다.

■ '만들기' 활동

주제 중심의 STEAM 활동 안에서 어린이가 자연스럽게 호기심으로 시작해서 주어진 재료를 가지고 자유롭게 만들기로 연결된다. 유아교육 현장이 바로 자연스럽게 메이커 운동이 이루어지는 공간이다. 어린이는 관심흥미 있는 재료를 만져 보고, 해체하고, 다시 만들기를 반복하며 원리를 이해한다. 어린이는 다른 친구들과 아이디어를 공유하면서 더 큰 놀이/만들기 활동으로 확장해 나가기도 한다. 구성주의 교육 현장에서는 어린이가 흥미가 생겼을 때 놀이를 하게 하며, 실험하고, 경험하며, 무언가를 만들고, 함께 놀이를 하게 하는 과정을 거친다.

■ '팅커링' 활동

팅커링으로부터 창의적인 발화가 이루어진다. 우리나라에서 팅커링Tinkering이란 메이커 교육과 관련된 책 중 강인애 외에 의한 『메이커 교육』(2017)에서는 '개조하기'로 번역되곤 하는데 여기서 말하는 팅커링 활동은 '마치 놀이를 하듯이' 다양한 재료와 도구를 가지고 자유로운 분위기에서 무언가를 만들거나 꾸미거나 개조하는 활동을 의미한다고 말한다. 다양한 재료 및 부품, 기존에 제작된 작품 등을 자유롭게 만지고 분해 · 조립 · 개조하는 경험을 통해 다양한 도구 및 재료의 사용법을 익히고 직접 만들어 보는 활동이다. 그런데 유아교육에서 '팅커링'은 어린이의 조작 활동에서 이루어지는 직접적이고 구체적 경험의 중요성을 강조한 Piaget(1964)의 관점에서 볼 때 '개조하기'보다는 놀이하는 듯한 의미가 들어간 '팅커링'이란 의미를 원어 그대로 사용하는 것이 더 적절해 보인다.

Martinez와 Stager(2015)는 팅커링이란 'Learning by doing'으로서 효과적인 하나의 형태라고 보았다. 즉, 무엇인가 하는 것이나 경험하는 것으로 배우는 것은 메이커 운동의 가장 중요한 부분이며, 이것이 곧 어린이가 후에 창의적이고 혁신적

인 리더로 성장할 수 있는 관건이 된다고 본 것이다. 따라서 Making–Tinkering–Engineering을 통한 학습은 Dewey, Piaget, Montessori, Papert 사상에 기반을 둔 이론적 맥락과 같다고 할 수 있다.

Resnick(2018)은 '팅커링'하는 과정을 어린이가 로봇을 만드는 프로젝트를 수행하면서 끊임없이 이렇게 저렇게 궁리하는 모습으로 설명하고 있다. 재미있게 실험하고, 새로운 아이디어를 시도하고, 목표를 재평가하고, 더욱더 정밀하게 다듬고, 새로운 가능성을 상상하는 과정이 팅커링과 일맥상통한다는 것이다. 그는 팅커링이란 사람들이 지속적으로 궁리하고, 자신의 목표를 재검토하고, 새로운 경로를 탐색하며, 새로운 가능성을 상상하는 과정에서 놀이하듯이 실험하고 반복하는 방식으로 참여하는 과정이라고 말한다.

유아교실에서 이루어지는 다양한 팅커링 활동을 통해 어린이는 주변에 있는 다양한 재료와 도구를 탐색하고, 이것을 활용하여 물건을 만들거나 놀면서, 시행착오를 거치고 문제 해결을 위해 자연스럽게 물건을 변경하고 창안해 보는 활동으로 발전시켜 나간다. 또 앞서 아이디어에서 시작한 만들기 활동은 다른 친구와 놀면서 공유하다가 다른 친구의 의견을 반영하여 여러 번의 수정 과정을 거치는데, 이러한 일련의 활동은 반복적으로 일어나게 된다. 어린이는 자연스럽게 메이커 운동에 참여하고 있는 것이다. 우리도 제13장에서 팅커링 활동을 함께 기획해 보기로 하자.

■ '공학' 활동

공학은 어린이가 실생활에 활용할 만한 무언가를 발명해 내는 것이다. 놀다가, 만들다가 우연히 발명해 낸 무언가도 좋다. 좀 더 생각하고 만들어 내어 우리의 생활을 더 편리하게 해 주는 것도 좋다. 어린이가 만든 발명품은 때로 과학과 음악이 조합되어 나타나기도 하고, 수학과 미술이 결부되어 나타나기도 한다. 우리의 실생활에 적용이 되어 나타난 발명품이라면 그 의미를 더할 것이다.

위에서 살펴본 바와 같이 Resnick(2018)의 '창의적 유치원 학습방법' 모델은 어린이가 유치원에서 배우는 방식, 즉 창의성을 개발하도록 하는 전통적인 교육방법은 유아기 어린이뿐만 아니라 모든 연령의 학습자에게도 적합한 방식이라고 생각하고 '평생유치원'이라는 용어를 사용했다. 그는 급변하는 사회에 필요한 역량창의적 사고을 개발하기 위해서는 바로 유치원 방식의 학습이 답이라고 생각했다. 그는 디지털 환경에서 필요한 창의성은 예술 활동 같은 아주 특별한 상황에서만 발현되는 것도, 천재에게만 주어진 특별한 능력도 아니며, 누구나 학습 가능한 것이자 학습방법에 따라 크게 달라진다는 말로 창의력에 대한 오해를 바로잡고, 학교 및 사회의 유치원화를 4P's를 중심으로 한 새로운 교육을 통해 이루자고 말한다. AI 시대에는 연령을 불문하고 모두가 창의적으로 사고하고 창의적 역량을 가지고 행동하는 방법이 요구되는 시대이다. 따라서 창의성을 키우는 가장 좋은 방법은 어린이가 '놀이'하는 것처럼 즐거운 마음으로 '동료'들과 협력하여 '프로젝트'에 '열정'을 가지고 빠져들도록 메이커 스페이스를 제공하고 지원하는 것이다.

어린이들의 메이커 교육에서 빼놓을 수 없는 지원 도구는 컴퓨터, 특히 태블릿 PC이다. Papert는 '컴퓨터'는 학습자가 원하는 물건을 설계하고 제작하는 데 필요한 보편적인 재료로 바뀔 수 있다고 주장했다(Kafai & Burke, 2017). 단순히 컴퓨터를 사용하거나, 이미 프로그래밍이 된 컴퓨터 기기를 가지고 노는 것이 아니라, '컴퓨터', 혹은 태블릿 PC라는 기계를 재료로 삼아 자신의 창작 활동을 해 나가는 데 활용하는 것이다. 교육은 교실과 현실 세계를 연결해야 한다.

컴퓨팅 사고와 컴퓨터를 이용한 활동이 모든 어린이를 프로그래머로 만들 필요는 없지만, 어린이는 단순히 워드나 오피스 프로그램을 사용하는 것이 아니라 자기가 원하는 프로그램을 만들어 컴퓨터를 움직일 수 있는 미래 선두 주자로 키워 나가야 한다. 마찬가지로 Resnick도 앞으로의 세대는 전 세계에서 동료들을 만날 것이며, 디지털 환경에서 창의력을 더욱 발휘할 것이라고 말한다. 특히, 그가 개발하고 커뮤니티를 운영해 온 코딩 프로그램인 스크래치Scratch는 어린이의 창의력을 극대화할 수 있는 도구이다. 지금도 많은 어린이가 스크래치Scratch를 통해 코딩을 학습하고 있지만, 여기에 창의적 학습의 요소가 결여되어 있다면 어린이는 창의적 두뇌로 성장하지 못할 것이라고 주장한다.

어린이가 메이커로서 자신의 놀이활동을 발현하는 순간은 바로 무언가를 스스로 만들어 보는 동기가 생기는 순간일 것이다. 예컨대, 퍼즐이나 칠교놀이Tangram 등의 그룹게임을 하다가 떠오르는 아이디어를 어린이가 직접 기획하고 협의하여 새로운 게임으로 변형 혹은 창안해 볼 수도 있다. 다시 말해, 어린이가 팅커링 활동으로 그룹게임 중 하나인 '나만의 게임 만들기'를 도입해 볼 수 있다는 것이다. 언플러그드 형태의 그룹게임을 만들어 놀아 본 후에는 쉽게 초등 단계에서 스크래치Scratch를 사용해서 온라인으로 움직임이 가능한 게임도 만들어 낼 수 있게 될 것이다.

어린이의 STEAM 활동은 메이커 운동으로 확산이 되어 발전되고 있다. 시대가 요구하는 교육에 도달하기 위해 메이커 환경을 조성하는 것은 물론이고 어린이가 진정한 메이커가 될 수 있도록 하는 적절한 교수 모형을 교사가 염두에 두고 메이커 교실을 창의적 학습방법으로 운영하고 이끌어 가야 할 것이다.

여기서 중요한 것은 교사의 자질이다. 중요한 것은 너무 많은 개입이 아닌, 교사도 어린이와 같은 동일한 입장에서의 메이커가 되어 참여해야 한다는 점이다. Kafai와 Burke(2017)는 학교가 도구로서 컴퓨터를 활용하는 단계에서 학생이 직접 컴퓨터를 사용하는 단계로 이동하는 동안 학교에서 가장 중요한 자원은 '교사'라고 말한다. Papert(1980)가 일찍이 컴퓨터와 연결해서 말했듯이 좋은 선생님이란 호기심을 자극하는 활동을 소개하고 상호 존중하는 친구의 역할을 해야 함을 잊지 말아야 할 것이다.

생각해봅시다

1. Maker Movement와 Constructionism과는 어떤 관계가 있는지 설명해 보세요.
2. 주변 환경에서 'Tinkering'해 보고 싶거나 메이커 스페이스에서 만들어 보고 싶은 것이 있나요? 이야기 나누어 보세요.
3. Resnick이 주장한 창의 학습 모형은 무엇이며, 이것을 아는 것이 왜 중요한가요?
4. 유아교실에서 발견되는 메이커 운동의 모습을 찾아보세요. Resnick의 학습 모형에 적용하여 설명해 보세요.

제8장

그룹게임의 종류 및 가치

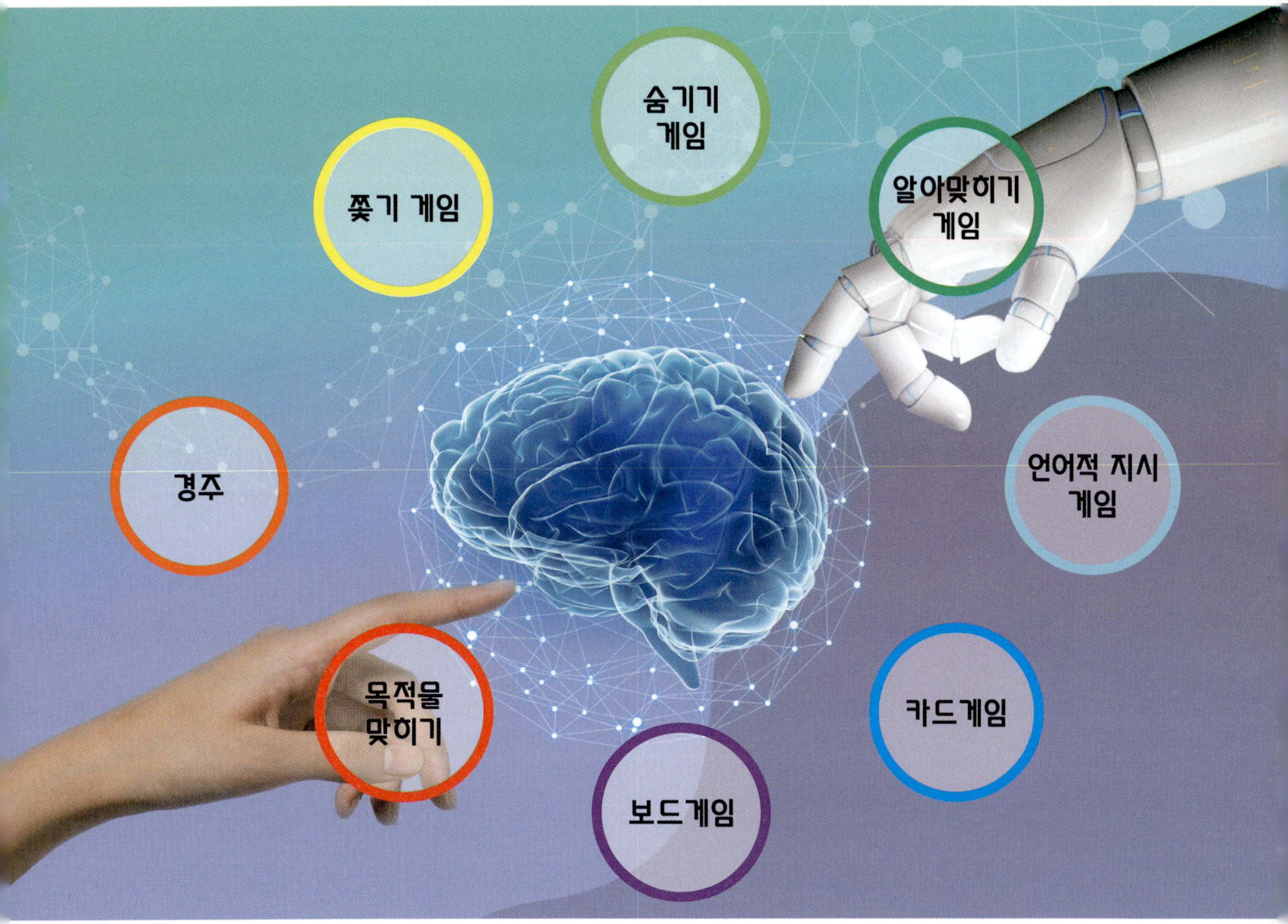

놀이는
어린이들이 자신의 한계를 넘어설 수 있게 한다.
- Lev Vygotsky

본 장에서는 그룹게임의 기준(Kamii & DeVries, 1980; 이경우 · 반운경, 1992, 1998; Lee & Lee, 1989; 곽향림, 2015)에 따라 전통놀이를 포함한 그룹게임을 8가지 종류로 살펴보고 각각의 가치도 살펴본다. 그리고 구성주의 관점에서의 교육적 관점과 함께 그룹게임의 변혁 및 컴퓨팅 사고와는 어떤 연결점이 있는지도 살핀다. 모든 그룹게임이 컴퓨팅 사고를 위한 것은 아니지만 기본에 충실한 놀이로서 그룹게임은 컴퓨팅 사고를 위한 문제 해결력과 논리 사고력을 키우는 기초가 될 수 있다. 그룹게임은 AI 시대가 요구하는 컴퓨팅 사고를 기르는 데 있어 중요한 언플러그드 놀이로 귀환하고 있기 때문에 그 가치와 컴퓨팅 사고와의 연결점을 숙고할 필요가 있다.

1 목적물 맞히기(Aiming Games)

1) 게임 소개

이 게임에서 놀이자는 특정한 물체를 목표로 정하고 이를 맞힌다. 대부분의 목적물 맞히기 게임에서 놀이자는 자신의 행위에 따라 물체가 어떻게 움직이는지 알게 된다. 목적물을 맞힐 때는 떨어뜨리기, 던지기, 굴리기, 밀기, 차기, 불기 등의 방법을 이용할 수 있다. 대표적인 예로 '과녁 맞히기', '볼링', '고리 던지기', '비석치기', '자치기', '포켓볼' 등이 있다. 스마트폰에서 할 수 있는 '앵그리버드Angry Birds' 게임도 목적물 맞히기 게임에 해당한다.

2) 교육적 가치

목적물 맞히기 게임을 통해서 어린이가 얻을 수 있는 인지적 가치는 특정 지점을 향하여 물체를 움직임으로써 공간 관계를 인식하게 되는 것이다. 거리와 힘의 관계도 알 수 있게 된다. 따라서 모든 목적물 맞히기 게임은 공간지각력, 운동 능력, 협응력, 수학적 개념과 함께 내성적 추상 능력 발달에 도움이 된다.

'과녁 맞히기', '볼링'과 같은 경우에는 돌이나 활, 그리고 공이라는 물체로 목적물을 맞추는 경험을 통해 방향이나 각도에 대한 수 개념과 거리와 힘 조절의 능력을 익힐 수 있다.

'비석치기'는 물체돌를 신체의 한 곳어깨나 배 등에 놓고 움직여 목적물에 다가가 정확한 위치와 각도에서 맞춰 물체를 떨어트려 목표물을 맞히는 게임이다. 이 활동을 통해서 어린이들은 거리와 힘, 심지어 각도에 대한 수학적 개념도 몸으로 경험할 수 있을 것이다.

앱app 형태의 '앵그리버드' 게임에서는 앵그리버드를 가상의 공간에서 손가락으로 각도를 조절하여 목적물을 맞히는 경험을 하게 된다.

3) 컴퓨팅 사고와의 연결점

목적물 맞히기 놀이는 프리코딩 활동pre-cording activity, 사전활동과 연결시킬 수 있다. 놀이 규칙은 알고리즘algorithm의 순차적sequence 활동을 요구하며, 게임보드판 또는 놀이하는 장소는 컴퓨터에서 그리드Grid에 해당하며, 좌표에 따라 움직이는 것처럼 물체돌를 들고 본인의 몸을 목표물에 맞춰 왼쪽, 오른쪽, 위, 아래로 움직이게 된다. 목표물 맞히기에 실패했을 때는 어린이 스스로 오류를 발견하고 생각해 보고 수정해서 다시 경험해 보는 과정을 통해 자연스럽게 디버깅debugging하는 과정도 거치게 된다.

2 경주(Races)

1) 게임 소개

경주 중 가장 단순한 형태는 똑같은 순간에 출발하여 빨리 목적지에 다다르도록 하는 놀이이다. 경주는 크게 세 가지로 분류할 수 있다.

① 여러 가지 과업을 주는 형태로의 경주가 있다. '장애물 달리기', '숟가락 위에 공을 올려놓고 달리기', '머리에 책을 얹고 달리기'가 있다.

② 시간, 공간과 밀접한 관계를 갖는 경주도 있다. 예를 들어, '의자 뺏기' 경기는 음악이 멈출 때 어떤 의자에 앉을 것인가를 결정할 수 있어야 한다. '연날리기'도 이 경주에 속한다.

③ 릴레이relay 경기로 팀을 이루어 똑같은 행동을 교대로 하는 경주도 있다. '불어서 나르기', '자리 바꾸기', '다리 묶고 달리기이인삼각', '굴렁쇠 놀이', '팽이치기' 등이 있다.

2) 교육적 가치

경주 게임의 인지적 가치는 어린이가 우선 서로를 비교해 볼 기회를 갖게 되어 순서에 대한 관계를 익힐 수 있다. 공간에 대한 지각력을 기르며, 수학적 추론 능력을 기를 수 있다.

'숟가락으로 나르기'와 같은 게임은 대근육 운동 능력을 발달시킨다. 또한, 이 게임은 균형과 속도를 조절해야 하므로 물리적, 논리 · 수학적 지식을 형성하는 데 도움이 된다.

'다리 묶고 달리기'는 어린이가 협동하며 목적지까지 가기 위해 서로 속도를 맞춰 가면서 어느 정도 탈중심화가 되는 데 도움이 된다.

'의자 뺏기'에서는 대근육 운동 능력과 함께 수학적 개념을 발달시킨다. 일대일 대응과 하나씩 줄어들 때의 수 개념을 배울 기회가 주어진다. 경주 전에는 놀이를 하기 위한 준비물의자에 대해 서로 상의하고 결정하는 의사결정 과정이 중요하다.

3) 컴퓨팅 사고와의 연결점

모든 경주 활동이 컴퓨팅 사고를 기르게 하는 것은 아니다. 다만, 팀워크가 요구되는 경주나 함께 경주를 즐길 때 경기에 이기기 위해 짝꿍/팀원들과 협의 · 조정하는 과정에서 사용하는 언어는 복잡한 내용을 빠른 시간 내에 빨리 전달하고 이해시키기 위해 단순화시키는 과정을 거치는 경우가 종종 발생한다. 이것은 컴퓨터 리터러시Computer Literacy의 기초가 되는 활동으로 언어적 간결성이 필요함과 연결시킬 수 있기에 컴퓨팅 사고에 도움이 될 수 있다. 특히, 어린이와 장애물 경기를 하는 것에 그치지 않고 더 나아가 어린이 스스로 '장애물 경기'를 만들어 볼 수 있는 팅커링 기회도 줄 수 있다. 경기 전에 장애물 코스를 탐색하는 것은 순서를 파악하는 알고리즘에 도움이 된다. 또 어린이가 장애물 통과 시 실패를 경험했다면, 다음번 자신의 차례가 다가오기 전에 성공하기 위해 미리 머릿속으로 가상의 장애물 경기 순서를 반복하게 되는데 이는 오류를 수정하는 디버깅과 게임의 과정을 여러 번 반복하는 루프loop를 실행하게 만드는 것이다. 이와 같은 모든 활동은 컴퓨팅 사고에 도움이 된다.

3 쫓기 게임(Chasing Games)

1) 게임 소개

쫓기 게임은 보충적 역할놀이로서, 한 어린이는 다른 어린이를 잡으려 하고 그 어린이는 잡히지 않으려고 피하는 종류의 게임이다. 둘 중 어느 한 명이라도 게임에서 자신의 역할을 잘 이행하지 못하면 게임은 진행될 수 없다. 쫓기 게임은 놀이자가 무엇을 하느냐에 따라 다음과 같이 분류해 볼 수 있다.

① '치기 놀이'와 같이 술래가 다른 모든 어린이를 쫓고, 쫓기는 모든 어린이는 도망가는 형태
② '수건돌리기'와 같이 앉아 있는 어린이 중 술래를 쫓아올 한 어린이를 술래가 선택하는 형태
③ '고양이와 쥐' 같은 게임으로, 술래가 특정 어린이를 쫓고 그 외 다른 어린이들은 술래를 막는 형태

2) 교육적 가치

쫓기 게임이 가진 인지적 가치는 어린이의 탈중심화 분류 활동에 있다. 예를 들어, '치기 놀이'에서 술래는 한 어린이를 쫓다가 갑자기 예상 밖의 어린이를 잡을 수도 있다. 이러한 놀라움이 탈중심화를 도와주는데, 그것은 상대방이 예측할 수 없는 일을 한다든지, 다른 사람의 입장에서 상황을 관찰할 수 있다는 것을 의미한다. 또 '치기 놀이'를 하는 동안 모든 놀이자는 끊임없이 누가 술래이고, 누가 아닌지를 기억해야 하므로 기억력 발달과 함께 사물을 범주화해 볼 수 있도록 하며, 공간 개념 형성에도 도움이 된다.

술래가 자신을 쫓아올 놀이자를 선택하는 쫓기 게임은 어린이에게 문제 해결을 도모해 볼 기회를 제공한다. 또한, '꼬리잡기' 게임은 중간에 있는 놀이자들이 협력하지 않으면 꼬리가 된 놀이자가 아무리 노력해도 잡히므로 서로 협력해야 함을 알려 준다.

3) 컴퓨팅 사고와의 연결점

쫓기 게임에서는 어떤 상황이 벌어질지에 대한 예측이나 예상 밖의 상황에 대처하는 점에서 컴퓨팅 사고 중 논리력logic에 해당하는 예측prediction과 분석analysing 능

력을 기를 수 있다. 특히, 술래자의 행동과 여러 가지 문제 상황에서 어떤 결정을 내리고 무엇을 처리할지 결정하게 되는데 이것은 선택selection에 해당한다. 즉, '만약 ~라면if-then' 조건이거나 '만약 ~그렇지 않다면if-else' 조건에 해당할 수 있다. 또 경주 게임과 마찬가지로 친구들의 실패를 보면서 자신의 차례가 오기 전 이길 수 있는 조건을 수정하는 디버깅debugging과 게임 과정을 여러 번 반복하는 루프loop를 경험하게 된다. 이와 같은 모든 활동은 컴퓨팅 사고에 도움이 된다.

4 숨기기 게임(Hiding Games)

1) 게임 소개

숨기기 게임은 물건을 숨기는 놀이자와 물건을 찾는 술래가 있다. 이때 놀이자는 술래가 생각해 낼 수 없는 장소에 물건을 숨기거나 놀이자 자신이 숨는다. 술래자는 최소한의 단서로 빠른 시간에 물건을 찾도록 한다.

대표적인 예로서는 '숨바꼭질', '동전 숨기기', '보물찾기', '강아지 먹이 찾기Doggy, doggy, where's your bone?' 등이 있다. '강아지 먹이 찾기' 놀이는 오래된 전래동요Nursery rhyme이자 게임이다. 술래가 강아지가 되어 눈을 감고 뒤돌고 있으면 그 뒤에 강아지 뼈를 놓는다. 놀이자들 중 한 명이 몰래 가서 강아지 뼈를 가져와 등 뒤에 숨긴다. 다른 친구들도 등 뒤로 손을 가져가면 술래가 뒤를 돌아서 누가 가져갔는지 맞히는 게임이다. 이 게임은 '뜨겁다 · 차갑다Hot & Cold' 게임과 비슷하다. 놀이자가 술래에게 '뜨겁다'나 '차갑다' 등의 언어적인 단서를 주고 술래는 그것을 듣고 숨긴 곳을 추측해서 찾는다. 예를 들면, 숨겨 놓은 보물에 술래가 가까이 가면 놀이자들은 '뜨겁다'라고 말하며 단서를 준다. 반대로 숨긴 보물로부터 술래가 멀어지면 '차갑다'라고 말한다.

2) 교육적 가치

이 게임의 대표적인 인지적 가치는 탈중심화를 도와준다. '숨바꼭질'을 할 때 숨는 어린이는 술래가 생각할 수 있는 장소를 피하고 또 다른 어린이들이 생각해 낼 수 없는 장소를 찾으려고 노력하며, 술래도 숨은 어린이가 숨을 곳으로 어디를 생각했을까를 상상해 보는 과정을 통해 탈중심화가 이루어진다. 숨기기 게임은 어린이에게 크기 관계를 생각할 기회를 준다. 어린이는 어떤 물체를 숨기기에 그 공간이 충분한지 아닌지를 생각해 봐야 한다. 물건 숨기기에서 술래는 다른 어린이로부터 많은 단서를 제공받기도 한다. 이러한 단서를 종합하여 문제를 해결해 나가는 능력도 키울 수 있다. 예컨대, 술래가 잘 못 찾을 때 놀이자는 신호를 보내거나 언어로 '여기서 멀리' 혹은 '~ 뒤에' 또는 멀 때 '차갑다', 가까울 때 '뜨겁다'와 같은 공간 개념을 나타내는 언어 표현을 사용한다.

3) 컴퓨팅 사고와의 연결점

숨기기 게임은 처음에는 단순하게 출발하지만 게임을 진행할수록 물건을 적절한 곳에 숨기기 위한 놀이자와 찾기 위한 술래의 창의력creativity 사고를 점점 요구한다. 한 번 숨겼던 곳은 술래가 경험에 의해 바로 쉽게 찾을 수 있기 때문에 놀이자는 게임을 반복할수록 숨기기 위한 노력이 교묘해진다. 특히, 이 놀이의 특징은 술래는 숨긴 물건을 찾기까지 사전에 봤던 주변 환경과 지금 보이는 주변 환경의 모습을 비교하면서 같은 점과 다른 점을 찾게 된다. 또 과거의 술래가 물건을 찾았던 곳을 계속 찾아보는 모습을 보이는데 이 같은 과정은 패턴 인식pattern recognition에 도움이 된다. 숨기기 게임에서 놀이자가 단서를 제공하기 위해 언어로 표현하는 말은 컴퓨터 리터러시computer literacy 능력을 키우는 데 도움이 된다. 숨기기 게임에서도 게임을 성공하기 위해 술래가 본인의 예측으로 물건 찾기에 실패했을 때 또는 제공된 정보를 잘못 이해하고 찾지 못했을 때 다시 찾기 위해 수정해 가는 디버깅debugging과 이 게임을 통해 포기하지 않고 끝까지 숨긴 물건을 찾으려고 하는 노력은 끈기와 인내persevering를 키우는 데 도움이 된다.

5 알아맞히기 게임(Guessing Games)

1) 게임 소개

알아맞히기 게임은 한정된 단서로부터 '누가', '무엇을'에 관한 여러 가지 문제를 추측하는 놀이이다. 이 게임은 촉각, 청각, 시각, 언어적 단서 등 네 가지 종류로 구분할 수 있다.

① 물체를 볼 수는 없지만 손으로 만져서 얻는 촉각적 단서를 통해 추측하는 '만져서 알아맞히기'가 있다. 대표적인 게임으로 '비밀 주머니'가 있다.
② 청각적 단서를 활용하여 추측하는 놀이로는 눈을 감은 어린이가 소리를 듣고 누구인지, 어디서 나는 소리인지를 추측한다.
③ '보고 알아맞히기'는 시각적 단서를 활용하여 추측하는 게임이다. 대표적인 게임으로 움직이는 동작을 보고 알아맞히는 '팬터마임' 등이 있다.
④ 언어적 단서를 통하여 추측하는 알아맞히기로 '경찰관 놀이', '물건 찾기 놀이' 게임이 있다. 우리나라 전통놀이인 '열 고개'도 알아맞히기 게임이다.

2) 교육적 가치

알아맞히기 게임의 인지적 가치는 눈에 보이지 않는 대상을 상상하여 그려 볼 기회를 어린이에게 제공하는 데 있다. 지각 활동과 함께 사물에 대한 지적 영상을 그려 보게 함으로써 어린이에게 유익한 경험을 제공하여 공간 개념과 탈중심화, 분류 능력의 발달과 이미 가진 사실을 체계화할 수 있다.

3) 컴퓨팅 사고와의 연결점

알아맞히기 게임은 컴퓨팅 사고 중에서 어린이의 발달적 단계상 고차원적 사고를 발달시키는 데 도움이 된다. 알아맞히기 위해 제시되는 단서가 한 개씩 추가될수록 한 가지의 답을 찾아내기 위해 단서를 가지고 같은 것을 찾는 패턴화pattern가 일어나고, 답을 찾기 위해 불필요한 요소를 제거하는 추상화abstraction 단계를 거쳐 답을 이끌어 내게 된다. '열 고개'와 같은 게임을 하는 경우 놀이자들은 협의를 거쳐 술래에게 의미 있는 질문을 하게 되는데 답이 틀렸을 경우, 어떤 단서에서 오류를 범했는지를 다시 찾게 되고 이것을 수정하기 위한 디버깅debugging 활동이 자연스럽게 이루어진다. 특히, 알아맞히기 게임은 컴퓨터의 의사결정과정을 이해하는 언플러그드 활동으로 자주 활용된다.

6 언어적 지시 게임(Games Involving Verbal Commands)

1) 게임 소개

어린이는 단순하고 직선적인 술래의 지시에 따라 움직이는 게임에도 흥미를 보인다. 대표적인 언어적 지시 게임으로는 '가라사대 게임Simon Says', '코코코Nose Nose Nose', '무궁화꽃이 피었습니다비슷한 외국의 활동으로는 Red Light, Green Light', 줄넘기로 하는 '꼬마야 꼬마야'가 있으며, 둘이 함께할 수 있는 '마주 대기' 게임도 있다.

2) 교육적 가치

언어적 지시 게임은 어린이로 하여금 지시 내용에 귀 기울이게 한다. 만일, 실수를 저지르면 친구들로부터 즉각적이고 명확한 반응을 받게 되므로 어린이의 언어발달에 도움을 준다. 또한, 상대편을 속이려고 하는 것도 탈중심화에 도움을 준다.

언어 지시에 따라 몸을 움직이는 활동 중 '코코코'는 눈과 손의 협응에 도움을 주며, '가라사대 게임Simon Says'은 방향 감각과 대 · 소근육 발달에 도움을 주고 집중력과 관찰력 발달에 도움을 준다. 특히, '무궁화꽃이 피었습니다'의 경우 문장을 듣고 움직이는 과정에서 운동 능력과 민첩하게 행동하고, 술래가 되지 않기 위해 전력을 다해 달려 출발선으로 돌아가는 경험 속에서 공간지각력도 기르게 된다.

3) 컴퓨팅 사고와의 연결점

언어적 지시 놀이에서는 명령자와 명령에 따라 행동하는 사람이 있다. 즉, 컴퓨팅 사고의 관점에서 바라보면 '코더coder/프로그래머programmer'와 '로봇robot/컴퓨터computer'가 있는 것이다. 특히, 언어적 지시 놀이는 컴퓨터가 알아들을 수 있는 언어는 간결하고 순차적sequence이야 함을 아는 컴퓨터 리터러시computer literacy를 배우기에 좋은 프리코딩 활동으로 어린이에게 적합한 언플러그드 활동이다.

'무궁화꽃이 피었습니다'에서는 순서대로 명령자술래가 있는 곳까지 가야 하는 순차sequence를 익힌다. 반복repeat, loop해서 그 과정이 일어나며, 명령자가 "무궁화꽃이 피었습니다."를 말하는 동안 움직이고, 말이 끝나면 멈춰야 하는 약속을 지켜야 하고, 술래에게 걸리면 술래의 손을 잡아야 한다는 조건if을 지켜야 한다.

'가라사대 게임Simon Says'에서는 아주 단순한 규칙앞으로, 뒤로, 방향 바꿔, 왼쪽으로, 오른쪽으로 등과 지시에 따라 움직이기를 하는데 이것이 코딩 언어coding literacy 이해에 도움이 된다. 언어적 지시는 사물, 특히 컴퓨터에 코딩지시한 대로 움직이게 하는 것을 이해하는 데 도움이 된다. 이것은 후에 교육용 프로그래밍 언어예: 스크래치 주니어, ScratchJr를 접할 때 유용한 경험으로 적용될 수 있다.

7 카드게임(Card Games)

1) 게임 소개

카드게임은 다음의 7가지 종류로 설명될 수 있다.

① 카드 찾기 게임: '그림 카드 찾기'를 예로 들 수 있다. 이 게임은 숫자 카드와 그림 카드를 분별할 줄 알면 할 수 있는 단순한 놀이로, 카드를 갖고 놀아 본 경험이 없는 어린이에게 적당하다. 이 게임은 쉽고 간단하므로 흥미 지속 시간은 극히 짧은 특징이 있다.

② 똑같은 것끼리 짝짓기 게임: 2장 혹은 그 이상의 카드 사이의 관계를 생각해 보는 것으로, '짝 맞추기', '동물 가족 만들기', '화살표 짝꿍 카드게임', '앞뒤 짝 맞추기' 등이 있다. 카드를 모두 뒤집어서 짝을 찾는 게임을 할 경우는 보통 집중력 게임Concentration Game이라고 부른다. 집중력 게임에서는 '알고 있는 카드'와 '모르는 카드'로 분류하고 이미 뒤집어 보았던 각 카드의 위치를 기억해 가면서 게임을 익숙하게 하게 된다. 어린이의 발달 단계에 따라 놀이자는 1명 혹은 2명 이상 짝을 지어 협력해서 카드를 찾는 협동적 방법이 가능하다. '도블'이나 '이것 좀 봐' 등은 유 · 초등 어린이가 여러 가지 방법으로 경쟁을 즐길 수 있는 놀이이다.

③ 순서대로 배열하기 게임: '카드 도미노Domino'를 생각할 수 있는데, 어린이는 이 게임을 통해 숫자나 서열 관계를 더욱 쉽고 재미있고 의미 있게 배울 수 있다.

④ 비교하기 게임: 대표하는 것으로 '전쟁 게임War Game, 큰 수 가져오기'이 있다. 이 게임은 두 사람이 카드를 동시에 뒤집어 수를 비교하여 큰 수가 나온 사람이 가져가는 것으로, 놀이자뿐만 아니라 구경꾼도 게임을 지켜보는 동안 지적으로 활발히 참여할 수 있다. 좀 더 확장된 게임으로 '이중 전쟁 게임Double War

Game'이 있다. 두 사람이 각각 카드 2장을 동시에 뒤집어 나온 수를 합산한 값이 큰 쪽이 바닥에 있는 모든 카드를 가져가는 게임으로, 덧셈을 하는 동안 협동해서 연산을 해야 하므로 동료 티칭이 자연스럽게 일어난다. 초등 이상에서 사용하는 좀 더 복잡한 카드게임으로는 상품화된 '로보77', '젝스 님트!'가 있다.

⑤ 수나 모양에 따라 카드 맞추기 게임: '긴 뱀 만들기' 등을 예로 들 수 있다. 위에서 사용되는 카드를 가지고 숫자1~10나 모양하트, 스페이드, 다이아몬드, 클로버, 또는 색검정과 빨강 등의 기준으로 카드를 분류하여 같은 것끼리 연결해 나가는 것이다. 어린이는 자기 차례가 올 때마다 머릿속으로 자기가 가진 카드들을 기준에 따라 분류하는 과정에서 사고의 유동성을 기를 수 있다. 초등 이상에서 사용하는 좀 더 복잡한 카드게임으로는 상품화된 '우노Uno'와 '세트Sets'도 있다.

⑥ 집합 분배 게임: '합해서 5 만들기'를 예로 들 수 있다. 구성주의에서는 교사가 만든 게임을 많이 활용한다. Kamii는 사실상 전통적인 수학에 반기를 들고 그룹게임을 교육에 적용하는데, 특히 카드게임을 주로 활용했다. 그 대표적인 것이 '합해서 5 만들기'이다. 이 게임은 2장의 카드를 찾아 그 합계가 '5'가 되도록 하는 것으로, 이 과정에서 어린이는 합해서 5의 조합을 경험하게 된다. '합해서 5 만들기'의 대중화를 고안해서 경쟁적 요소를 더한 '할리갈리' 게임도 있다.

⑦ 창의력 발현 게임: 카드게임에서 가장 창의적인 경쟁적 게임은 Shafir의 '브레인스톰Brainstorm'을 예로 들 수 있다. 바닥에 놓인 9장의 카드 중 가장 먼저 2장을 선택해서 '연결점'을 찾아 의미를 만든 사람이 카드를 가져간다. 예를 들어, 문장, 비유, 영화 제목, 의성어 등 연결점을 찾아 창안한 말을 외친다. 이때 다른 놀이자들은 카드를 활용해 창안한 사람의 말을 듣고 판단하여 모두 찬성통과 혹은 pass하면 카드를 가지고 간다. 카드를 많이 모은 사람이 이긴다.

2) 교육적 가치

카드게임이 어린이에게 주는 인지적 가치는 글자와 그림으로 구성된 언어 카드를 사용할 수 있는 경험을 한다는 것이다. 똑같은 짝을 찾는 게임에서는 시각적인 식별 능력과 기억이나 논리의 집중도 요구한다.

'짝 맞추기' 게임에서는 모양, 색, 숫자와 같은 다양한 형태의 분류와 위치를 기억하는 공간 개념을, '동물 가족 만들기' 게임은 어린이의 논리적인 사고를 요구할 뿐만 아니라 탈중심화를 돕는다. '이중 전쟁 게임'의 인지적 가치는 어린이에게 뒤집힌 카드 중에서 가장 높은 숫자를 판단해 볼 기회를 제공하는 데 있다. 즉, '더 많은' 또는 '더 적은' 등의 개념을 학습하게 하는 좋은 방법이 될 수 있다. 이 외에도 카드의 종류에 따라 숫자, 배열, 연산 능력까지 자연스럽게 접하게 되는 것이 카드게임이 가지고 있는 가치이다.

'이것 좀 봐'와 같은 카드게임은 놀이자가 혼자 혹은 2명 이상 짝을 지어 서로 소통과 협력을 하면서 카드를 찾을 수 있게 한다. 짝꿍의 말로 서로의 기억을 더듬으면서 언어로 간략히 전달하는 과정에서 협동력을 키울 수 있다.

다양한 방법으로 유아 단계부터 어른 세대를 거슬러 누구나 흥미롭게 할 수 있는 카드게임은 오늘날 기존의 놀이방법을 발전시켜 협동적 놀이로 소개되어 구성주의에서 지양하는 친사회력을 높이는 데 가치를 가진다.

3) 컴퓨팅 사고와의 연결점

지금까지 살펴본 다양한 카드게임은 언플러그드 활동으로 사용하기에 적합하다. '이것 좀 봐'와 '도블' 카드게임은 짝을 찾으면서 같은 점과 다른 점을 찾아보는 패턴 인식pattern recognition을 키우는 데 도움이 된다. 특히, '이것 좀 봐'는 짝이 안됐을 경우 짝을 다시 찾아보는 디버깅debugging 활동에 매우 좋은 놀이이다. '수나 모양에 따라 카드 맞추기 게임'은 카드를 보면서 같은 조건끼리 분류decomposition하는 기초적 컴퓨팅 사고를 키우는 데 도움이 된다. 숫자와 접목된 카드게임은 종종 '만약 ~라면

if-then', '만약 ~그렇지 않다면if-else'과 같은 조건if과 선택selection적 사고를 발달시키는 데 도움을 준다. '브레인스톰Brainstorm'은 프로그래밍에 문제가 생겼을 때 이를 해결할 수 있기에 창의력creativity을 키우는 데 도움을 준다. 특히, '화살표 짝꿍 카드게임'은 방향을 나타내는 화살표를 카드에 넣어 사전 코딩 활동을 해 보기에 적합한 게임으로 교사가 직접 만들어 사용할 수 있다. 이 게임은 컴퓨터 명령어를 접목하여 코딩 언어coding literacy를 배우는 데 도움이 된다.

8 보드게임(Board Games)

1) 게임 소개

판/보드board를 이용한 게임도 놀이자가 게임에서 무엇을 하느냐에 따라 분류할 수 있다. 어린이가 즐겨 할 수 있는 '판' 게임을 다섯 가지 형태로 나누어 보면 다음과 같다.

① '일정한 길을 따라 말을 움직이는 게임'은 주사위나 회전판을 이용하여 나타난 숫자만큼 말을 진행시키는 놀이이다. 우리나라 전통놀이 중 보통 실내에서 하는 '윷놀이'가 판을 이용한 게임에 속하며, 세계적으로 대표적인 놀이로는 '미끄럼과 사다리Chutes and Ladder' 등이 있다. 이 게임들은 우연과 전략이 함께 작용하여 어린이를 흥미 있게 자극하며, 상대편의 행동을 예측하게 한다. 상품화된 '미끄럼과 사다리'는 어린이가 주로 즐기며, 어린이가 수1~100를 익히기에 좋은 보드게임이다. 무척 단순한 게임으로 돌림판숫자 1~6을 돌려서 나온 수만큼 앞으로 가는 게임이다. 바람직한 행동을 하는 그림에서는 사다리를 타고 올라가며, 그렇지 않은 경우에는 미끄럼을 타고 내려오도록 되어 있다. 2~4명이 놀이할 수 있다.

② '표면에 말을 놓는 게임'은 말을 판 위에 놓은 채 표면에 일정한 형태를 만드는 '틱-택-토Tic-Tac-Toe'가 있다. 초등 이상의 연령에서 많이 즐기는 게임으로 말이 있거나 지나가면서 땅을 차지하게 되는 '땅따먹기', '부루마블', '세계여행', '모두의 마블', '바둑' 등이 있다.

③ '물건 모으기' 게임이 있는데 '앵두 따기'와 같은 활동이 여기에 포함된다. '앵두 따기'는 우연에 의하여 진행되는 쉬운 게임으로 어린이에게 적합하다.

④ 칠교놀이Tangram와 같은 퍼즐도 보드게임 형태로 즐길 수 있다. 7개의 모양 조각을 가지고 큰 보드에 그려진 이미지를 완성해 가거나, 자신만의 모양을 만들 수 있다. 파트너 게임 형태로 한 사람이 지시를 내리고, 한 사람은 모양을 완성하는 형태의 칠교놀이는 특히 언플러그드 활동으로 확장되어 즐겨 사용되고 있다.

⑤ 컴퓨팅 사고를 배우는 사전 코딩 활동으로 격자그리드 놀이 형태의 '로보 터틀Robot Turtle'이 있다. 물론, 어린이와 함께 책상 위나 바닥에 큰 격자를 그려 놓고 직접 로봇이 되어 보는 '격자놀이' 활동도 가능하다. 격자 위 출발점과 도착점을 정한 후 출발점에 서서 방향에 대한 명령어를 듣고 그것에 맞게 사물을 움직이거나 몸을 직접 움직여 보는 놀이이다.

2) 교육적 가치

'윷놀이'는 규칙 안에서 말을 놓은 방법과 경로, 상대방의 움직임 등 다양한 변수를 고려해야 하기 때문에 확률과 경우의 수, 공간 감각 등 수학 개념을 체득한다. 윷놀이의 묘미는 윷가락을 던졌을 때 어떤 모양이 나올지 모르는 예측 불허의 가능성도 알게 되고 가장 빨리 도착하는 길을 모색해야 하는 전략적 사고 방법도 배우는 데 도움이 된다.

'틱-택-토Tic-Tac-Toe'와 같은 게임의 가치는 지각적 변별력을 길러 주는 데 있으며, 공간적, 논리 · 수학적 관계에 대한 이해를 도와줄 수 있다. 또한, 이 놀이는 어린이가 다른 사람의 입장을 고려하는 전략이 생기게 되므로 탈중심화를 돕는다.

'미끄럼과 사다리'와 같은 게임은 수 개념은 물론 그림을 보면서 도덕적인 개념도 쌓아 가며, 회전판에 나타난 지시 내용을 파악하고 그대로 물체를 움직여 봄으로써, 지시 내용에 따라 수를 헤아려 보는 방향 감각을 돕는다.

칠교놀이Tangram를 통해 다양한 모양과 크기, 방향에 따라 모양을 움직이고 맞대어 보면서 동물, 사람, 글자와 같은 다양한 모양을 만들어 보는 경험을 할 수 있다.

'격자놀이'는 격자 위에서 가로, 세로, 오른쪽, 왼쪽, 위, 아래의 방향 개념과 한 칸, 두 칸 이동하는 수 개념 등을 익히고, 신체활동에서 직접 몸을 움직여 보면서 공간지각력을 더 잘 이해하게 될 것이다.

3) 컴퓨팅 사고와의 연결점

그룹게임은 단순한 것부터 복잡한 문제 해결력problem-solving을 요한다. 그룹게임 문제를 해결하기 위해서는 문제를 작은 문제로 분리할 수 있는 분해decomposition 요소를 배우게 되고 같은 것을 찾아 패턴화시키는 패턴 인식pattern recognition을 배우게 된다. 또 그룹게임을 하면서 복잡한 것에서 다른 것을 빼고 비슷한 것을 단순화시키는 추상화abstraction를 하게 되고 게임 순서에 따라 게임을 할 수 있는 알고리즘적 사고를 갖추는 기본적 요소를 배우게 된다. 또 선택, 창의력, 함수, 추상화, 디버깅debugging 등 코딩에서 배워야 할 요소들과 컴퓨팅 사고를 요하는 모든 것을 다 종합하기Putting it all together에 도움이 된다. 물론, 모든 그룹게임이 반드시 컴퓨팅 사고를 발달시키는 것은 아니다.

칠교놀이Tangram와 같은 게임은 모양 조각을 다양한 각도로 움직여 보면서 패턴의 변화를 인지할 수 있고 7개의 조각만으로 다양한 그림을 완성해 가며 동물 모양이나 사람, 글자 등을 추상화해 볼 수 있다. 또한, 지시자의 명령에 따라 모양 조각으로 그림을 완성해 가는 활동을 통해 알고리즘도 경험할 수 있다.

'미끄럼과 사다리'와 같은 게임은 선택과 격자를 자연스럽게 접함은 물론이고,

명령하는 지시에 따라 그만큼 움직이면서 코딩의 기초 개념을 이해하게 된다. '격자놀이'는 어린이가 종이 위나 때로는 바닥에 그려진 격자무늬를 접한 경험을 컴퓨터 스크린 안에서 접할 때 그 연결점이 될 것이다. 물론, '격자놀이'와 그 위에 로봇을 움직이기 위한 '화살표 짝꿍 카드게임'을 결합하여 새로운 게임을 만들어 보는 어린이들만의 팅커링 활동도 가능하다. 언플러그드 놀이인 격자놀이 후에 플러그드 놀이인 스크래치 주니어ScratchJr에서 캐릭터를 움직여 보면서 컴퓨터의 그리드grid 모양을 좀 더 쉽게 이해하고 접하게 된다. 특히, '로보 터틀'이나 '격자놀이'가 사전 코딩 활동으로 좋은 이유는 스크래치 주니어ScratchJr에 사용된 격자 모양은 학생들이 각 프로그래밍 블록 단위로 측정 단위를 이해할 수 있도록 설계된 것인데 각 줄에서의 이동에 대한 셀 수 있는 측정 단위를 처리한다. 격자를 사용하면 주어진 거리의 움직임을 프로그래밍하기 위해 몇 가지 가능한 전략(Bers, 2017)을 써서 점차 복잡해지는 수 및 프로그래밍 개념의 탐구를 용이하게 하기 때문이다.

생각해봅시다

1. 그룹게임이 시대에 따라 어떻게 스케일 업(변혁) 되었는지 숙고해 보세요.
2. 그룹게임이 컴퓨팅 사고와 어떤 연결이 있는지 설명해 보세요.
3. 그룹게임 중 하나를 선택하여 컴퓨팅 사고와 연결 지어 수업계획을 만들어 보세요.
4. 카드게임과 보드게임이 다른 그룹게임보다 더 많이 사용되는 이유를 말해 보세요.

제 9 장

교수-학습에서 숙고할 사항

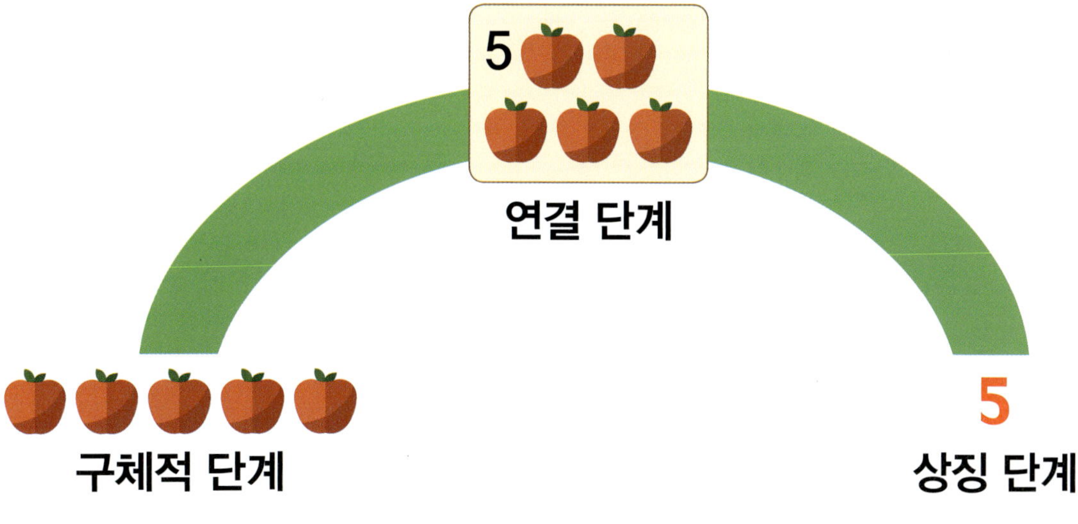

나에게 말로 하면, 나는 쉽게 잊을 거예요.
나를 가르치려고 한다면, 혹시 기억할 수도 있겠죠.
내가 참여할 수 있게 한다면, 나는 배움을 얻을 수 있을 거예요.
- Benjamin Franklin

본 장에서는 놀이 중심 교실을 운영할 때 몇 가지를 고려하면서 AI 시대에 다음 세대와 행복한 동행을 할 수 있는 사항에 대해 세 가지로 살핀다. 연결 단계를 고려해서 유아기에서는 추상적 사고와 연결해 줄 수 있는 구체물 사용의 당위성 알아보기, 게이미피케이션이 무엇인지, 그리고 수없이 많이 개발되는 앱은 물론 컴퓨터 기능이 탑재된 좋은 놀잇감에 대해 이해하고 선별해서 활동하는 방안에 도움을 받을 수 있는 CTRChildren's Technology Review의 평가기준이란 무엇인지 알아본다.

1 연결 단계

어린이의 조작 활동에 대해 Piaget(1964)는 "그저 보거나 추상적으로 상상하는 것으로 사물이나 사건을 인식할 수 없고 직접 다루어 보는 방법밖에 없다."라고 하며 직접적이고 구체적인 경험의 중요성을 강조했다. Piaget가 강조한 구체적 경험의 중요성은 어린이는 직관적이고 자기중심적이고 보존의 개념이 나이에 따라 다르기 때문에 발달 단계를 인식하고 교육에 임해야 하는 것이 중요하다는 것이다. 특히, 수학적 개념은 추상적으로 연계되는 감각적 경험이 필요하므로 초기 단계에서는 구체적인 조작 활동이 필수적이다. Montessori 역시 감각교육의 중요성을 언급한 것은 이미 주지된 사실이다.

Piaget가 연구하고 소개한 발달 단계는 Brunner(1960)에게서도 새 수학교육의 내용으로 응용되어 수는 물론 측정 그래프와 같은 내용도 포함하게 되었다. 추상적인 것은 구체적 경험 이후에 차차 다룰 수 있도록 해야 한다는 것이 이들의 공통점이다.

이런 이론에 기초해서 Baratta-Lorton(1995)은 [그림 9-1]의 다리 형태로 표현하여 구체적 단계, 연결 단계, 상징 단계로 활동이 이어져야 함을 강조했다. 다시 말해서, 어린이가 '물체를 실제로 만지거나 보는 경험→머리에서 추상적인 것과 연결하는 경험→상징적인 것을 이해하게 되는 경험'으로 연결해 주어야 한다는 것이다.

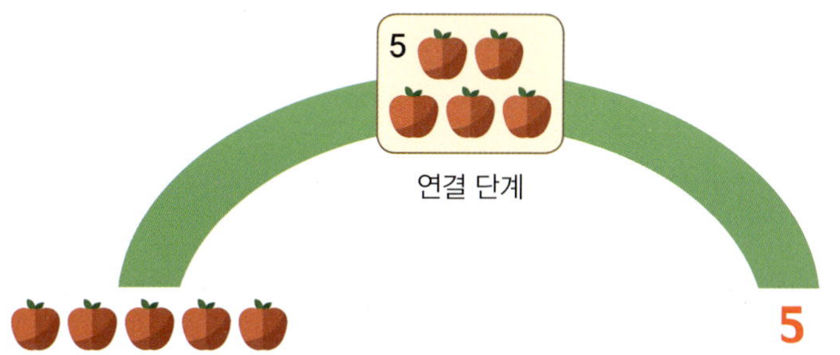

[그림 9-1] 연결 단계로서 유아 단계의 경험

예를 들어, 어린이는 구체적으로 사과를 눈으로 보며 맛보고 손으로 만지는 감각을 통해 사과의 특징을 이해한다. 성인은 사과의 수를 세어 보며 알려 준다. 다음에는 사과의 개수()와 상징적인 숫자(5)가 그려진 그림 카드를 소개한다. 어린이는 사과 그림을 보고 머릿속에서 실제 사과를 연상하며 숫자의 생김을 알고 양()을 나타내는 상징(5)을 통해 처음으로 '수와 양'의 관계를 연결하며 이해하게 된다. 이후, '5'의 상징만 보고도 '양()'의 개념을 알게 된다. 이처럼 유아 단계에서는 발달적으로 인식이 가능하도록 연결해 주는 경험이 중요하다.

또 다른 예는 글자이다. 어린이는 동물원에 가서 코끼리를 직접 보는 구체적 경험이 있으면 '코끼리'라는 동물의 특징을 잘 알게 된다. 집에 돌아와 코끼리가 있는 그림책을 볼 때 어린이는 동물원에서 본 코가 길고 몸집이 큰 실제 코끼리와 코끼리 그림을 연결하는 재미있는 경험을 한다. 이때 엄마는 '코끼리'라는 단어도 살짝 보여 주며, "코끼리" 하고 커다란 동물 이름을 알려 준다. 어린이는 실제 코끼리의 모습을 머리로 생각하고 전혀 닮지 않은 글자 '코끼리'를 연결한다. 얼마 후에 어린이는 '코끼리'라는 상징적 글자만 보고 커다란 몸집을 가진 코끼리의 특징을 떠올리면서 상징적 글자 '코끼리'를 알게 된다. 연결하는 것은 지능 발달을 가능하게 한다.

21세기에 컴퓨팅 사고가 필요하다고 해서 어린이를 직접 컴퓨터 앞에 앉게 하고 컴퓨터가 알아듣는 컴퓨터 언어, 즉 '코딩'만을 가르치는 교육은 구체적 경험 없이 마치 '5'나 '코끼리'와 같은 상징적인 글자를 주입시키는 것과 같다. 어린이는 일상생활 속에서 놀이하면서 이 시대가 사용하는 어려운 듯한 용어를 자연스럽게 접하게 되면 추상적인 용어를 실제적인 것과 연결시키면서 컴퓨팅 사고를 기르게 된다. 예를 들어, '알고리즘'이란 이 시대에 필요한 용어로 어린이에게는 굉장히 어려운 단어처럼 들릴 수 있지만 '양치하는 것'이나 '옷 입기 순서'와 같이 '어떤 일을 하기 위한 절차를 나열한 것'을 뜻하는 것으로 컴퓨팅 사고의 용어와 연결해 주는 경험이 있어야 한다. 즉, 순서에 맞는 알고리즘을 제시해야 컴퓨터는 자기가 무엇을 하는지 정확하게 이해할 수 있다는 것을 알게 되고 후에 코딩 언어를 로봇에게 실제적으로 적용할 수 있게 된다. 오히려 어린이는 우리가 생각하는 것보다 쉽게 컴퓨팅 사고를 익히고 로봇이나 '인공지능 스피커'에 명령을 내리는 데 성공하기도 한다. 그런데 그렇게 하기까지 실제 생활 속에서의 자연스러운 연결 연습이 필요하다. 실제로 '어떤 순서로 옷을 입었는지 이야기 나누기'나 '인형 옷 입히기'와 같은 생활 속에서 순서를 알아가는 알고리즘에 관련된 경험을 직접 해 보는 것은 컴퓨팅 사고로의 연결인 것이다.

예를 들어, '이야기 나누기' 시간에 책과 포스터를 보며 '양치하기'의 순서에 대해 함께 이야기 나눈 후, 점심시간에 이를 직접 닦으며 양치하는 순서에 대하여 생각해 보면서 구체적 단계를 경험한다. 자신이 어떤 순서대로 양치를 했는지 구체적 단계를 생각해 보고 연결 단계로 포스터를 보여 주며, '나만의 양치질 알고리즘'으로 그 순서를 자세하고detailed, 정확하게clear, 그리고 짧고 간단하게small 수정해서 말해 보게 할 수 있다.

양치하는 순서를 그려 보는 경험을 통해 컴퓨팅 사고를 자연스럽게 배울 수 있는 기초적인 활동을 할 수 있다. '양치하기' 방법을 순서화하는 작업에서 이 닦기 과정을 도구, 닦는 시간, 닦는 방법으로 나누는 활동을 거쳐 가면서 분해decomposition 과정을 배우게 된다. 또 이 닦는 방법에서 친구와 같이 반복되는 순서를 찾게 되면 패턴 인식pattern recognition이 되는 것이고 친구와 공통되지 않은 방법과 불필요한 순서를 뺀다면 이 과정은 단순화시키는 추상화abstraction 과정이 되는 것이다. 또 내가 만든 '나만의 양치질 알고리즘' 순서도를 보고 직접 행동으로 해 보는 과정에서 나타나는 오류를 다시 한번 재수정하는 디버깅debugging 과정도 필요하다. 이와 같은 과정은 칫솔과 치약을 가지고 양치를 하는 실제 경험이, 머릿속으로 그 단계를 생각해 보는 추상적인 것과 연결된다. 반대로 '양치하기'라는 상징적인 것이 다시 경험으로 연결되면서 오류를 수정하고 단순화하게 된다. 매일 반복하는 다양한 활동을 가지고 알고리즘화하는 과정에는 한 가지 컴퓨팅 사고 요소만을 배우는 것이 아니고 여러 가지 사고 요소를 자연스럽게 배울 수 있게 되는 것이다.

[그림 9-2] 아이원더 저널: 기초 5권 포스터 '이를 닦자 손을 씻자'

'양치하기'를 순서대로 재미있게 연결 짓는 능력을 길러 주는 요소는 '재미'이다. 어린이 스스로 "재미있으면 열정이 생기고 이후 탐구력과 창의성은 자연스럽게 따라오기 마련이다"(데니스 홍, 2018). 따라서 재미있는 활동 안에서 어린이들이 놀이할 수 있도록 하는 연결 단계로부터 추상 단계로 연결해 주는 환경을 제공해야 한다.

2 게이미피케이션(Gamification)

앞의 제5장 중 '놀이의 변화와 게임의 귀환'에서 언급했듯이 두뇌 발달 연구처럼 최근에 각광받는 부분이 교육의 '게임화Gamification'이다. 학습에 '게임화'는 게임이 주는 '재미'라는 요소가 학습 활동과 만나서 교육에 동기를 유발하고 흥미를 줄 수 있기 때문에 교실에서 보편적인 수단이 되었다. 게임과 교육이 만났다는 의미의 '게이미피케이션'이라는 새로운 용어는 2010년대에 등장하였다.

그런데 '게임화'를 언급하기 전에 역사적인 측면에서 Dale의 '경험의 원추도Cone of Experience'는 짚고 넘어가야 할 개념이다. 일찍이 공자의 "내가 본 것을 나는 잊어버리고, 내가 들은 것은 나는 기억하고, 그리고 내가 실제로 해 본 것은 나는 이해한다."라는 맥락처럼 Dale은 경험의 원추도를 그의 책 『*Audio-Visual Methods in Teaching*』(1946)에서 처음 소개하고 『*Audio-Visual Methods in Teaching. rev. ed.*』(1954)과 『*Audio-Visual Methods in Teaching. 3rd ed.*』(1969)에서 계속 개정하여 시청각 방법에 따라 학습에서 얼마나 기억하는 효과가 있는지 그 이론을 경험의 원추도로 펼쳐 나아갔다.

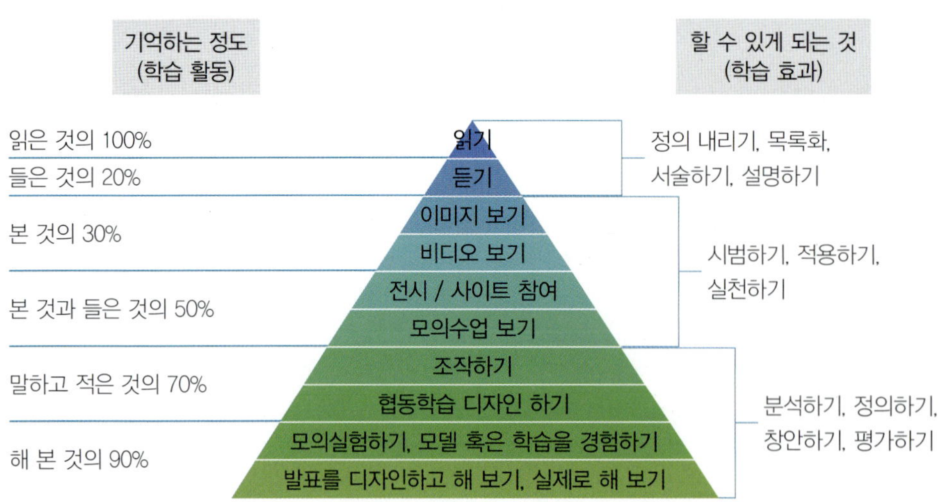

[그림 9-3] Dale의 '경험의 원추도'

출처: https://wikipedia.org.

그림에 나타났듯이 사람들, 특히 어린이는 실제로 디자인하고 실제로 해 보는 활동이나 가상으로 경험한 것을 90% 기억한다. 어린이는 협동학습을 디자인해 보고 조작해 보는 활동으로부터 말하고 적은 것의 70%를 기억할 수 있다. 이런 활동들의 학습효과는 분석하고 정의를 내리고 창안하고 평가할 수 있는 학습의 결과를 가져오게 된다.

교실 수업을 참관하는 것이나 전시/사이트에 참여해 본 것으로부터 본 것과 들은 것의 50%를 기억하게 된다. 이미지를 보거나 비디오를 보는 것은 본 것의 30%를 학습하는 결과를 가져오게 한다. 이런 활동들의 학습효과는 시범하기, 적용하기, 실천하기를 할 수 있게 된다. 그런데 그냥 듣는 것은 들은 것의 20%를, 읽은 것은 읽은 것의 10%를 기억한다. 이런 듣기와 읽기의 학습효과는 정의 내리기, 목록화, 서술하기, 설명하기의 효과가 있다. 그림으로 나타낸 '기억하는 비율, %'는 특히 2주 후에 나타나는 효과로 설명되기도 한다(Edgar Dale Media Center, 2016; Vogel, 2016).

[그림 9-3]처럼 제5장에 제시한 '게임화의 효과'elearningindustry.com에서도 실제와 유사한 상황에서 학습한 내용을 직접 활용해 보았을 때 학습의 효과는 90%, 즉 게임의 효과를 강조한다. 시연을 했을 때 50%, 시각적 요소와 구두 설명에서 30%, 학습 내용을 알고 들었을 때 20%, 그리고 학습 내용을 읽기만 했을 때 10%의 내용을 기억할 수 있다고 정리하고 있다제5장 참조. 이는 Dale의 경험의 원추도에 게임을 했을 때의 효과를 나타낸 것이다. 따라서 Dale에 의한 경험의 원추도는 AI 시대에 맞게 스케일 업 되어 수업에서 실제 시연해 볼 수 있는 게임 활동에 영향을 준 것이다.

게임화가 IT 기술과 접목되어 적극적으로 연구되고 교육에 적용될 전망에 있는 오늘날에는 교과서 없는 수업과 놀이와 게임을 통해 배우는 수업이 먼 미래의 이야기는 아니며, 현재 STEM 교육을 실시하고 있는 미국, 영국, 핀란드의 융합수업 현장에서 종종 목격되고 있다. 예를 들어, '마인크래프트Minecraft' 게임 프로그램은 수학, 사회, 건축, 언어, 미술 등 여러 과목 수업에 적용되고 있다. 마인크래프트의 장점은 제3장에서 Bers(2018)가 말했던 '큰 놀이터playground' 스타일의 접근 방식으로 개발되었다. 이 게임은 레고블럭을 가상으로 들여와 컴퓨터상에서 블록을 가지고 집, 이웃, 마을을 만들어 나가는 형태로 레고 놀이와 매우 흡사하다. 게임화란 IT와 접목된 플러그드 활동도 될 수 있으나 언플러그드 활동에도 적용할 수 있다. 특히, 우리나라에서는 언플러그드 그룹게임이 유 · 초등학교에서 어린이들에게 제공되고 수업 시간에도 활용되고 있다.

그런데 게임화에 주의해야 할 부분이 있다. 교실에서 하는 놀이활동, 그룹게임, 교육용 앱 등이 종종 잘못된 방법으로 강조되어 사용될 수가 있다는 것이다. 부정적인 요소는 이때 사용되는 '점수'와 '보상' 체계를 말한다. 교육심리학의 행동주의적 접근 방식에 대한 부정적 효과는 이미 많이 연구되어 왔다. Resnick(2018)에 의하면, 특히 창의적 활동에 있어서 문제가 있음을 지적하고 있다. 보상은 단기적 동기 부여에 효과적이나 장기적 효과에는 부정적 결과와 함께 오히려 동기를 낮추는 것으로 지적하고 있다. 창의적인 활동은 보상이나 대가를 제시하는 경우에 사람들의 시야가 좁아지고 창의성이 제한되기 때문에 문제를 해결하는 데 오히려 더 오랜 시간이 걸린다는 연구 결과가 있다고 말한다. 게임화가 단기간 또는 특정 시간에 해결하는 것이 목표인 경우 효과적인 전략이 될 수 있으나 교육의 목표가 '사람들을 창의적 두뇌나 평생 학습자로 개발하려는 것'이라면 다른 전략, 즉 내적 동기를 이끌어 내는 것이 더 효과적이라고 말하고 있다.

지금까지 게임화의 긍정적 효과와 부정적 요소를 살펴보았는데 우리는 게임화를 학습에 적용시킬 때에 좀 더 신중할 필요가 있음을 알 수 있다. 장기적인 참여와 창의성을 요하는 활동을 함에 있어서는 좋은 안목을 갖고 좋은 게임을 선정할 수 있어야 한다.

따라서 스마트 기기에서 제공하는 수많은 앱플러그드과 언플러그드 게임 중에서 어떤 것을 채택하고 소개해야 하는지는 우리의 몫이 된다. 그렇다면 우리는 CTRChildren's Technology Review에서 제공하는 평가기준에 의지할 수 있다. 이를 다음 항에서 살펴보기로 한다.

3 평가기준

정보화 시대로 들어서면서 다음과 같은 의문이 생긴다.

> 어린이는 얼마나 많은 플러그드 놀이 혹은 디지털 놀이를 만나고 있을까?
> 모든 것이 다 좋은 것(앱 혹은 놀잇감 등)일까?

다행히도 1982년부터 지금까지 Buckleitner 박사는 평가기준을 정하여 어린이에게 좋은 미디어 콘텐츠를 안내하고 있다. 그는 하이스코프 교육연구재단HighScope Educational Research Foundation에서 1983년 9월에 어린이 소프트웨어에 대한 연구·조사를 CSRChildren's Software Revue이라는 이름으로 시작하였고 유아교사로서 컴퓨터 교육을 최초로 이행하고 교사교육도 병행하였다. 1993년도부터는 CTRChildren's Technology Review이라는 새로운 이름으로 어린이 테크놀로지 전문가로서 교육자와 부모를 위해 발달적으로 적합한 앱, 비디오 게임, 웹 사이트, 하드웨어 및 소프트웨어를 소개하고 활용방안의 평가기준을 소개하고 있다.

이론적 평가기준의 틀은 Master's projectEarly Childhood Software의 조사(Buckleitner, 1984)에서부터 근간을 이룬 것으로 오랜 시간 동안 유지되고 있다. 어린이 상호작용 미디어의 이론적 틀에서 언급했듯이 Buckleitner(2015)는 많은 철학자들의 관점에서 지금도 만들어지고 있는 미디어 콘텐츠를 바라보았고, 특히 그는 Vygotsky의 사회적 구성주의Social Constructivism를 선호한다. Vygotsky는 소셜 비디오 게임, 공유되는 리뷰, 블로그 등이 문화 간 지식 전달에 중요한 역할을 한다고 보았다. 특히, '근접발달영역The Zones of Proximal' 개념은 상호작용적 미디어 개발자에게 유용한 아이디어를 제공했다고 보았다. 즉, 이 '영역'은 어린이의 문제 해결에 있어 또래 간 상호작용이나 혹은 성인의 지도가 도움이 된다는 것이다. Vygotsky의 공헌은 문화 간 소통을 가능하게 하여 페이스북Facebook, 스카이프Skype, 트위터Twitter, 구글 오피스 및 유튜브와 같은 소셜 미디어는 각각 지리적·사회적·사회경제적 경계를 넘어 아이디어를 전달하기 위한 양식을 제공하게 하였다고 할 수 있다. 예를 들어, 유튜브는 수학 문제를 해결하고, 악기를 연주하고, 비디오 게임에서 이기는 방법을 보여 주는 수천 개의 비디오를 게시하고 있다. 킨도마Kindoma와 같은 앱을 공유하면 두 사람이 같은 방에 앉아 있는 것처럼 어느 장소에서나 같은 이야기를 공유할 수 있도록 가능하게도 한다. 이와 같은 사회적 구성주의의 모습은 스크래치Scratch에서도 잘 반영되고 있음을 발견할 수 있다. 어린이가 스크래치Scratch 안에서 기획하고 만든 프로젝트를 전 세계 사용자와 공유하고 이야기를 나눌 수 있게 할 뿐만 아니라, 자신이 사용한 소스programming을 모두에게 오픈함으로써 서로 발전해 나아갈 수 있도록 하고 있다.

위와 같은 철학적인 배경을 가지고 Buckleitner도 그가 운영하는 CTREX 사이트를 통해 수많은 제품을 리뷰하고 있으며, 어린이가 사용하기에 적합한 다섯 가지 평가기준에 따라 평점을 내려 사용자의 올바른 앱 선택을 돕고 개발자에게는 개발 시 고려할 점을 일깨워 주고 있다. 그 평가기준은 다음과 같다.

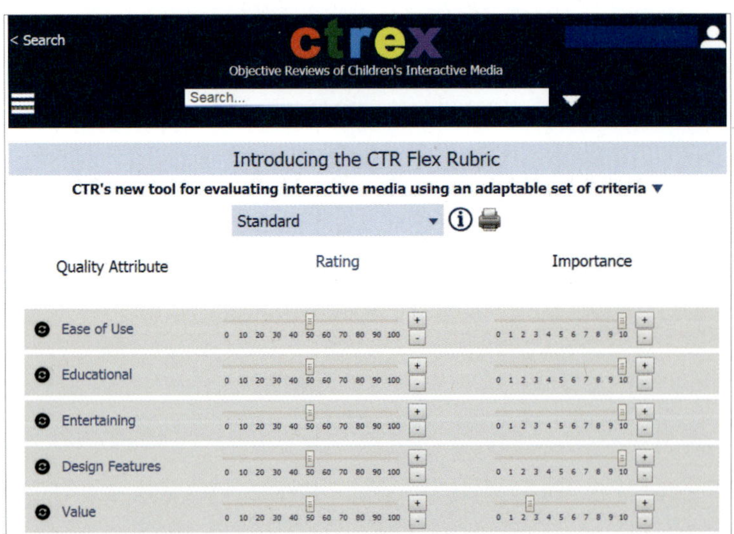

[그림 9-4] Childrens Technology Review에서 운영하는 ctrex 평가기준

① 사용하기 쉬운가?Ease of use

② 교육적인가?Educational

③ 재미있나?Entertaining

④ 디자인이 특성이 있나?Design Features

⑤ 가치가 있나?Value

이 평가기준은 매해 운영되는 이탈리아 Bologna Ragazzi Digital Award에도 활용된다참고로 Buckleitner는 매해 실행되는 Bologna Ragazzi Digital Award를 기획하면서 이 평가기준을 적용하고 있다.

Buckleitner의 공헌은 세계적으로 널리 알려져 있으며, NAEYC에서 발표한 논문(2015)에서 디지털 미디어에 대한 숫자를 언급하며 상업적으로 개발되는 먼지Dust와 같은 미디어에 대해 경고하고 있다. 여기에 그가 언급한 일부분은 다음처럼 디지털 미디어의 수많은 개발 현황을 이해하게 한다.

CTR에서는 20개 항목을 "어린이를 위해 특별히 설계된 것"으로 제시했다. 이 중 10%를 신중하게 추산해 보면, 어린이를 위한 약 47, 500개의 iPad 앱이 있다는 것이다. CTR에서는 2013년에 뉴스거리가 되어 선정되었던 제품들 중 607개의 제품만을 선정하여 "어떤 제품이나 앱이 먼지Dust인지 혹은 마술Magic이 될 수 있을까?" 발표하기도 하였다.

Buckleitner는 더 나아가 상호작용적 미디어에 대한 기관인 'Dust or Magic Institute'을 대학과 연결하여 매해 두 번 콘퍼런스를 실시하여 전 세계의 학자, 개발자, 교육학자 그리고 관심 있는 모든 사람과 모여 어린이에게 무의미한 먼지 같은 미디어와 매직과 같은 유용한 미디어를 가려내는 데 앞장서고 있다. 또한, 그는 「*New York Times*」에 지속적으로 이것들에 대한 평가를 기고하고 있다.

Buckleitner(2015)는 Montessori, Skinner, Piaget, Vygotsky의 빙하와 같은 이론이 앱과 같은 강을 만났을 때, 실제로는 많은 앱들이 이론 자체를 절충적으로 혼합한 것이라고 말하며, 어떤 것을 계속해서 채택되어야 하는 것인지에 대해서는 학자들의 핵심이론이 반드시 살펴져야 한다고 강조한다.

우리나라에서는 유아기 어린이가 컴퓨터 사용이나 앱을 사용하는 것에 대해 부정적 생각이 있어 CTR의 평가기준은 낯설게 들릴지도 모른다. 그러나 세계 여러 나라에서는 오히려 유아기에 컴퓨터와 익숙해지기 혹은 코딩교육을 유아기에 함으로써 디지털 시대에 세상을 성공적으로 살게 하려는 노력으로 장려하고 있다. 따라서 상식적으로라도 '세계는 지금 어떤지' 알아 두는 노력은 중요하다. 우리는 수없이 많은 플러그드 혹은 디지털 미디어 중에 어떤 것을 채택할 수 있을까? CTR의 리뷰에 의거해서 이해하고 적용할 수 있다는 것은 평가 안목을 위한 지표가 될 수 있기 때문에 이를 이해하는 것만으로도 무척 '다행한 일'이라고 거듭 강조한다.

생각해봅시다

1. 연결 단계를 고려한 교수-학습의 또 다른 예를 찾아보세요.
2. 유아 단계에서 연결 단계가 중요한 이유는 무엇인가요?
3. 게임화 활동이 설명 방법보다 효과적인 이유는 무엇인지 Dale의 경험의 원추도의 현대적 의미에서 설명해 보세요.
4. 게임/소프트웨어 평가기준에 의거해서 실제로 게임을 하나 골라 평가해 보세요.

제 10 장

그룹게임을 소개할 때

도덕성 발달은
자기 수준보다 높은 도덕적 난제를
스스로 해결하는 과정에서 이루어진다.
- Lawrence Kohlberg

구성주의에서는 교사가 그룹게임을 어떻게 소개하느냐에 따라 인지적인 것은 물론 도덕적 자율성도 길러 줄 수 있다. 그룹게임은 논리 · 수학적 지식에 근거를 둔 활동이므로 이는 어린이 스스로 머릿속에서 관계를 구성하는 놀이로 전개되고 더 나아가 사회적 지식처럼 가르치는 것보다 내성적 추상으로 관계를 파악하게 해야 한다. 따라서 교사는 어떻게 상호작용을 하며, 간접적 개입으로 어린이 스스로 오류를 수정할 수 있게 하는지에 대해 살펴보고자 한다. 또한, 그룹게임에서 규칙은 질서를 지키는 연습뿐만 아니라 컴퓨팅 사고의 기초가 되는 것으로 조명되고 있어, 그룹게임을 컴퓨팅 사고와 연결해서 숙고해 본다.

1 도덕적 자율성 고려

어린이가 도덕적인 가치를 학습하는 방법에 대한 Piaget의 이론(1964)은 행동주의나 일반적인 상식과는 근본적으로 다른 관점을 가지고 있다. 전통적인 관점에서는 어린이가 환경을 내면화함으로써 도덕적인 가치를 얻는다고 생각했다면, Piaget의 관점에서는 내면화가 아닌 다른 사람과의 상호작용을 통해 스스로 도덕적 가치를 구성한다고 보고 있다. 어린이는 다른 사람의 견해에 협응할 가능성을 지닌 만큼 행동주의에서 주장하는 보상체계와는 상관없이 도덕적 가치를 자율적으로 구성할 수 있는 가능성을 갖고 있다고 보고 있다. 이러한 관점을 구성주의 교육에 적용한

Kamii와 DeVries는 그룹게임(Kamii & DeVries, 1980; DeVries & Zan, 1997; 곽향림, 2015)을 통해 어린이가 도덕적 자율성을 기를 수 있다고 강조하고 있다. 그룹게임은 수학적 개념과 함께 규칙 지키기, 더 나아가 규칙을 만들고 스스로 지키는 것에서 도덕적 자율성을 길러 주는 데에 교육적 목적을 두고 있다. 따라서 그룹게임의 목적은 지적 자율성intellectual autonomy과 도덕적 자율성moral autonomy을 길러 주는 것이다. 자율성 발달에 필수적인 것은 구성주의에서 말하는 상호 존중이다. 자신이 생각하고 느끼는 방식이 다른 사람으로부터 존중된다고 느끼는 어린이는 다른 사람이 생각하고 느끼는 방식도 존중하게 된다.

AI 시대에 그룹게임이 다시 중요시되는 것은 어린이의 자율적 도덕성 발달에 도움을 줄 수 있기 때문이기도 하다. 컴퓨팅 사고의 발달과 코딩을 하는 과정에도 자율적 도덕성 발달이 중요한 영향을 미칠 수 있다. 그룹게임을 하는 동안 규칙을 만들고 따르는 것은 컴퓨터 프로그램알고리즘대로 움직이는 컴퓨팅 사고의 기초가 될 수 있으며, 프로젝트를 해결하기 위해 요구되는 협동적 활동에 필요한 자질이도 하다. 예를 들어, 해커hacker가 될 것인가 아니면 Edword Snowden[1)]과 같은 영웅이 될 것인가 또는 애국자가 될 것인가 또는 배신자가 될 것인가는 도덕적 판단에 의한 선택(Bers, 2018)이기 때문이다.

Bers(2018)에 의하면 코딩은 도구이며, 이것이 좋게 사용될 수도 있고 나쁘게 사용할 수도 있다. 어린이가 처음 망치를 사용할 때 망치 사용 방법을 먼저 가르쳐 주는 것처럼 처음 코딩을 배울 때 제대로 된 사용법을 설명해 주고 거기에 따르는 책임감까지 잘 알게 해 준다면 나중에 문제가 되지 않을 것이다. 그러므로 질서를 유지하는 규칙 지키기의 연습이야말로 훗날 컴퓨터 해킹이나 잘못 사용되는 비윤리적 행동에 스스로 가담하지 않는 자율적 인간됨으로의 기저가 될 수 있다. 자율적으로 규칙을 지켜봄으로써 어린이는 윤리적으로 올바른 행동을 하는 데 자유롭게 의사

---

1) 미국 중앙정보국(CIA)과 국가안보국(NSA)에서 일하던 컴퓨터 기술자도 2013년 『가디언지』를 통해 통화감찰 기록과 감시 프로그램 등 기밀문서를 폭로한 인물이다.

결정을 할 수 있기 때문에 도덕적 자율성은 교육목표에서 중요한 것이다.

수 교육을 그룹게임으로 접근할 때 도덕적 측면을 강조한 DeVries, Reese-Learned와 Morgan(1991), DeVries와 Zan(1997), 곽향림(2015)은 자율성 발달을 보상체계와는 반대의 입장에서 설명한다. 이들의 관점은 도덕적 자율성은 다른 사람들의 견해를 고려하여 보상체계와는 상관없이 어린이 스스로 도덕적인 판단과 결정을 내리는 능력을 의미한다고 본다. 모든 어린이는 의존적이며, 타율적으로 태어난다. 이상적으로 볼 때 어린이는 성장할수록 자율적으로 된다. 어떻게 해야 도덕적으로 자율적인 성인이 되는가? 성인이 어린이에게 벌과 보상을 사용하면 타율성이 강화되지만, 어린이와 의견을 교환하면 자율성 발달을 자극한다는 것이 구성주의의 입장이다.

전통적인 방법이나 행동주의에서 자주 사용되는 벌은 다음의 세 가지 결과를 나타내는데 이때 왜 타율성이 강화되는지를 알 수 있다. 첫째, 가장 일반적인 결과는 위험에 대한 계산이다. 어떤 일을 하다가 벌을 받은 어린이는 같은 행동을 반복하지만, 다음번에는 잡히지 않도록 계획할 것이다. 둘째, 맹목적인 복종이다. 복종해야만 안전하게 되고 체면을 유지할 수 있기 때문에, 어린이는 성인에게 완전히 복종하게 된다. 셋째, 반항이다. 어떤 어린이는 수년 동안은 모범적으로 행동하지만, 어느 날 갑자기 '이제는 나 자신을 위해서 살 때'로 결정하고, 반항하거나 비난을 받을 만한 행동을 하기 시작한다.

따라서 벌은 어린이의 타율성을 강화하고 자율성 발달에 방해가 된다. 보상은 벌보다는 조금 낫지만 이것 역시 어린이의 타율성을 강화한다. 즉, 어린이의 도덕적 자율성을 발달시키기 원한다면 보상과 벌을 삼가면서 성인의 권력을 감소시켜야 하며, 어린이 스스로 도덕적인 면을 생각하도록 격려해야 한다. 자율성의 본질은 어린이 스스로 의사 결정할 수 있도록 하는 데 있다. 따라서 자율성은 완전한 자유와 같은 뜻이 아니며, 최상의 행동을 결정할 때 모든 사람의 행동을 상대적으로 고려하도록 게임을 하는 중에 구성하도록 하는 것이다.

지적 자율성은 도덕적 자율성과 마찬가지로 자신이 스스로 지배하고 결정을 내리는 것을 말한다. 도덕적 자율성이 옳고 그른 문제를 포함한다면 지적 자율성은 진실이냐 거짓이냐의 문제를 포함한다. 지적인 영역에서의 타율성은 단순히 다른 사람의 견해를 따르는 것을 의미한다. 지적으로 타율적인 사람은 비논리적인 결론, 강령slogan, 선전 등에 대해 별다른 의심 없이 믿거나 받아들이기 때문에 의심을 품거나, 새로운 아이디어를 내거나, 혁신적인 이론을 생각하기가 어렵다. 반면, 지적 자율성이 높은 사람일수록 비논리적이거나 의심이 들었을 때 다른 견해를 갖고 그 문제에 파고들 수 있다. Copernicus와 같이 과학사에 혁신적인 이론을 내놓은 사람이 대표적인 자율적 인간의 예이다.

타율성을 키울 수 있는 대표적인 학습방법 중 하나가 학습지의 사용이다. 셈하기와 같은 산수에서 학습지는 질문에 대한 정답을 제기된 답안에 표시하게 되어 있으므로 어린이 입장에서는 교사가 원하는 것을 답하게 된다. 예를 들어, 어린이가 '3 + 2 = 4'라고 쓸 때 교사 대부분은 그것이 '틀렸다'고 표시할 것이다. 그것도 빨간펜으로 ×를 표시해 준다. 이렇게 되면 산수진실란 성인의 권위와 밀접한 영역이 되어 버린다. 어린이에 의해 형성되어야만 하는 추론진실과 교사의 머릿속에서 나오는 것답이 상충할 때, 어린이는 진리진실가 교사의 머릿속에 있다고 인식하게 된다. 따라서 눈치를 보거나 타율성이 길러지게 된다. 이런 학습지로 연습하는 과정을 통해 많은 어린이는 이미 자신의 사고생각를 불신하도록 학습되었다. 결국, 자율적인 사고가 좌절된 어린이는 정신적으로 능동적이고 확신에 찬 어린이보다 지식을 덜 구성할 것이다.

이때 '3 + 2 = 4'라고 말한 어린이에게 바람직한더 나은 반응은 자기 생각을 다른 사람에게 설명하도록 격려하는 것이다. 어린이는 흔히 자기 논리를 다른 사람에게 설명하려고 애쓰는 과정에서 잘못을 스스로 인식하고 또 고치게 된다. 즉, 자기 관점을 다른 사람의 관점과 조정하려고 할 때 자신의 잘못을 깨닫게 된다. Bers(2018)는 우리가 실수와 반복으로부터 배운다고 말한다. 이것은 또한 컴퓨팅 사고에서 아주 중요하게 여기는 부분인데 코딩을 적용한 프로그램이나 로봇에 버그bug가 생겼을 때, 이것을 수정debugging하는 과정을 거치는 것은 필수적이다. 어떻게 수정을 하는지 알아가는 것은 수학 문제를 다시 검토하는 것으로 자신이 쓴 문학을 다시 고쳐

쓰는 것과 같이 중요한 기술이라고 말한다. 또한, 코딩놀이 안에서 능동적으로 디버깅을 경험하는 것은 즐거움의 한 부분이 될 수 있다.

오늘날의 학교는 지적인 영역과 도덕적인 영역 모두에서 타율성을 강화하고 자율성의 발달을 저해하고 있다. 예를 들어, 성인이 만든 규칙, 방과 후에 실시되는 주입식 과외 등이 바로 그것이다. 학교에서 강조하는 '자율성'은 지적인 것과 동시에 도덕적 자율성이 모두 중요하다는 것을 거듭 강조한다. 어린이들 사이에 충돌이 일어났을 때 성인혹은 교사 대부분은 어린이들을 분리하여 문제를 해결하고자 한다. 어린이에게 싸움을 멈추라고 이야기하거나 분쟁 해결 방법을 결정해 주는 중재는 잠시 문제를 해결할 수 있으나, 자율적인 어린이가 되는 데 도움이 되지는 않는다. 자율적이 되도록 도와주려는 교사는 어린이가 서로 수용할 수 있는 해결 방법을 고안하도록 도와주는 방법을 생각해야 한다. 어린이는 자신이 만든 규칙을 존중하는 경향이 있으므로 스스로 규칙을 만들고 지켜 나가도록 충분한 시간을 주는 일이 무엇보다도 중요하다.

교육 목적으로서의 자율성에 마음을 둔 교사는 어린이가 서로서로 관점을 교환할 수 있도록 하는데, 바로 그룹게임을 하는 중에 지적 · 도덕적 자율성을 구성하게 된다. DeVries(1997)는 교수원리 중 사회 · 도덕적인 측면을 강조했다. 사실상 DeVries는 그룹게임의 지도 원리를 15가지로 언급했지만, 그룹게임에서 게임을 할 때 규칙과 연관해서 다룬 부분을 살펴보면 다음처럼 7가지로 강조한다.

- 규칙을 알려 주고 성인의 권위를 감소시키기 위해 교사는 놀이자로 참여한다.
- 규칙을 읽을 때 굉장한 것big deal처럼 읽는다.
- 교사도 규칙에 따라 놀이하고, '생각을 말로 크게 표현하는think loud' 전략을 사용한다.
- 놀이자가 무엇을 생각할 수 있는지 시범을 보인다.
- 어린이들이 게임의 규칙을 정해 보도록 격려한다.
- 필요한 경우와 문제가 생겼을 때규칙에 무엇이라고 쓰여 있는지 읽어 가며 개입한다.
- 공동체감feeling of community의 발달을 증진시킨다.

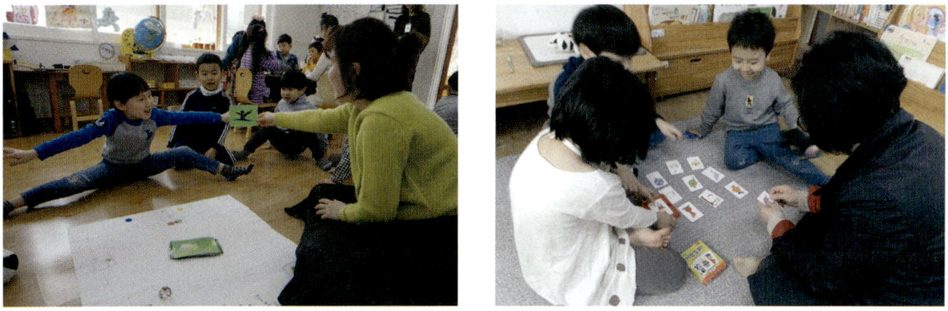

[그림 10-1] 호원대 부속유치원: 교사와 함께하는 그룹게임

중요한 것은 게임은 작은 사회이며, 협동의 자세다른 사람의 관점을 고려하여 행동하기: 감정, 욕구, 의도와 다른 사람과 놀이하고 싶어 하는 마음을 길러 주고, 다른 사람과 협력하기 위한 일반적인 태도를 길러 준다.

구성주의 관점의 그룹게임에서와 마찬가지로 AI 시대에도 지적 자율성과 도덕적 자율성이 중요하다. 코딩을 배울 때에도 타율적보다는 자율적 도덕성 발달이 증진될 수 있는 환경을 조성해 주어야 한다. 스크래치Scratch 프로그램도 어린이가 스스로 구성하며 프로그램을 진행할 수 있도록 개발된 것이다. 스크래치Scratch는 커뮤니티를 만들어 개방적 환경을 제공하고 모든 소스는 오픈하는 것이 전제되도록 기본으로 설계되어 있다. 어린이는 온라인 커뮤니티를 통해 자신의 아이디어를 공유하면서 배울 수 있고 서로의 의견을 자유롭게 전달할 수 있도록 되어 있다. 자신의 코딩을 다른 어린이가 똑같이 사용하는 것도 허용하고 변경해서 사용하는 것도 허용한다. 그런데 세계 여러 나라의 어린이들이 온라인상에 모이기 때문에 서로 다른 교육 환경, 문화, 종교 등이 여러 문제점을 야기할 수 있다. 자칫 잘못하거나 서로 조심하고 존중하지 못하면 오해하거나 무례할 수 있고, 예의 없는 의견들로 휩싸일 수 있다. 이 같은 환경에서 프로그램 환경을 제한하고자 엄격한 규제를 둘 수도 있었지만, 그럼에도 불구하고 스크래치Scratch 개발자들은 이러한 제한을 두는 것을 원하지 않았다. 스크래치Scratch는 참여하는 어린이들이 창의적으로 표현하고 아이디어를 공유하면서 스스로 '배려의 문화culture of caring'를 형성해 갈 수 있도록 '커뮤니티 지침'을 정해 따르게 하고 웹사이트를 지속적으로 관찰하는 중재자 팀을 운영하고 있다. 다음은 스크래치Scratch에서 확립한 '커뮤니티 지침'(Resnick, 2018)이다.

❖ Scratch 커뮤니티 지침

1. **다른 사람을 존중하세요.**
   프로젝트를 공유하거나 의견을 남긴다면 이 내용을 보는 사람들의 나이와 배경이 아주 다양할 수 있다는 점을 잊지 마세요.
2. **건설적인 사람이 되세요.**
   다른 사람의 프로젝트에 의견을 남길 때, 마음에 드는 점과 제안하는 내용을 쓰세요.
3. **정직한 사람이 되세요.**
   다른 스크래처인 것처럼 가장하거나, 거짓말을 퍼뜨리거나, 아니면 커뮤니티를 속이려고 하지 마세요.
4. **사이트를 친절한 곳으로 만들어 주세요.**
   어떤 프로젝트 또는 댓글이 비열하거나 모욕적이거나 폭력적이거나, 어떤 식으로든 부적절하다면 '신고하기'를 눌러서 저희에게 알려 주세요.

출처: Resnick, M. (2018). p. 214.

2 지식의 종류 고려

그룹게임을 소개할 때 고려해야 할 점으로 도덕적 자율성을 먼저 살펴봤다면 그 다음으로 고려할 점은 지식의 종류와 이에 따른 교수 방법을 살피는 것이다.

행동주의에서 지식의 근원은 외부에 있으며, 지식은 감각을 통해 내면화된다고 주장한다. 이 입장에서 보면 인간은 백지 상태로 태어나며, 성장하면서 경험을 통해서 백지 위를 채워 가는 것과 같다는 것이다. 이에 반대해서 Piaget는 어린이에 대한 60여년 간의 연구를 하며 행동주의의 부적합함을 증명하였다. 예를 들어, 수 보존 개념에 대한 연구사물의 모습은 변해도 그 양은 언제나 같다는 것을 논리적으로 추론하는 능력에 관한 연구로 이를 증명하였다. 특히, Piaget는 지식의 근원과 본질에 관해 탐구하는 『발생학적 인식론(*Genetic Epistemology*)』(1970)에서 지식은 개인에 의해 적극적이고 능동적으로 구성된다는 것을 언급하며, 세 가지 지식의 종류에 관해 언급했다. 그는 먼저 지식을 구성하는 궁극적 근원과 방식에 따라 물리적 지식과 논리 · 수학적 지식, 사회적 지식으로 나누고 이에 따른 교육의 방법에 대해서도 언급했다.

1) 물리적 지식

물리적 지식은 사물의 외형적 사실을 관찰하여 생기는 지식으로, 사물의 색, 무게, 높은 곳에서 물건을 놓으면 떨어진다는 사실 등과 같은 것을 아는 것이다. 물리적 지식은 관찰을 통해 습득되므로 경험적 추상empirical abstraction이라고도 한다. 물리적 지식의 근원은 외부에 있다고 보는데 이는 어린이가 물체에 행위밀고 당기는 것과 같은를 가하면 이에 따라 물체가 반응하는 경험관찰을 통해서 얻어지기 때문이다. 그런데 반응을 관찰한 사실을 예전의 지식과 관계 짓는 논리 · 수학적 틀을 갖고 있지 않다면 물리적 지식도 구성할 수 없다.

물리적 지식을 전통적 과학과 비교해서 소개한 Kamii와 DeVries(1978)는 물리적 지식을 두 가지 유형으로 소개했다. 첫째는 물체의 움직임이고, 둘째는 물체의 변화를 포함하는 활동이다. 물체의 움직임이란 어린이의 행위가 기본이며, 관찰은 부수적이다. 경사에 공 굴려 보기, 물건 던져 보기와 같은 것은 굴러간 곳과 떨어진 위치의 관계를 관찰하면서 알 수 있다. 물체의 변화란 소금으로 결정체 만들기, 색 섞어 보기, 요리하기 등과 같은 활동인데, 이때 어린이의 행위는 부수적이며, 물체가 변화되는 것을 관찰을 통해 지식을 구성한다. 이렇게 어린이 스스로 물체에 행위를 가하며 물체의 움직임이나 변화를 관찰하여 지식이 구성하므로 물리적 지식의 근원은 외부에 있다. 따라서 어린이에게 물리적 지식을 습득시키기 위해서는 그들이 직접 물체를 만져 보거나 그 변화를 관찰할 수 있도록 기회를 많이 제공해 주어야 한다.

Kamii와 DeVries의 물리적 지식 활동 개발 과정을 지켜본 Piaget는 그 유명한 교수 전략을 『물리적 지식 활동(*Physical Knowledge in Preschool Education*)』(Kamii &

DeVries, 1992)의 서문에 언급했다. "어린이가 물체에 행위를 가한 뒤 물체가 어떻게 작용하고 변형되는지를 관찰하도록 하는 것은 … 물리적 지식의 본질이다. 행위는 물리적 현상의 특성을 이해하기 위해 불가피한 요소이다." 어린이가 범하는 실수는 지식 구성에 있어 중요하며, 이는 소홀히 다루어져서는 안 된다. 왜냐하면, 어린이가 실수한 후 그것을 스스로 수정하면 이는 즉각적인 성공보다 더욱 교육적이기 때문이다. 컴퓨팅 사고를 기르는 코딩교육에서도 잘못된 부분을 어린이 스스로 찾아 수정debugging해 가는 과정이 중요하다.

이와 같이 어린이가 물리적 지식을 경험하기 위해서는 다양한 놀이와 목적물 맞히기와 같은 그룹게임 그리고 STEAM 활동 등을 스스로 해 보는 것이 적합하다. 예를 들면, [그림 10-2]처럼 어린이는 경사 높이에 따라 공을 굴려 보며 움직임을 관찰하는 실험(DeVries & Sales, 2014)에서 경사가 급할수록 공이 빨리, 그리고 더 멀리 굴러간다는 지식을 구성하게 된다. 지식의 근원은 외부굴러가는 것 관찰에 있다. 교사는 어린이가 스스로 팅커링해 볼 수 있도록 옆에서 지원해 줄 수 있다.

<활동 예 1: 경사로 활동>

[그림 10-2] 경사로에서 물체 굴려 보기

출처: DeVries & Sales(2014).

위의 예와 같이 유아기에는 물체의 움직임과 변화를 밖에서 관찰하고 경험만 하기보다는 몸으로 익히는 활동이 우선되어져야 한다. 최근 강조되고 있는 융합 · 창의STEAM 교육에서 이러한 물리적 지식 수업이 두드러지게 진행되고 있는 것이 이러한 이유에서이다. 또 AI 시대를 위해 STEAM 활동과 더불어 컴퓨팅 사고 발달과 코딩수업 그리고 팅커링을 강조한 메이커 교육에서 'Learning by doing'의 학습이 강조되고 있는 것도 이러한 맥락에서이다.

Papert(1980)는 컴퓨터를 활용하여 코딩수업을 해 보는 방법이 물리적 지식을 배우기에 좋은 활용 방법임을 강조하였다. 특히, 그는 '동조적 학습syntonic learning'이 기본에 충실한 활동이며, 몸으로 기하학적 개념을 탐색하고 지식을 사용하는 것이 올바른 방법임을 소개했다. 여기서 '동조적 학습'이란 어린이는 자신이 거북이가 된 것처럼 몸을 움직여 본 후 명령어를 실행해 봄으로써 물리적 지식을 습득할 수 있도록 하는 것이다. 이는 몸을 움직이는 과정을 통해 어린이가 다양한 방식으로 컴퓨터 속 객체와 자신을 동일시할 수 있기 때문이다(Kafai & Burke, 2017). Lakoff와 Johnson(1980)도 어린이가 신체, 움직임, 감각적 능력으로 공간적 훈련up, down, front, back과 같은 것을 몸으로 직접 경험함으로써 코딩을 어떻게 할지 기본적 개념을 더 잘 알게 된다고 했다. 컴퓨터 스크린 안에서 프로그래밍을 해야 하는 많은 상황에서 자신의 지식을 표현하기 위해서는 이러한 물리적 지식이 바탕이 되어야 한다. 이것은 다양한 그룹게임이나 언플러그드 활동을 통해 경험할 수 있으며, 코딩을 해 보고 로봇을 직접 움직여 보는 활동으로 미래 교육에 있어서 물리적 지식을 쌓는 과정을 경험하는 것이다.

2) 논리 · 수학적 지식

반면, 논리 · 수학적 지식은 머릿속에서 구성하는 관계relationship이다. '빨강 구슬과 파랑 구슬이 다르다'를 아는 것은 생각해서 '다르다'라고 아는 것으로 사물과 사물의 관계에 대한 지식이다. 이것이 바로 논리 · 수학적 지식이다. 다시 말해서, 두 사물의 차이는 사람의 머릿속에서 정신적으로 만들어지는 관계이다. 2개의 구슬을 보고 "이"라고 말하지만, 구슬 2개는 눈에 보여도 '이'라는 관계는 볼 수 없고 정신적으로 만드는 관계이다. 어린이는 '같다', '다르다', '더 많다'는 관계를 구성하며, '세상에는 소보다 동물이 더 많다'라는 추론을 할 수 있게 된다. 따라서 두 구슬의 관계는 어린이의 관점에 달려 있으므로 논리 · 수학적 지식은 내성적 추상reflective abstraction으로 관계성의 지식이다.

Piaget는 수number란 환경으로부터 배우는 것이기보다는 "각 어린이가 사고하는 능력으로부터 구성"(Piaget, 1977)되는 지적 구조mental structure라고 하며, 어린이 스스로 구성하는 측면을 강조했다. 앞 장에서 언급했듯이 논리 · 수학적 지식을 가장 잘 배울 수 있는 매체로 Kamii와 DeVries는 그룹게임을 언급하였다. 그룹게임은 Baratta-Lorton(1995)이 언급한 대로 어린이가 물체를 실제로 만지거나 보는 경험에서 머리에서 추상적인 것과 연결하는 경험을 하고 상징적인 것을 이해하게 되는 경험으로 연결하며, 논리 · 수학적 지식을 스스로 구성해 나가기에 가장 좋은 놀이이다.

어린이가 해 볼 수 있는 논리 · 수학적 지식 활동으로는 다양한 그룹게임과 놀이 그리고 STEAM 활동을 예로 들 수 있다.

<활동 예 1: 카드게임- 할리갈리>

[그림 10-3] 호원대 부속유치원: 카드게임 할리갈리 하기

그림 카드를 보고 같은 그림이 5개가 있으면 벨을 치고 가져간다. 지식의 근원은 내부머리에서 관계 파악에 있다. 카드를 보고 재빨리 머리에서 같은 그림의 합을 계산한 뒤 5가 되면 가져갈 수 있는 것이다. 교사는 셈하기를 어려워하는 친구들이 많은 경우 그림과 합을 연결시킬 수 있도록 도와준다.

<활동 예 2: 요리, 과학 활동- 쿠키 만들기>

[그림 10-4] 아이원더 저널 요리 · 과학: K3 V1 쿠키 만들기

요리 활동은 물리적 지식에서도 예로 소개되었지만 논리 · 수학적 활동에도 대표적인 예가 된다. 요리하기 위해 얼마만큼 양을 넣을지 추리한다. 양지식의 근원은 내부, 즉 머리에서 관계를 파악하는 데 있다. 요리 측정 도구를 사용하면서 양에 대한 개념과 요리 과정에 필요한 측정 시간을 통해 시간의 개념 등과 같은 개념을 어린이가 머릿속에서 구성해 나가게 된다. 또 요리 과정에서의 오차로 인해 결과물이 어떻게 달라질 수 있는지를 예측하고 경험할 수 있다. 따라서 교사는 어린이가 요리를 하는 과정에서 잘 안 된 경우, 언제든 다시 해 볼 수 있는 기회를 주고 요리를 하는 중에 실수했던 부분을 수정실험해 볼 수 있도록 기회를 제공해 준다.

※ 쿠키 만들 때 필요한 측정용 요리 도구의 예

[그림 10-5] 요리 도구: 계량스푼과 계량컵

이와 같은 실험이나 양을 생각하는 것은 컴퓨팅 사고에서 정확성이 요구되는 태도를 구성해 나아가는 데 필수적인 연습인 것이다. 연습실험은 정확한 결론으로 이어지게 한다.

코딩에서 논리 · 수학적 지식이라면 바로 언플러그드 활동으로 경험한 컴퓨팅 사고와 프리코딩 활동이 플러그드 활동으로 연결되어 가는 과정이 그 순간일 것이다.

3) 사회적 지식

마지막으로 Piaget는 사회적 지식에 대해 언급했다. 사회적 지식(Piaget, 1964)이란 사람들 간의 협약에 의해 만들어진 지식을 말하며, 사회적 전달에 의존하며 구성된다. 크리스마스가 12월 25일이라는 것, 나무를 '나무tree'라고 부르는 것, 사람들이 만나면 '악수하며 인사한다'는 것 등 임의적으로 그 사회에서 사용하는 약속을 '말'로 설명해서 알려 주는 것이다. 사회적 지식의 근원은 사람들 간에 이루어진 약속이 임의적이라는 특징이 있다. 이러한 지식은 문화 속에서 전개되고 집단에 따라 다르다. 따라서 어린이가 사회적 지식을 구성하기 위해서는 성인과 끊임없이 상호작용하면서 그들의 지식, 즉 사회 규칙, 법률, 도덕, 가치, 윤리, 언어체계, 사물의 이름 등을 전달받는 것이 중요하다.

그런데 임의적인 것이 전혀 없는 관계의 체제로 확립되는 2 + 3의 답(5)은 어디에서나 같다고 보는 수의 개념이 행동주의 입장과 Piaget의 입장은 매우 대조적이다. 행동주의에서는 수의 개념을 사회적 지식과 같이 전달에 의해 가르칠 수 있고, 특히 어린이에게 셈하는 방법을 가르칠 수 있다고 주장한다. 반면, Piaget의 이론은 앞에서 말했듯이 수의 개념은 논리 · 수학적 지식이라고 언급하고 있어 이 부분이 매우 다르다. 사실, 논리 · 수학적인 것은 어떤 문화권에서도 모두 같은 답을 얻게 되지만 수에는 사회적 지식의 측면도 있다. 이는 수의 이름임의적 약속이다. 우리나라에서는 '일, 이, 삼, …', 영어권에서는 'one, two, three, …' 등의 이름은 그 사회에서 약속한 사회적 지식, 수의 이름이다. 수를 세는 단어말는 특정 문화 혹은 나라에 따라 다른 사회적 지식이지만 수의 기본적 개념은 논리 · 수학적 지식에 속한다.

어린이가 어른들과의 상호작용을 통해 사회적 지식 활동을 배워 볼 수 있는 활동으로는 다양한 그룹게임과 놀이 그리고 STEAM 활동을 예로 들 수 있다. 그중에서도 명절에 어른들과 전통놀이를 하거나 함께 게임을 하거나 음식을 만들어 보는 활동이 가장 좋은 예이다.

<활동 예 1: 전통놀이- 윷놀이>

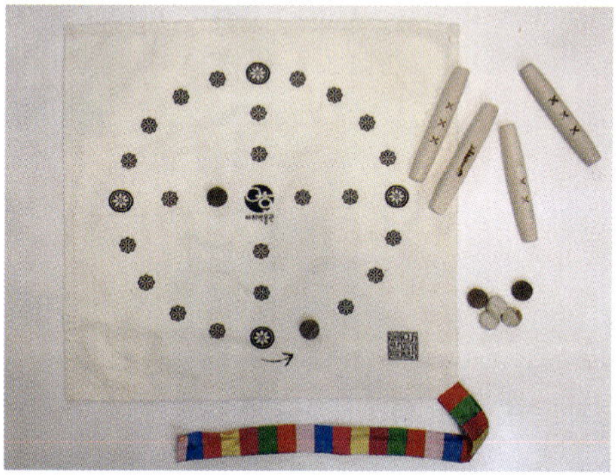

[그림 10-6] 전통놀이: 윷놀이

어린이는 어른과 함께 전통놀이를 하면서 규칙을 배운다. 지식의 근원은 외부다른 사람과 문화에 있다. 어린이는 놀이를 하면서 사용하는 언어 및 규칙을 자연스럽게 배우게 된다.

지금까지 살펴본 세 가지 지식을 토대로 살펴보면 2 + 3의 답은 세계 어느 곳에서나 같으며, 다른 사람으로부터 전달될 수 있는 '외부'에 있는 것이 아니라는 것을 알 수 있다. 어린이에게 2 + 3처럼 덧셈의 근원에 있는 관계는 직접 가르칠 수 없다. 어린이는 놀이와 같은 게임을 통해 간접적으로 수학적 지식을 구성하게 된다. 이렇듯 어린이가 스스로 구성하는 지식의 근원은 그 종류에 따라 각각 다르므로 교수방안도 지식의 근원에 따라 다르게 접근해야 한다. 지식의 세 가지 종류에 따라 고려해야 할 접근 방법이 다르듯이 오늘날 AI 시대에도 강조되는 컴퓨팅 사고 발달을 위한 교육 접근법은 좀 더 심층적으로 논의되어야 한다.

세 가지 지식의 유형에 따른 교수 방법은 다음처럼 세 가지로 요약된다. 첫째, 어린이는 사물을 관계 짓는 자신의 정신적 활동으로부터 내성적 추상을 통해 수 개념을 구성한다. 따라서 수학은 사회적 지식처럼 설명해서 가르치는 것이 아니라 그룹게임과 같은 상호작용으로 관계를 구성할 방법으로 임해야 한다. 즉, 수 개념은 결코 설명해서 가르치는 것으로 습득되는 것이 아니다. 어린이는 자신의 사고머리 속에 의해 내부로부터 수를 구성한다. 그러므로 수는 가르칠 수 있는 것이 아니며, 스스로 구성하는 재미흥미있는 활동게임으로 가능하다. 이런 생각에 근거를 두고 Kamii와 DeVries는 그룹게임에서 어린이가 흥미를 가지고 게임에 참여할 때 자율적으로 지식을 구성하는 것을 강조하였으므로 수학은 행동주의에서와 같은 사회적 지식으로 가르쳐지지 않으며, 오히려 간접교육의 방법이 교사의 권위를 줄이며 지식을 구성하게 해야 한다는 것이다. 이는 다음 항에서 더 논의된다.

둘째, 수에도 사회적 지식이 있는데, 이는 수의 이름과 같은 것이다. 언어로 표시되는 위상수학에서 '앞으로, 뒤로, 아래로, 옆으로'와 같은 용어, 즉 언어에도 수학적 개념이 있는 표현이 있는데 이것은 사회적 지식처럼 가르칠 수 있다. 이와 마찬가지로 컴퓨팅 사고를 배우기 위해서 어린이는 컴퓨터 언어에서도 사회적 지식, 즉 컴퓨터 리터러시computer literacy를 배워야 한다. 예를 들어, '알고리즘'이라는 용어는 순서를 말하는 컴퓨터 리터러시이다. 또한, 두 어린이가 협동하며 놀이를 하는 중에 필요한 언어와 순차와 지시에 따라 움직이는 규칙인 사회적 지식을 읽으며 논리·수학적 지식을 융합하고 지식을 구성할 수 있도록 그룹게임을 소개해야 한다.

미래에 대처하기 위한 교육으로 창의적 사고를 강조한 Resnick은 『평생유치원(*Lifelong Kindergarten*)』(2018)에서 대부분의 생각은 행동과 통합되어 일어난다고 주장하고 있다. 사물과 상호작용하고, 사물을 가지고 놀고, 사물을 창작하면서 일어나는 것이다. 거기서 더 나아가 대부분의 생각은 다른 사람들과 연결되어 일어난다. 아이디어를 공유하고, 다른 사람들과 반응하고, 서로의 아이디어를 더하면서 우리의 생각을 키워 나가게 된다고 말한다. 인공지능 시대에 대비하기 위해서 우리는 지식의 종류를 이해하고 고려하여 교육을 하는 것도 중요하지만 갇힌 폐쇄적 교육이 아닌 타인과 공유할 수 있는 열린 교육, 순환 발전될 수 있는 교육이 되도록 하는 것이 중요하다.

3 간접교육의 가치 고려

Kamii(1987)는 그룹게임을 소개할 때 다음의 네 가지를 구체적인 상호작용적 대화와 함께 소개하며 간접교육의 방안을 소개했다. 이는 구성주의 교육방법에서 핵심이 되는 부분으로서 행동주의에서 사회적 지식처럼 수학교육을 설명적 방법에서부터 벗어나게 할 수 있는 매우 독창적인 방안이기도 하다. 또한, 컴퓨팅 사고를 구성하기 위해서도 광범위한 접근으로 활용될 수 있는 부분이기도 하다.

* 첫째, 어린이의 행동이 매우 어리석게 보일지라도 어린이의 사고방식에 따른다.

① 순서를 정할 때

그룹게임을 할 때 어떤 어린이는 성인이 보기에는 매우 어리석은 방법으로 게임을 한다. 차례 지키기, 카드 나누어 주기 등에서 성인의 방법을 강요하기보다는 어린이의 방법으로 게임을 하도록 한다. 성인의 경우에는 시계 방향으로 돌아가도록 순서를 정한다. 그러나 어린이는 대개 "난 첫 번째.", "난 두 번째." 등으로 말해서 순서를 정한다. 성인에게는 혼란스러워 보이지만 어린이는 자신의 방법이 나은 방법이라고 생각한다.

누가 먼저 할까 결정할 때, 어린이는 먼저 하는 것을 즐기기 때문에 대개 먼저 하려 한다. '합해서 5 만들기' 게임에서는 첫 번째 놀이자는 5를 만들 수 없기 때문에 첫 번째가 아닌 놀이자가 더 유리하다. 이때 아무 말도 해 주지 않고 스스로 깨닫게 하는 것이 어린이에게 도움이 된다.

② 카드 수가 정확하지 않을 때

카드게임을 하는 어린이가 갖고 있는 카드의 수가 서로 다른 경우 교사가 간접적으로 개입할 수 있다. 예를 들어, "카드가 몇 장인지 세어 볼 필요가 있을까?"라고 묻는다. 어린이 대부분이 "아니요."라고 대답한다면 세어 볼 필요는 없다. 어린이는 대개 똑같이 갖지 않아도 상관없다고 대답한다. 어린이가 만족하면 성인의 생각을 강요해서는 안 된다. 그러나 어린이가 카드를 세고 수가 똑같지 않음을 발견했다면, "어떻게 해야 한다고 생각하니?"라고 묻는다. 어린이는 곧 카드를 적게 가지고 있는 사람에게 나누어 줌으로써 문제어린이가 이것을 문제라고 생각할 때를 해결한다.

③ 놀이하는 중에 인내심과 간접 개입

교사가 게임에 효과적으로 개입혹은 참여하는 데는 상당한 자기 억제가 필요하다. 특히, 어린이가 카드나 주사위의 점을 기계적으로 셀 때 교사가 개입하고 싶은 것을 참는 것은 매우 어려운 일이다. 예를 들면, '이중 전쟁큰 수 찾기의 변형으로 각 어린이가 카드를 두 장씩 뒤집어 나온 수의 합을 비교하는 게임'에서 어린이가 카드 위의 점을 끊임없이 세고 있다면, 교사는 다음과 같이 혼잣말로 힌트를 줄 수도 있다.

> "난 세어 보지 않고도 누가 더 많은지 알 수 있어. '1과 1', '3과 4'에서 '1 더하기 1'이 '3'보다 적기 때문에 다른 카드의 숫자가 무엇이든 문제가 되지 않아."

이렇듯 교사는 간접적으로 가르치기 원하지만, 어린이는 게임하는 것을 즐기기 때문에 게임을 천천히 오래 한다. 그러나 교사가 말한 내용은 마음속에 새겨 두게 된다.

④ 속임수를 쓸 때

어린이가 속일 때예: 주사위의 을 보고 4칸을 가는 경우, 대부분의 성인은 그 행동을 멈추게 하고 바로잡아야 한다고 느낀다. 그러나 어린이의 자율성을 발달시키기 위해서 교사 마음대로 제재하기보다는 그 어린이에게 질문하는 것이 좋다. 물론, 친절한 목소리로 말한다.

"말을 많이 가기 위해 그렇게 해도 상관없니?"

"그렇게 해도 괜찮니?"

"그렇게 하는 것(속이는 것)을 규칙으로 할까?"

이때 놀이하는 어린이는 "아니요."라고 답하며, 스스로 '정직하게 해야겠다'라고 생각하게 된다.

⑤ 규칙 만들기를 할 때

어린이는 규칙을 만들고 바꾸는 것을 좋아한다. 그런데 성인은 자신이 생각한 관습적이고 미리 만들어진 규칙이 '옳다'는 것을 강조하고자 한다. 이런 강조는 어린이의 입장에서 보면 타율적으로 복종을 강요당하는 것으로 느껴진다. 만일 어린이들끼리 규칙을 정하고 공정한 것이 무엇인지를 생각할 기회를 주면, 그들은 자기 의견을 열심히 생각하고, 모든 놀이자가 받아들일 수 있는 규칙을 새로 만드는 기회시간도 얻는다. 이렇듯 어린이가 규칙에 관해 논쟁하면서 규칙에 책임감을 느끼고 지키게 된다. 교사도 놀이자의 역할을 할 때는 '규칙 바꾸기'에 참여할 수 있다. 예를 들어, 어린이가 교사에게 와서 불공정한 규칙에 관해 불평할 때는 다음과 같이 분명하게 말한다.

"네가 그 게임을 계속하고 싶다면 말이다. 모두가 공정하다고 생각할 수 있는 새로운 규칙을 만들 필요가 있다고 생각해."

교사는 불평에 대한 심판자로서가 아니라 어린이가 문제를 해결할 수 있도록 토론으로 이끌어 주는 역할을 해야 한다.

* 둘째, 어린이에게 생각할 시간을 충분히 준다.

이 원리는 평범한 것 같지만 실행에 옮기기 쉬운 일은 아니다. 성인이 놀이자의 한 사람으로 게임에 참여할 때, 어떤 어린이는 자기 차례에서 오랜 시간 생각하는 것을 본다. 이런 것은 다른 놀이자의 흥미나 참여도를 떨어뜨린다. 이런 경우 교사는 책임감을 느끼면서 말한다.

"자, 빨리해야 다음 사람이 하지."

교사는 '어른처럼' 행동하는 일이 자연스러운 듯 행동한다. 그러나 어린이는 열심히 게임에 참여하는 것이므로 필요한 만큼 시간을 갖도록 해야 한다. 발달 수준이 낮은 어린이와 게임에 능숙한 어린이가 함께 놀이할 때, 교사가 보여 주는 '인내하는 태도'도 중요하다. 즉, '생각하는 데 필요한 시간'은 모든 사람이 가질 권리가 있으며, 이를 존중해 주어야 한다는 생각을 어린이가 가질 수 있도록 해 주어야 한다. 이런 방법의 하나가 다음처럼 말하는 것이다.

"수빈이 순서가 끝날 때까지 난 얼른 물 마시고 올 거야."

* 셋째, 틀린 대답을 정정하지 말고 간접적인 방법으로 개입한다.

게임을 할 때 교사가 침묵을 지키는 것보다 놀이자인 어린이의 눈높이에서 상호작용하는 것이 바람직하다. 예를 들어, '합해서 5 만들기' 게임을 소개할 때 교사는 간접적인 방법으로 '합해서 5의 조합'을 알려 주고 싶다면 교사가 간접적 전략으로 접근할 수 있다. 즉, 교사가 어린이 2명과 순서를 정하고 카드를 뒤집을 때 바닥에 '1'과 '2'의 카드가 있으면 교사는 생각하듯 혼자 말을 할 수 있다.

"무슨 카드가 나와야 '5'가 되지?"

그러면 놀이자인 다른 어린이들은 '정말 알려 주어야 하나?' 생각하며 대답한다.

"4도 되고 3도 돼요."
"그래? 고마워! (이때 교사는 어린이들이 말한 수 3, 4를 크게 외치며) 4나 3 나와라!"

교사가 합해서 5의 조합을 간접적으로 말하면 어린이는 단번에 합해서 5의 조합을 알게 된다.

'트랙 경기'에서 주사위를 굴려 '2'가 나왔는데 어린이가 자기 말이 있는 곳도 세며 1칸만 가는 경우가 있다. 아직 포함 관계의 개념이 생기지 않은 아이가 하는 실수인데 이를 교사는 직접 말로 알려 주고 싶다. 그러나 정정해 주는 대신 "어? 이상한데?"라고 하거나 교사 차례 때 큰 목소리로 말한다.

"자, 잘 봐! 2개 간다. 잘 봐! 하나, 둘."

교사는 천천히 말을 움직이며 정확하게 칸을 세고 말을 움직이는 것이 바람직하다. 교사가 어린이와 같이 게임을 하면서 높은 놀이 수준을 기대한다면 그것은 잘못된 것이다. 놀이의 범위 내에서, 가능한 한 어린이가 이해하는 수준에서 놀이를 해야 교사도 재미있게 놀이를 할 수 있다. 즉, 게임을 이용해서 수 개념을 가르치려 하지 말고, 어린이에게 성인 수준의 생각에 반응할혹은 반응하지 않을 기회를 주어야 한다.

'이중 전쟁' 게임은 전쟁 게임과 유사한 것이지만, '이중 전쟁' 게임은 2명의 놀이자가 짝이 되어 카드를 2장씩 뒤집어 모두 합한 수가 상대방이 합한 수와 비교했을 때 크면 상대방의 4개 카드를 모두 가져가는 놀이이기 때문에 그야말로 전쟁이다. 두 사람이 집은 숫자가 똑같으면 "전쟁이다!" 하며 바닥에 카드를 내려놓아야 한다. 다음에 다시 두 사람이 카드를 2장씩 집어 합한 수를 비교해서 큰 수를 가진 사람이 바닥에 있는 카드 4장도 가져갈 수 있으므로 카드 8장을 가져간다. 예를 들어, 놀이 수준이 낮은 어린이가 3과 2의 카드를 뒤집었을 때 교사가 5와 2의 카드를 누가 가져갈지 어린이가 결정하게 한다. 이때 어린이는 자신의 카드를 교사에게 밀면서 웃으며 말한다. "잊지 마세요. 선생님이 이겼어요. 왜냐하면, 2는 둘 다 같은 카드니까 상관없어요. 이미 5는 3보다 크니까요."라고 대답한다. 어린이는 합하는 대신 비교한 것이다. 이런 전략은 어린이가 컴퓨터 놀이, 즉 코딩을 할 때 여러 가지 생각으로 명령할 수 있는 컴퓨팅 사고를 길러 줄 수 있는 것이다.

* 넷째, 어린이 간의 상호작용을 격려한다.

어린이들끼리 서로 관점을 교환하는 것은 바람직하다. 예를 들어, 어린이들은 '합해서 5 만들기' 게임에서 합계는 같지만 조합은 다른 것에 관해 토의한다. 의견 충돌이 생겼을 때 서로 다른 관점에서 5의 조합에 대해 생각하도록 격려된다. 어린이-교사의 상호작용에서보다 어린이-어린이 간의 상호작용에서 어린이는 더 잘 학습한다. 왜냐하면, 친구에게 수정을 받는 것이 교사에게 받는 것보다 심리적으로 덜 부담을 느끼기 때문이다. 소위 스트레스를 덜 받는 것이다.

4 컴퓨팅 사고(CT)와의 연결 고려

컴퓨팅 사고가 담긴 그룹게임을 소개할 때는 위의 세 가지 방향인 도덕적 자율성, 지식의 종류, 간접교육의 가치를 고려하는 것은 물론 컴퓨팅 사고와의 연결도 고려해야 한다. 영국의 교사를 위한 워크숍과 교수자료를 무료로 제공하는 사이트인 Barefoothttps://barefootcas.org.uk에서는 컴퓨팅 사고의 구성 요소를 펼쳐 나가는 접근 방법으로 총 5가지, 즉 팅커링tinkering, 창의creating, 디버깅debugging, 끈기persevering, 협력collaborating을 고려할 것을 제안하고 있다. 본 항에서는 이 5가지에 대해 살펴보고자 한다.

1) 팅커링(Tinkering)

팅커링은 메이커 교육에서 강조되는 사항이다제7장 참조. 유아 단계에서 팅커링은 무언가를 시도해 보는 것으로 탐험과 실험 및 만들고 조작하는 과정을 말한다고학년 학생과 성인의 입장에서는 탐구와 만들기를 통해 제작을 해 보는 단계로 이야기할 수 있다.

물리적 지식 활동에서 어린이가 직접 실험이나 사물과의 경험으로 팅커링 활동을 하는 동안에 상호작용하며 물리적 지식은 물론 컴퓨팅 사고도 함께 구성해 갈 수 있다. 또한, 다양한 재료를 가지고 자유롭게 만들어 보는 동안 질문이 생기고 독창적인 아이디어를 반영하게 된다. '정답'을 얻기보다는 다양한 각도에서 사물을 바라보고 활용해 보는 과정에서 다양한 결과를 만들어 갈 수 있다. 팅커링이야말로 자기 주도적 학습의 이상적인 발현 상황이며, "내가 이걸 움직이면 어떤 변화가 일어날까?"라는 호기심은 논리적 사고를 기르게 할 것이다. 이와 같은 생각은 DeVries의 구성주의에서도 권장된 바 있다. 교사가 혼잣말처럼 "만일 ~하면 어떤 일이 일어날까?What will happen if I~"라고 질문하는 것이다.

어린이는 팅커링을 함으로써 새로운 기계의 사용에도 두려움이 없어진다. Resnick(2018)은 실제든 가상이든 상관없이, 무엇을 만드는 접근 방법으로서 팅커링을 해야 하며, 더 중요한 것은 사용하는 매체나 재료가 아니라, 반응하고 대응하는 방식이라고 말한다. 다양한 앱을 이리저리 손가락으로 눌러 탐색해 보기도 하고, 자신이 원하는 동영상을 쉽게 찾을 수도 있을 것이다. 미래 교육에 적용할 수 있는 팅커링은 어린이가 로봇놀이에서나 스크래치 주니어ScratchJr를 경험하면서 더 발전하게 될 것이다. 팅커링 안에서 어린이는 창의력creating을 발현하고 Duckworth가 말하는 열정적 끈기의 힘, 그릿Grit을 가지고 AI 시대를 살게 될 것이다.

2) 창의하기(Creating)

어린이가 독창적인 아이디어를 표현하는 순간이 바로 창의적 사고의 시작이다. 창의란 무언가를 기획하고, 만들고, 평가할 때에도 나타난다. Resnick(2018)은 어린이가 '창의적 두뇌'로 커가도록 돕기 위해서는 마음 편히 실수하고 또 실수를 거듭하는 경험을 통해 배울 수 있는 환경을 조성해야 한다고 말한다. 또한, 그는 창의적 사고란 창의적으로 팅커링해 보는 데서 비롯된다고 강조한다. 우리가 예전에 들었던 수업 방법인 교사가 칠판에 적으면 학생들이 받아 적고 교사의 질문에 수동적으로 대답만 하던 시대는 지나갔다. 학생들의 아이디어는 표현될 수 없고, 실수는 용납되지 않으며, 창의적 생각을 발현할 기회도 없었던 수동적인 형태의 수업으로는 창의적 사고가 나올 수 없다.

현재 우리나라 학교에 코딩교육이 도입되었고 초 · 중등에는 거꾸로 교실flipped learning, 융합 · 창의STEAM 교육과 메이커 교육이 점차 현장에 적용되는 긍정적 측면이 있지만, 아직도 협력보다는 경쟁 중심과 학생보다는 교사 중심의 수업이 이루어지는 것이 현실이다. 유아교육 현장도 마찬가지로 레지오 에밀리아 교육, 프로젝트 수업 등 어린이의 흥미를 중심으로 한 구성주의 관점의 교수방법들이 종종 진행되고는 있으나 여전히 교사 중심으로 운용되고 있다. 교사 중심보다는 코딩교육이 들어오지 못한 유아교육 현장에서는 CT교육이 무엇이며, 진정한 의미에서 팅커링이 무엇인지를 인지하고 창의적 활동에서 더 깊이 연결되어 나아가도록 노력하고 바람직한 환경 구성을 위해 연구해야 할 것이다.

Resnick(2018)이 언급했듯이 창의적 사고를 심어 줄 수 있는 창의적 사회로의 변화는 이 시대의 사회적 요구이기 때문에 이것에 다가가기 위해서는 유치원의 교육 환경이 창안으로 이끄는 교실이 되도록 창의적 학습 모형제7장 참조을 제안하고 있다.

3) 디버깅(Debugging)

어린이는 다양한 놀이나 게임 안에서 실수하거나 무언가를 만드는 가운데 문제점problem을 발견하고 그것을 해결solving해 나가야 할 상황에 부딪히게 될 때 수정하게 된다. 이 과정이 바로 디버깅이다. 디버깅은 실패를 경험하고, 또 다른 시도testing를 해 보는 과정을 말한다. 이때 어린이가 경험하면서 잘못된 부분을 찾아 해결해 나가는 방법debugging이 바로 컴퓨팅 사고를 기르는 중요한 과정이다. 이것은 구성주의에서 중요시하는 '실패를 인정하는 부분'과 일치한다.

Bers(2018)는 디버깅하는 방법을 배우는 것은 수학 문제를 체크하거나 글을 교정하는 것만큼 중요한 기술이라고 말한다. 디버깅은 한 번에 해결되는 경우가 거의 없으며, 대부분 수많은 반복을 필요로 한다는 것이다. 그러나 코딩 놀이터coding playground에서 어린이들은 시스템적 디버깅은 즐거운 놀이 중 일부라고 강조하고 있다. 예를 들어, 목표물 맞히기 게임의 하나인 '비석치기'라는 전통놀이는 물체돌를 신체의 한 곳어깨나 배 등에 놓고 움직여 목적물에 다가가 정확한 위치와 각도에서 떨어트려 목표물을 맞히는 게임이다. 이 활동을 통해서 어린이들은 거리와 힘, 심지어 각도에 대한 수학적 개념도 몸으로 경험할 수 있을 것이다. 또한, 목표물을 맞히지 못했다면 다음에는 어떻게 해야 하는지 오른쪽으로 조금 더 움직여야 하는지 혹은 앞으로 한 발자국 더 나아가야 하는지 스스로 생각해 보고 시도해 보는 경험을 통해 컴퓨팅 사고도 기를 수 있을 것이다. '비석치기' 게임을 통해 공간 개념 같은 수학적 개념, 문제를 해결하는 능력 등과 더불어 문제를 수정하는 과정에서 컴퓨팅 사고에서도 중요하게 여기는 디버깅 능력을 자연스럽게 경험하게 될 것이다.

'이것 좀 봐'와 같은 카드게임은 나이 어린 어린이도 오류 찾기를 하면서 디버깅을 하는 컴퓨팅 사고의 놀이를 가능하게 한다. 무엇이 달라진 그림인지 많은 그림 중에서 부분 부분의 그림을 살피면서 달라진 구성 요소를 찾아내는 것이다. 어린이가 그룹게임을 하면서 만든 규칙이 게임에 적절하게 반영되지 않을 때 수정을 하기도 하는데 이것도 디버깅의 과정이다.

어떠한 문제를 분해하고, 중요한 부분만 추려내어 추상화하고, 패턴을 찾아내고, 최상의 알고리즘을 만들어 가는 과정 모두에서 디버깅의 과정을 반복하기도 한다. 이것은 소프트웨어software의 문제일 수도 있고 하드웨어hardware의 문제일 수도 있고 그 두 개의 연결 부분에서의 문제점일 수도 있지만 결론적으로는 컴퓨팅 사고에서 중요한 과정이라고 할 수 있다.

4) 끈기(Persevering)

어린이가 접하는 놀이나 경험은 때때로 수준이 높기도 하고, 어려운 과제를 해내야 하기도 하며, 도전을 요구하기도 한다. 이때 포기하지 않고 해내는 마음이 바로 끈기이다. 즉, 끈기란 열정을 가지고 절대로 포기하지 않는 것을 말한다.

어린이가 어려운 컴퓨터 그룹게임을 하거나 게임을 할 때에도 이러한 끈기가 저절로 나오기도 하고 때로는 요구되어지기도 한다. 디버그문제 해결를 할 때와 마찬가지로 원인과 결과에 대한 탐색을 꾸준히 다시 시도해 보는 과정에서도 끈기가 요구된다. 그러한 과정에서 직관적인 사고에서 좀 더 신중하고 논리적인 생각으로 옮겨가며 생각의 방식을 달리해 볼 수 있다.

음악, 스포츠, 댄스와 같은 것을 배울 때에도 수많은 연습과 훈련을 통해 기술을 배우고 기법을 향상시킬 수 있는 것처럼 퍼즐이나 칠교놀이Tangram와 같은 복잡한 게임에서도 어린이가 인내와 끈기를 가지도록 교사는 격려해야 한다. 프로그래밍 언어도 마찬가지이다. 스크래치 주니어ScratchJr를 처음 접하는 어린이에게 컴퓨터 프로그래밍은 어려울 것이다. 효과적인 코드를 만들기 위해서 호기심은 물론 상당한 인내심을 지니고 어떤 기능이 있는지 탐색하도록 이끌어 주고 접근하도록 도와주어야 한다.

Carol Dweck(2017)의 '성장형 사고Growth Mindset'를 가진 어린이가 작업할 때 어려움에 직면할 수 있는데 열심히 그리고 자발적으로 노력하는 꾸준함에서 좋은 결과를 불러일으킬 수 있다고 말한다. 이런 Dweck의 관점에 동의하여 Resnick(2018)도 어떠한 어려움도 기꺼이 도전으로 받아들이고, 좌절에도 물러서지 않고, 실수로부터 배우려고 한다는 것이 바로 끈기라고 설명한다. 성장형 사고를 가지고 있는 사람은 예상대로 작동하지 않으면 더 많은 것을 찾아보고, 다시 만들어 보고팅커링, 해결책을 찾을 수 있는디버깅 기회로 간주한다. 인내하는 학생은 특이하고 혁신적인 대안을 찾을 가능성이 더 크다. 이런 관점은 Duckworth(2016)에게서도 발견된다. 즉, 성공하는 사람은 바로 인내와 끈기Grit를 가지고 임하는 특징이 있다는 것을 팅커링과 연결해서도 언급했다.

5) 협업(Collaboration)

협업 혹은 협동이란 더 나은 결과를 얻기 위해 다른 사람과 협력하는 것을 말한다. 우리가 협력할 때 성공할 가능성이 더 커질 수도 있고, 심지어 불가능한 일도 계속할 수 있는 동기가 유발되기도 한다. 인간은 사회적인 동물이기에 우리는 다른 사람들과 일하면서 훨씬 많은 것을 성취할 수 있다.

어린이에게는 게임에서 자기 차례를 기다려야 할 때, 줄을 설 때, 다른 사람에게 자신의 의견을 설명할 때, 그룹게임에 참여해서 함께 놀이할 때 협업이 요구된다. 특히, 그룹게임은 혼자서 할 때보다 같이 했을 때 그 즐거움이 배가되고 다양한 형태로 게임을 즐길 수 있다. 어린이들의 공동 프로젝트 활동은 협업이 절실히 요구되는 방법이다. 공통의 관심사가 생기면 이것에 대해 이야기 나누고, 서로의 아이디어를 나누고 설명하며, 일을 분담하여 조사하고, 하나의 완성된 작품을 만들어 낼 수 있다.

컴퓨터 교육에서도 협력은 중요하다. 프로그래밍 가능한 장난감을 가지고 격자놀이를 할 때에도 둘 혹은 그룹으로 나누어 놀이할 기회를 제공할 수 있다. 어린이들이 서로에게 도전 과제를 설정하고 알고리즘을 설계하고 디버깅할 때 함께 협력하도록 요청할 수 있다. 이제는 온라인 네트워크를 통해 서로에게 모두 연결되어 있다. 스크래치Scratch는 전 세계 어린이들과 아이디어를 공유하고 프로젝트를 함께 진행할 수 있도록 구성되어 있다. 소스를 오픈하여 서로의 작업 알고리즘을 공유하고 있으며, 버그 수정 프로그램을 진행하면서 버그를 말하고, 평가하고 피드백을 줄 수 있다. 협업을 통해 서로의 생각을 키워가고 발전해 갈 수 있다. 어린이는 코딩과 디지털 기술을 통해 자기 자신을 표현하고 아이디어를 공유하는 방법을 배우면서, 새로운 관점에서 자기를 바라보기 시작한다. 어린이는 사회에 능동적으로 기여할 수 있는 가능성을 보기 시작하는 미래의 일부로 자기 자신을 보기 시작한다(Resnick, 2018). 이러한 가운데 창의적 역량으로 자라난 어린이는 어떠한 상황에서도 자신의 아이디어를 공유하고 함께 협업하여 최고의 결과를 낼 준비가 되어 있을 것이다.

협력은 메이커 문화에서 더욱 그 진가를 발휘하게 된다. 어린이는 배우기도 하고, 발명하기도 하고, 가르치기도 하고, 협력하기도 하고, 때로는 관심이나 필요에 의해 자신이 습득한 지식을 다른 사람들과 공유하기도 한다(Martinez & Stager, 2015).

지금까지 제10장에서 이야기한 그룹게임을 소개할 때 고려해야 할 사항을 다시 한번 살펴보면 다음과 같다.

첫째, 도덕적 자율성을 길러 주기 위해 교사는 자신의 권위를 줄이고 어린이 스스로 규칙을 만들어 나가거나 지키는 것이 큰일인 것처럼 함께 지켜 나가도록 지지해 주는 것이 중요하다.

둘째, 지식의 종류에 따라 적합한 그룹게임이나 놀이 또는 활동을 소개해 주고 어린이가 직접 경험하면서 물리적 지식을 구성하게 하고 어린이 스스로 관계를 파악하면서 논리 · 수학적 지식을 구성하게 하며, 최소한의 간접적 개입으로 게임이나 놀이를 할 수 있도록 환경을 조성해 주어야 한다. 특히, 어린이가 친구나 교사와 상호작용하는 가운데 스스로 오류를 수정할 수 있는 자유로운 분위기도 만들어 주어야 한다. 또한, 사회적 지식도 가족 혹은 어른 세대가 함께 게임이나 활동 또는 놀이를 통해서 어린이가 즐거운 경험을 하며 지식을 전달받을 수 있도록 해 주어야 한다.

셋째, 간접적 교육을 고려하여 어린이가 그룹게임을 하는 과정 안에서 그리고 어린이들 간에 상호작용 안에서 스스로 다양한 지식을 간접적으로 습득할 수 있도록 교사가 항상 옆에서 지원하고 지지해 주고 안내해 주어야 한다.

넷째, 컴퓨팅 사고 발달을 위한 그룹게임을 소개할 때는 팅커링, 창의, 디버깅, 끈기, 협력을 고려해야 할 것이다. 유아 단계 어린이의 발달을 고려하여 만 3세부터 언플러그드 활동인 그룹게임에서 컴퓨팅 사고 발달을 위한 교육을 멈추지 말고 만 5세에서는 스크래치 주니어ScratchJr나 코딩 로봇을 활용하여 플러그드 활동까지 연결시키며 AI 시대에 적합한 인재 발달을 위해 창의적 사고와 메이커 교육의 출발점인 팅커링까지 가능한 컴퓨터 리터러시 능력을 갖춘 사회인으로 연결시켜 주는 것이 필요한 시점임을 인식해야 한다.

생각해봅시다

1. 그룹게임에서 도덕적 자율성은 무엇을 통해 길러 줄 수 있는지 그 구체적인 예를 들어 설명해 보세요.
2. 놀이자로서 교사가 '합해서 5' 그룹게임을 할 때, 5의 조합을 구성하기 위한 교사의 간접적인 질문은 어떤 것이어야 할까요?
3. 어린이가 속임수를 쓸 때, 구성주의 교사의 바람직한 간접적 질문은 무엇일까요? 이는 행동주의 교사와 어떤 대조를 이루는지 설명해 보세요.
4. 나는 구성주의에 입각한 교사인가요? 행동주의에 입각한 교사인가요?
5. 컴퓨팅 사고와 그룹게임과의 연결을 위해 고려해야 할 사항을 팅커링, 디버깅, 끈기와 연관해서 논의해 보세요.

Computational

Thinking

실제편

제 11 장

언플러그드 놀이

교육의 비결은 상호존중의 묘미를 알게 하는 데 있다.
일정한 틀에 짜여진 교육은 유익하지 못하다.
창조적인 표현과 지식에 대한 기쁨을 깨우쳐 주는 것이 교육자 최고의 기술이다.
- Albert Einstein

본 장에서는 그룹게임의 실제를 다룬다. 앞서 제4장에서 컴퓨터 없이 컴퓨팅 사고를 길러 주는 언플러그드 놀이를 4가지로 살펴 보았다. 그것은 이야기 기반의 놀이중심 활동, 신체활동 기반의 놀이중심 활동, 도구 기반의 놀이중심 활동, 그리고 활동지 기반의 놀이중심 활동이다. 우리나라 교육부와 한국교육학술정보원(2015)이 제시한 것처럼 이런 놀이활동은 유아교육 과정 전반에 걸쳐 있는 기본에 충실한 놀이이며, 본 장에서도 다양한 놀이로 소개된다.

제8장에서는 그룹게임의 8가지 종류를 교육적 가치와 함께 컴퓨팅 사고와 연결점을 제시해 주며 유아교육현장에서 기존의 3R+CT컴퓨팅 사고로 근접할 수 있는 영역을 명시하였다.

따라서 본 장에서는 제4장과 제8장에 근거뿌리를 두고 그룹게임의 몇 가지 실제를 그림과 함께 소개하면서 준비물, 놀이인원, 놀이방법, 놀이규칙, 응용할 수 있는 활동, 교육적 가치컴퓨팅 사고 포함를 소개한다.

1 목적물 맞히기(Aiming Games)

1) 볼링

[그림 11-1] 볼링

준 비 물 다양한 플라스틱 병, 공을 만들 수 있는 신문지

놀이인원 2명 이상

놀이방법 실내나 실외 바닥에 목적물을 세워 놓고, 공을 굴려 목표물을 쓰러뜨린다.

놀이규칙

① 순서를 정한다.

② 목표물을 세워 놓는다.

③ 공을 몇 번 굴릴지 정한다.

④ 공을 굴려 목표물을 맞힌다.

⑤ 맞힐 때마다 숫자로 기록해 나간다.

⑥ 정한 횟수로 공을 굴렸을 때 쓰러진 공의 수를 모두 합해 본다.

응 용

- 볼링공을 만드는 작업부터 시작하는 프로젝트로 접근한다. 어떤 재활용품을 활용할지 의논한다. 물병을 사용한다면, 물병에 무엇을 넣을지, 얼마큼 넣을지, 공을 만들고 어떤 무게의 공이 적절할지 실험하는 과정으로 물리적 지식 활동으로 시작할 수 있다. 더 나아가 폐품 활용으로 지구를 살리는 프로젝트로 확장할 수 있다.
- 다양한 크기의 공을 제공한다. 공의 크기와 무게에 따라 적절한 크기와 무게가 어떤 것인지 탐색하고 그 과정을 그림으로 그려 보는 기록 활동을 한다.
- 높이가 다른 위치에서 공을 굴려 본다. 높이를 조절하며 놀이를 해 본다.

[그림 11-2] 2018 서울학생 더불어 큰 숲 놀이 대축제: '보치아 볼링'

교육적 가치

- 공간지각력
- 신체발달
- 수학적 사고: 수 세기, 무게, 각도, 거리, 방향
- 과학적 사고: 거리와 힘의 관계
- 컴퓨팅 사고: 패턴 인식, 알고리즘

2 경주(Races)

1) 장애물 달리기

[그림 11-3] 장애물 경기

준 비 물 여러 가지 장애물

놀이인원 2명 이상

놀이방법 운동장이나 강당에 여러 가지 장애물을 설치하고 경주를 한다.

놀이규칙

① 장애물을 설치한다.

② 팀을 나눈다.

③ 달려가 장애물을 통과하여 먼저 도착한 사람이 승리한다.

교육적 가치

- 신체발달
- 협동
- 공간지각력
- 수학적 사고: 비교, 순차, 거리, 크기, 높이, 방향
- 과학적 사고: 위치
- 컴퓨팅 사고: 분해, 디버깅, 알고리즘

3 쫓기 게임(Chasing Games)

1) 꼬리잡기

[그림 11-4] 꼬리잡기

준 비 물 꼬리용 긴 끈이나 리본

놀이인원 2명 이상

놀이방법 실내 강당이나 실외의 넓은 공간에서 술래가 상대편의 제일 끝 놀이자 꼬리를 잡으려고 돌아다닌다.

놀이규칙

① 술래를 정한다.

② 나머지 사람들은 상대편이 되어 사람 줄을 만든다.

③ 술래는 상대편에 있는 꼬리인 놀이자를 잡으러 쫓아간다.

④ 상대편 꼬리인 놀이자는 잡히지 않으려고 피해 다닌다. 단, 놀이하는 줄은 유지해야 한다.

⑤ 술래가 꼬리의 놀이자를 잡으면, 잡힌 놀이자는 술래가 된다.

응 용

- 놀이자는 두 줄로 만들어서 놀이를 할 수 있다.

교육적 가치

- 문제 해결 능력
- 협동
- 신체발달
- 수학적 사고: 거리, 길이, 속도, 방향
- 과학적 사고: 회전
- 컴퓨팅 사고: 추상화, 알고리즘

4 숨기기 게임(Hiding Games)

1) 뜨겁다 · 차갑다(Hot & Cold)

[그림 11-5] 아이원더 저널: K2 V9 'Hot & Cold' 게임

준 비 물 보물, 안대

놀이인원 대그룹

놀이방법 눈을 가리고 있던 술래가 숨겨 둔 보물을 찾는 게임이다.

놀이규칙

① 술래를 한 명 정해 안대로 눈을 가린다.

② 또 다른 한 명은 보물을 숨긴다.

③ 술래는 안대를 벗고 보물을 찾는다.

④ 보물을 찾을 때 앉아 있는 친구들이 손뼉을 크게/작게 소리 나게 치거나 또는 "뜨겁다/차갑다"와 같은 말을 하여 보물을 찾도록 힌트를 준다.

➡ 손뼉을 크게 소리 나게 치면"뜨겁다."라고 말하면 보물에 가깝다는 신호이다.

➡ 손뼉을 작게 소리 나게 치면"차갑다."라고 말하면 보물에서 멀어진다는 신호이다.

⑤ 보물을 찾으면 술래가 가져도 좋다.

교육적 가치

- 언어발달
- 인지발달
- 탈중심화
- 수학적 사고: 공간, 거리, 방향
- 과학적 사고: 온도, 소리
- 컴퓨팅 사고: 추상화, 디버깅, 알고리즘

5 알아맞히기 게임(Guessing Games)

1) 열 고개

[그림 11-6] 열 고개 게임

준 비 물 없음

놀이인원 4~5명

놀이방법 술래가 생각한 것에 대해 질문하여 10번 안에 맞힌다.

놀이규칙

① 술래를 정한다.

② 순서를 정한다.

③ 술래는 다른 놀이자가 알아맞혀야 할 것을 하나 마음속으로 정한다.

④ 순서대로 질문을 한다.

⑤ 술래가 생각한 것을 맞힌다.

⑥ 한 번 틀릴 때마다 숫자를 칠판에 적는다.

⑦ 맞힌 놀이자가 술래가 된다.

응 용

- 스무고개로 질문을 늘려 갈 수 있다.

교육적 가치

- 탈중심화
- 추측
- 분석적 · 논리적 사고
- 언어발달
- 수학적 사고: 분류, 수
- 컴퓨팅 사고: 추상화, 디버깅, 분해, 패턴 인식, 알고리즘

6 언어적 지시 게임(Games Involving Verbal Commands)

1) 가라사대 게임(Simon Says)

[그림 11-7] 가라사대 게임

준 비 물 없음

놀이인원 2명 이상

놀이방법 가라사대 뒤에 지시하는 말을 따라 행동한다.

놀이규칙

① 술래를 정한다.

② 술래의 이름 뒤에 가라사대를 붙여 지시어를 말한다.

③ 놀이자는 '가라사대'라는 말을 들으면 술래가 지시하는대로 행동한다.

④ 술래가 '가라사대'를 붙이지 않고 지시하면 따라 하지 않는다.

⑤ 잘못 행동을 하면 놀이에서 빠진다.

⑥ 한 명이 남을 때까지 한다.

⑦ 남은 한 명이 술래가 된다.

교육적 가치

- 언어발달
- 규칙 개념
- 신체발달
- 컴퓨팅 사고: 패턴 인식, 추상화, 알고리즘

7 카드게임(Card Games)

1) 전쟁 게임(War Game)(큰 수 가져가기)

[그림 11-8] 전쟁 게임

준 비 물 카드0~5의 카드 각 4장씩 24장

놀이인원 2명 이상

놀이방법 카드를 나누어 가진 뒤 1장씩 뒤집어 큰 수가 나온 놀이자가 다른 놀이자의 카드를 가져간다.

놀이규칙

① 카드를 똑같이 나누어 가진다.

② 책상 위나 바닥에 놓인 카드를 1장씩 동시에 뒤집어 놓는다.

③ 수의 크기예: 2 < 3를 비교한다.

④ 큰 수가 나온 놀이자가 뒤집은 카드를 모두 가져간다.

⑤ 바닥에 뒤집어 놓은 카드가 같은 수일 때는 “전쟁이다!” 소리 지르고 가져가지 않는다.

⑥ 다시 1장씩 뒤집어 큰 수가 나온 놀이자가 바닥에 있는 카드까지 모두 가져간다.

⑦ 뒤집을 카드가 없으면 게임이 끝난다.

⑧ 각자 자기 카드를 세어 본다.

응 용

- 두 명이 한 팀이 되어 카드를 각각 1장씩 뒤집어 두 사람의 숫자를 합하여 다른 팀의 합과 비교하는 놀이로 변형할 수 있다. 이런 놀이의 이름은 '이중 전쟁 Double War' 또는 '합해서 큰 수 가져가기'라고 한다.

교육적 가치

- 운동 능력: 순발력
- 지각적 식별 능력
- 수학적 사고: 수 개념, 비교, 연산
- 컴퓨팅 사고: 추상화, 알고리즘

2) 앞뒤를 찾아라!(기억력 게임)

[그림 11-9] 'Front & Back Memory' 게임

준 비 물 그림 카드카드 앞면에는 '앞모습 그림', 카드 뒷면에는 '뒷모습 그림'이 있는 것

놀이인원 2명 이상

놀이방법 2장의 카드를 동시에 뒤집어 앞모습과 뒷모습의 짝이 맞으면 가져간다.

놀이규칙

① 순서를 정한다.

② 책상 위나 바닥에 카드를 모두 펼쳐서 뒤집어 놓는다.

③ 카드를 2장씩 뒤집어 앞모습과 뒷모습이 짝이 맞으면 가져간다.

④ 뒤집은 카드의 그림이 짝이 맞지 않을 때는 제자리에 다시 놓는다.

⑤ 뒤집을 카드가 없으면 게임이 끝난다.

⑥ 모은 카드를 세어 본다.

응 용

- 앞모습과 뒷모습 카드 대신 똑같은 그림 카드를 2장씩 준비해서 놀이를 한다.
- 놀이에 익숙해지면 카드의 수를 늘린다.
- 그림 카드와 글자 카드를 사용하여 그림과 글자를 맞추는 언어놀이를 한다.
- 짝을 이루어 2장의 카드를 한 사람이 뒤집는 대신 한 사람이 1장의 카드를 뒤집고 짝꿍이 카드를 뽑을 때, 둘이 협력해서 똑같은 카드가 어디 있을지 상의한다. 이 과정에서 기억력과 전략은 물론 배려하는 마음을 키워 갈 수 있다.

교육적 가치

- 지각적 식별 능력
- 기억력
- 수학적 사고: 분류, 위치, 비교, 패턴
- 컴퓨팅 사고: 패턴 인식, 알고리즘, 추상화

3) 이것 좀 봐!(무엇이 달라졌을까?)

[그림 11-10] '이것 좀 봐!' 게임

준 비 물 '이것 좀 봐!' 카드

놀이인원 3명 이상

놀이방법

양면에 서로 비슷한 그림이 그려져 있는 카드예: 카드 앞에 꽃이 안 피었으면 뒤에는 꽃이 핀 그림이 있다. 어떤 카드의 그림은 카드 앞면에 해님이 구름 뒤에 있고, 카드 뒷면에는 해님이 구름 앞에 있다를 바닥에 몇 장 깐다. 바닥에 나와 있는 여러 카드 중에 1장을 술래가 뒤집는다. 눈을 감았던 친구들은 술래가 뒤집은 카드가 무엇인지 알아맞히는 게임이다. 그림이 달라진 카드를 찾으면 된다.

놀이규칙

① 3명이면 6장씩 카드를 나눠 갖는다. 4명인 경우, 5장씩 나눠 갖는다.

② 가운데 따로 5장 카드를 펼쳐 둔다. 아무 쪽이나 보이게 펼쳐도 된다. 나머지는 상자 속에 넣어 둔다.

③ 가장 어린 친구가 술래가 된다.

④ 다른 놀이자는 손으로 눈을 가린다.

⑤ 술래는 가운데 펼쳐 둔 카드 중 1장을 뒤집는다.

⑥ 술래는 "이것 좀 봐! 무엇이 달라졌을까?"라고 외친다.

⑦ 다른 놀이자는 가렸던 손을 떼고 어떤 카드가 뒤집혔는지 손가락으로 가리킨다.

⑧ 먼저 알아맞힌 놀이자가 자신의 카드 1장을 바닥에 놓인 카드 사이에 보태서 놓는다. 맞힌 놀이자는 술래가 된다.

⑨ 자기 카드를 모두 가운데에 낸 놀이자가 있으면 게임은 끝난다.

응 용

- 카드의 수를 늘려 책상 위에 펼쳐 놓고 놀이를 할 수 있다.

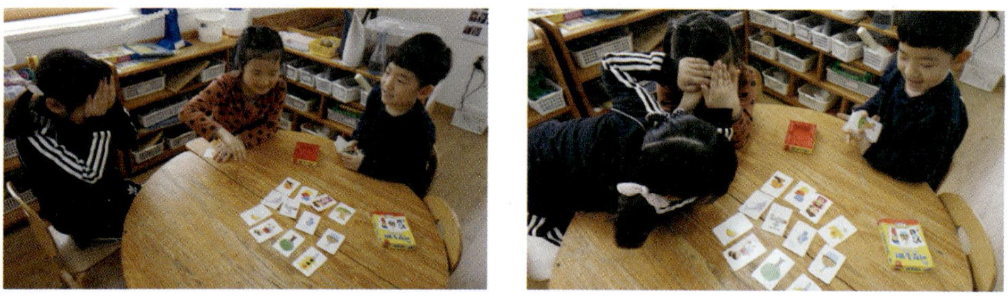

[그림 11-11] 호원대 부속유치원: '이것 좀 봐!' 게임 중

- 이 게임은 영아의 언어발달 및 스토리텔링으로 할 수 있다. 먼저 카드를 보여 주며, "여기 앞쪽 그림은 해님이 구름 뒤에 숨어 있네요. 뒤에 있는 그림 좀 봐! 무엇이 달라졌나요?", "그래. 구름과 해님이 숨기잡기숨바꼭질, 술래잡기 놀이를 하네. 해님이 구름 앞에 '짠'하고 나타났네요!"라고 말한다. 이처럼 이 카드게임은 스토리텔링으로 앞뒤를 기억하게 한 후 게임에 임하면 창의적 사고와 문제 해결 전략에 도움이 된다.
- 성인에게도 기억력을 향상시키는 데 도움을 줄 수 있는 카드게임이다.

교육적 가치

- 언어발달
- 지각적 식별 능력
- 기억력
- 창의성
- 수학적 사고: 패턴
- 컴퓨팅 사고: 디버깅, 패턴 인식, 알고리즘

4) 합해서 5

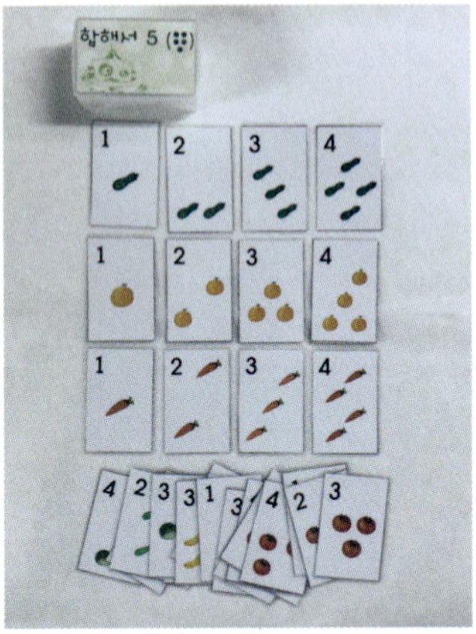

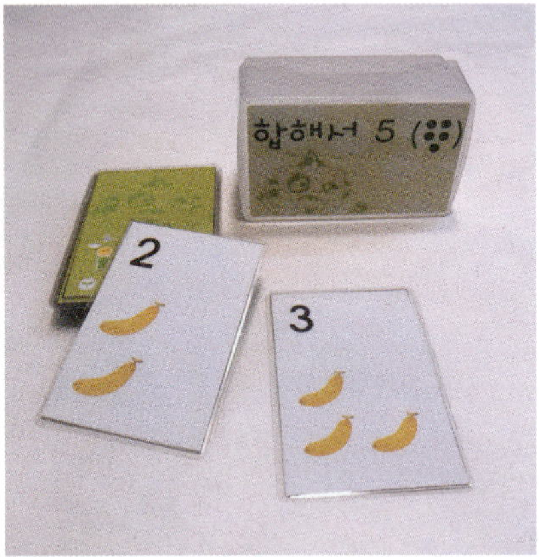

[그림 11-12] '합해서 5' 게임

준 비 물 그림 카드 1개부터 4개까지의 그림이 그려진 카드 8장씩 32장

놀이인원 2명 이상

놀이방법 카드 1장을 뒤집어 바닥에 있는 카드 중 합해서 5가 되는 카드가 있으면 그 카드 2장을 모두 가져간다.

놀이규칙

① 순서를 정한다.

② 카드를 가운데 쌓아 놓는다.

③ 카드를 1장씩 뒤집어 바닥에 놓는다.

④ 뒤집은 카드와 바닥에 있는 카드를 합해서 5가 되면 가져간다.

⑤ 합해서 5가 되지 않으면 카드를 바닥에 놓는다.

⑥ 가져갈 카드가 없으면 게임이 끝난다.

응 용

- 놀이자가 이 놀이에 익숙해지면 '합해서 7 만들기'나 '합해서 9 만들기'로 그림의 수를 늘린다.
- 일치하는 그림으로 합해서 5를 만들기를 한다.
- 그림 카드 대신에 숫자 카드를 사용한다.

교육적 가치

- 순발력
- 지각적 식별 능력
- 수학적 사고: 수 개념, 연산
- 컴퓨팅 사고: 패턴 인식, 알고리즘

5) 할리갈리(Halli Galli)

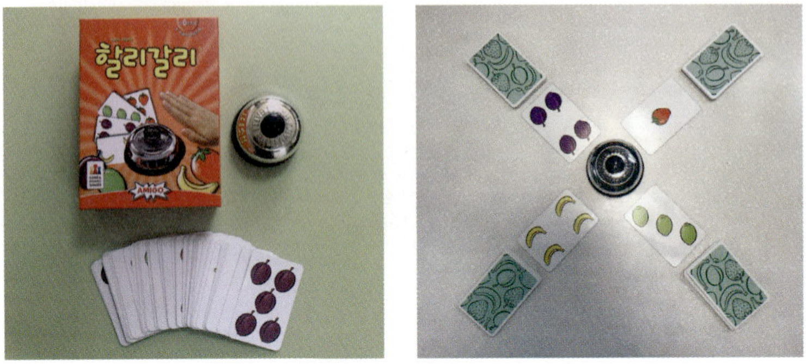

[그림 11-13] '할리갈리' 게임

준 비 물 그림 카드, 벨

놀이인원 2명 이상

놀이방법 인원 수만큼 카드를 모두 나누어 가진 후, 뒤집어 놓고 순서대로 한 장씩 뒤집는다. 이때 같은 과일이 5개가 되면 벨을 빨리 쳐서 바닥에 놓인 카드를 모두 가져간다.

놀이규칙

① 벨을 중앙에 놓는다.

② 나눈 카드를 모두 뒤집어 놀이자 앞에 쌓아 놓는다.

③ 순서를 정한다.

④ 쌓아 놓은 카드를 1장씩 순서대로 뒤집어 바닥에 놓는다.

⑤ 뒤집은 카드와 바닥에 있는 카드 중 같은 과일이 모두 합해서 5가 되면 벨을 빨리 누른다.

⑥ 합해서 5가 된 게 맞으면 벨을 먼저 누른 놀이자가 바닥에 놓여 있는 카드를 모두 가져갈 수 있다.

⑦ 합해서 5가 되지 않으면 카드를 바닥에 내려놓는다.

⑧ 뒤집을 카드가 없으면 게임이 끝난다.

[그림 11-14] 호원대 부속유치원: '할리갈리' 게임 중

응 용

- 같은 색의 웃는 광대 2장 찾기의 '할리갈리 주니어' 게임을 사용한다.
- 19장이 더 추가된 '할리갈리 딜럭스' 게임을 사용한다.

[그림 11-15] '할리갈리 딜럭스' 게임

교육적 가치

- 운동 능력: 순발력
- 지각적 식별 능력
- 수학적 사고: 수 개념, 연산
- 컴퓨팅 사고: 패턴 인식, 알고리즘

6) 도블(Dobble)

[그림 11-16] '도블' 카드게임

준 비 물 그림 카드

놀이인원 2명 이상

놀이방법 '카드 가져가기' 게임을 한다. 모두에게 1장씩 나누어 준 뒤, 남은 카드를 중앙에 뒤집어 놓는다. 내 카드와 중앙에 있는 카드에 같은 그림이 있으면 그것의 이름을 외치며 중앙에 있는 카드를 가져간다.

놀이규칙

① 카드를 1장씩 뒤집어 나누어 준다.

② 순서를 정한다.

③ 중앙에 남은 카드를 보이게 쌓아 놓는다.

④ 동시에 나의 카드를 보고 중앙에 있는 카드와 비교하여 같은 그림이 있는 경우 이름을 외친다.

⑤ 먼저 같은 그림을 찾은 놀이자가 카드를 가져간다.

⑥ 중앙에 카드가 없어지면 게임이 끝난다.

[그림 11-17] 호원대 부속유치원: '도블' 카드게임 중

응 용

- '카드 버리기' 게임을 한다. 카드를 모두 똑같이 나누어 주고 중앙에 남은 카드 1장을 놓는다. 내 카드와 중앙에 있는 카드가 같으면 이름을 외치면서 재빨리 중앙에 쌓아 버린다. 내 카드가 없으면 게임이 끝난다.
- '친구에게 카드 주기' 게임을 한다. 똑같이 카드를 나누고 손 위에 카드를 놓는다. 친구의 카드를 보고 나와 같은 그림의 카드를 갖고 있으면 이름을 외치면서 내 카드를 얼른 친구의 카드 위에 올려놓는다. 내 카드가 없으면 게임이 끝난다.

교육적 가치

- 운동 능력: 순발력
- 언어발달
- 연결점 찾기
- 지각적 식별 능력
- 수학적 사고: 분류, 패턴
- 컴퓨팅 사고: 패턴 인식, 알고리즘

7) 화살표 짝꿍 카드게임

[그림 11-18] 화살표 짝꿍 카드게임: 아이원더 코딩 카드 자료

준 비 물 그림 카드똑같은 그림 카드 2장씩 × 40종류

놀 이 인 원 4명 이상

놀 이 방 법

이것은 '집중게임Concentration'의 변형이다. 집중게임은 혼자서 집중게임을 할 때, 놀이자는 양손으로 동시에 두 카드를 집어 같은 카드면 가져간다. 처음에는 다른 놀이자가 뒤집는 카드에는 관심이 없다가 게임이 진행되면서 뒤집었던 카드가 어디에 있었는지를 기억해 내고 게임을 하게 된다.

짝을 지어 똑같은 카드를 찾는 짝꿍게임에서는 한 놀이자가 카드를 뒤집고 짝꿍 놀이자와 협심해서 똑같은 카드를 찾아야 한다. 이때 짝꿍 놀이자와 전략을 짜고 같은 카드가 어디에 있을지 의논한다. 이 게임에서는 협동과 집중이 요구된다.

놀 이 규 칙

① 게임을 할 짝꿍을 정한다.

② 순서를 정한다.

③ 카드를 바닥에 펼쳐 놓는다.

④ 짝꿍 놀이자들은 어떤 카드가 같은 화살표인지 서로 협의하고 카드 두 개를 골라

뒤집는다. 만일, 짝을 맞추면 가져온다. 짝을 맞추지 못하면 다시 그림을 내려놓는다.

⑤ 카드를 많이 가져온 팀이 이긴다.

[그림 11-19] 화살표 짝꿍 카드게임 중

교육적 가치

- 지각적 식별 능력
- 기억력
- 협동
- 수학적 사고: 분류, 위치
- 컴퓨팅 사고: 컴퓨터 리터러시, 패턴 인식, 알고리즘

8 보드게임(Board Games)

1) 윷놀이

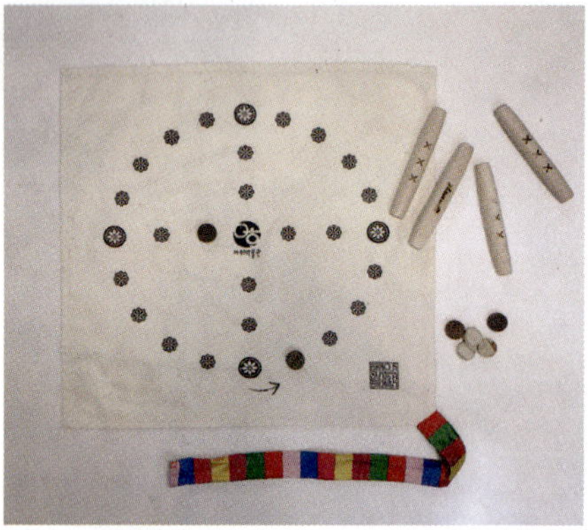

[그림 11-20] 윷놀이 게임

준 비 물 윷 놀이판, 윷, 말

놀이인원 2명 이상

놀이방법 윷을 던져서 표시된 수만큼 말을 옮긴다.

놀이규칙

① 순서를 정한다.

② 말을 정한다.

③ 윷을 던진다.

④ 윷가락에 표시된 수예: •, • •, • • •, • • • •만큼 앞으로 간다.

⑤ 동그라미에 말이 놓이면 방향을 마음대로 갈 수 있다.

⑥ 다른 놀이자의 말이 있는 곳에 말이 가게 되면 먼저 있던 말은 출발점으로 되돌아간다.

⑦ 말이 도착점에 이르면 게임이 끝난다.

응 용

- 한 놀이자 당 말의 수를 2~4개로 늘린다.
- 팀을 이루어 놀이를 할 수 있다.

교육적 가치

- 전략적 사고
- 문제 해결 능력
- 협동
- 수학적 사고: 수 개념, 방향
- 컴퓨팅 사고: 그리드, 추상화, 알고리즘

2) 사방치기(Hopscotch, 오랏말)

[그림 11-21] 사방치기

준 비 물 돌

놀이인원 3~4명

놀이방법 실외에서 땅 위에 게임판을 그려 놓고 돌을 발로 차거나 주워서 옮긴다.

놀이규칙

① 땅 위에 게임판을 그린다.

② 순서를 정한다.

③ 돌을 한쪽 발로 차거나 주우면서 순서1~8대로 움직인다.

④ 돌이 금을 넘어가면 다음 놀이자의 차례가 된다.

응 용

- 게임판에 '건너뛰기' 칸을 만들어 놀이를 다양화할 수 있다.
- 다양한 모양의 게임판을 그릴 수 있다.

[그림 11-22] 호원대 부속유치원: 사방치기 놀이 중

교육적 가치

- 공간지각력
- 신체발달: 균형
- 수학적 사고: 수 개념, 순차, 공간, 거리, 방향
- 과학적 사고: 힘의 조절
- 컴퓨팅 사고: 그리드, 알고리즘

3) 트랙 경기

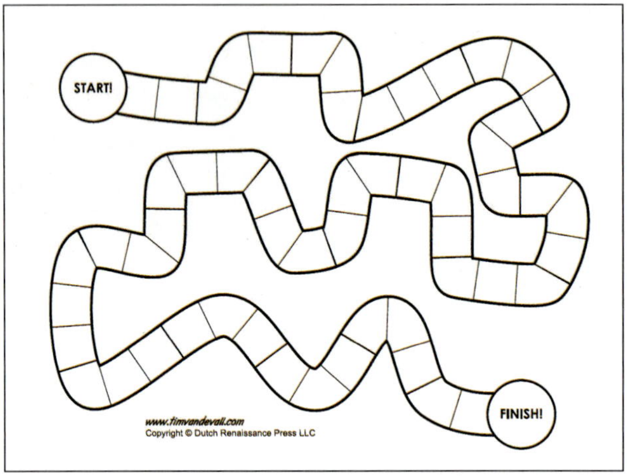

[그림 11-23] 보드게임: 트랙경기

무료 다운로드: www.timvandevall.com Copyright ⓒ Dutch Renaissance Press LLC

준비물 게임판, 점 주사위1~6 있는 것, 말2개

놀이인원 2명

놀이방법 두 사람이 동시에 주사위를 던져 많은 수가 나온 사람이 그 수만큼 말을 옮긴다.

놀이규칙

① 판에 있는 화살표의 방향앞으로: →, 뒤로: ←에 대해 이야기를 나눈다.

② 순서를 정한다.

③ 주사위를 던져 나온 수만큼 말을 옮긴다.

④ '앞으로→'가 나오면 한 번 더 주사위를 던져 그 수만큼 앞으로 간다.

⑤ '뒤로←'가 나오면 한 번 더 주사위를 던져 그 수만큼 뒤로 간다.

⑥ 말이 도착에 오면 게임이 끝난다.

[그림 11-24] 호원대 부속유치원: 트랙 경기판 만들기

응 용

- 놀이자가 이 놀이에 익숙해지면 큰 점의 주사위로 바꾸어 놀이한다.
- 숫자 주사위를 사용한다.
- 놀이자와 주사위의 수를 늘려 두 수를 합해서 앞으로 갈 수 있다.

교육적 가치

- 논리적 사고
- 공간지각력
- 수학적 사고: 수 개념, 방향, 순서
- 컴퓨팅 사고: 그리드, 알고리즘

4) 점 잇기(Dots & Boxes)

[그림 11-25] 점 잇기 판(Dots & Boxes)

무료 다운로드: www.printablepaper.net

준 비 물 게임판코팅한 것, 색깔 수성펜

놀이인원 2명 이상

놀이방법 게임판의 두 점(•)을 직선으로 이어서 네모(□)를 만들면 네모(□) 안에 자기 성이나 이름을 쓴다.

놀이규칙

① 순서를 정한다.

② 차례대로 한 번씩 점과 점을 이어서 직선을 그린다.

③ □를 만든 사람이 □ 안에 자기 이름을 쓴다. □를 만들면 한 번 더 직선을 그을 수 있다.

④ □를 만들 수 있는 점이 없으면 게임은 끝난다.

⑤ 각자 자기 이름을 세어 많은 사람이 이긴다.

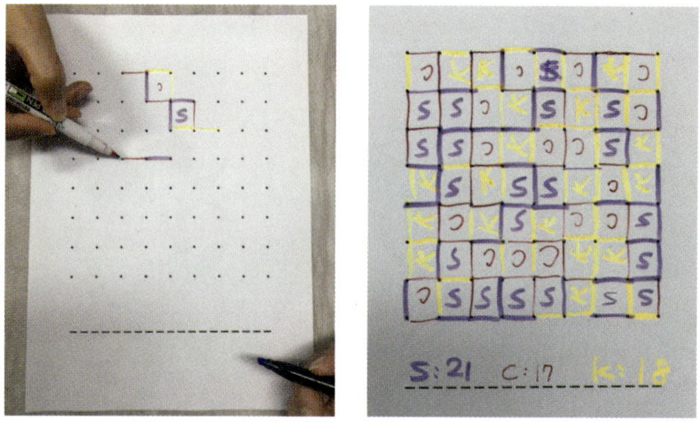

[그림 11-26] 점 잇기 게임 중

응 용

• △나 ◇ 형태로 바꾸어 게임을 한다.

[그림 11-27] 점 잇기 변형 게임 중

교육적 가치

• 전략적 사고
• 공간지각력
• 수학적 사고: 수 세기, 순서, 모양, 넓이
• 컴퓨팅 사고: 그리드, 알고리즘

5) 틱-택-토(Tic-Tac-Toe)

[그림 11-28] Tic-Tac-Toe 게임 판

무료 다운로드:https://i.pinimg.com/originals/63/72/7f/63727fdf681078b03b60d54640a7b4fc.png

준 비 물 게임판, 말(○, ×)

놀이인원 2명

놀이방법 가로(—), 세로(|), 대각선(／)으로 자기 말 3개를 먼저 나란히 놓는다.

놀이규칙

① 순서를 정한다.

② 말을 정한다.

③ 순서대로 말을 놓는다.

④ 같은 말 3개를 나란히 놓으면 게임이 끝난다.

응 용

- 게임판 대신 칠판에 격자무늬(▦)를 그려 그룹으로 ○× 게임을 한다.

교육적 가치

- 전략적 사고
- 공간지각력
- 수학적 사고: 순서, 도형
- 컴퓨팅 사고: 그리드, 추상화, 알고리즘

6) 칠교놀이(Tangram)

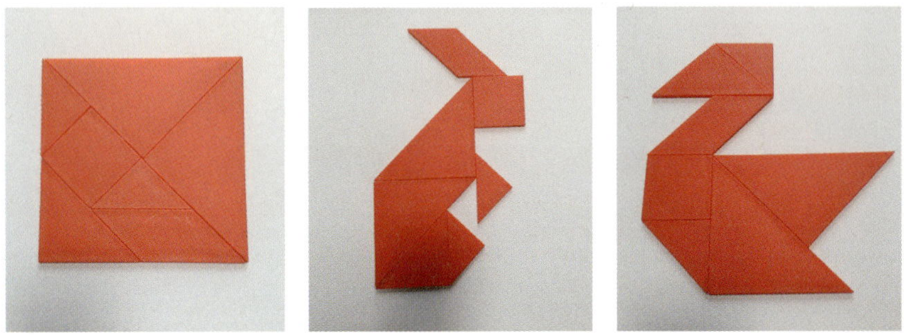

[그림 11-29] 칠교놀이

준 비 물 7개의 다른 모양 조각

놀이인원 2명 이상

놀이방법

- 쉬운 단계: 두 개나 세 개의 모양 조각을 사용해서 간단한 모양을 만들어 본다.
- 도전 단계: 7개의 모양 조각을 모두 사용해서 다양한 그림동물, 사람, 글자 등을 만들어 본다.

놀이규칙

① 각자 혹은 각 팀은 한 세트의 칠교 모양을 갖는다.

② 지시가 있는 그림을 선택한다.

③ 지시대로 새로운 형태의 그림을 완성한다.

④ 어떻게 해결했는지 친구에게 말해 준다.

응 용

- 자신만의 창의적인 모양을 만들어 볼 수 있다.
- 파트너 게임으로 한 사람은 언어로 지시하고 한 사람은 모양을 만들어 보는 활동으로 확장할 수 있다.

교육적 가치

- 문제 해결 능력
- 창의력
- 수학적 사고: 모양, 크기, 방향, 각도
- 컴퓨팅 사고: 추상화, 분해, 패턴 인식, 알고리즘

7) 미끄럼 - 사다리 놀이(Chutes & Ladders)

[그림 11-30] 미끄럼 사다리 보드게임

준 비 물 게임판1~100의 숫자가 쓰여 있는 것, 주사위1~6의 숫자 주사위, 말

놀이인원 2명 이상

놀이방법 주사위를 던져 나오는 수만큼 움직인다. 사다리가 나오면 올라가고, 미끄럼틀이 나오면 내려오며 100까지 도달하는 놀이이다.

놀이규칙

① 순서를 정한다.

② 말을 정한다.

③ 주사위를 던져서 나온 수만큼 앞으로 간다.

➡ 사다리 그림이 있는 칸에 오면 사다리를 따라 올라간다.

➡ 미끄럼 그림이 있는 곳에 오면 미끄럼을 타고 내려온다.

④ 100에 도착하면 게임이 끝난다.

응 용

- 놀이자가 이 놀이에 익숙해지면 환경 공해와 오염, 공중도덕 등 원인과 결과가 있는 내용으로 게임판을 바꾸어 사용한다.
- 상품화된 보드게임 'Chutes & Ladders' 그림을 분석적으로 보고 토의한다. 그리고 게임을 창안해 보는 프로젝트를 계획한다.

교육적 가치

- 도덕적 자율성 발달
- 언어발달
- 공간지각력
- 수학적 사고: 수 개념, 순서, 방향
- 컴퓨팅 사고: 그리드, 알고리즘

8) 로보 터틀(Robot Turtle)

로보 터틀Robot Turtles은 만 3~8세 어린이를 위해 개발된 보드게임이다. 이 보드게임은 어린이가 보드게임 놀이를 하면서 자연스럽게 컴퓨터 코딩 언어와 프로그래밍의 기본을 익힐 수 있도록 도와준다.

[그림 11-31] 로보 터틀 보드게임

출처: http://www.robotturtles.com/.

준 비 물 격자 보드판, 거북말, 보석, 지시 카드우회전, 좌회전, 전진, 장애물 카드얼음, 성, 복잡한 코드 카드레이저

해당연령 만 4세 이상

놀이인원 2~5명

놀이방법

모서리에 있는 로봇 거북이를 움직여 가운데에 있는 보석을 얻기 위해 격자판에 미로를 만들어 간다. 놀이자는 지시 카드우회전, 좌회전, 전진를 사용한다. 놀이자가 자신이 만든 명령대로 로봇 거북을 움직여 보석이 있는 곳까지 도착하면 된다. 실수를 저지른 경우 버그 카드를 사용하여 이동을 취소할 수 있다.

놀이규칙

① 거북이 카드를 격자 보드 모서리에 놓는다.

② 어느 색의 거북이를 사용할지 정한다.

③ 순서를 정한다.

④ 지시 카드우회전, 좌회전, 전진를 사용하여 로봇 길을 코딩한다. 지시 카드를 놓으면서, 머릿속으로 로봇이 움직일 경로를 미리 계산해야 한다. 로봇을 움직이기 전에 전체 명령을 먼저 내려야 한다.

⑤ 지시 카드로 만든 길을 따라 로봇을 움직인다.

⑥ 경로가 잘못되었을 경우 버그 카드를 손으로 눌러 잘못된 지시를 찾아 오류를 수정한다.

⑦ 보석을 얻으면 게임이 끝난다.

응 용

- 재미있는 소리를 내며 로봇을 움직이면 놀이자가 게임에 더 흥미를 가질 수 있다. 얼음과 성을 다양한 형태로 배치하여 여러 단계로 진행할 수 있다.
- 얼음벽을 녹이는 레이저 카드, 짜 놓은 명령 집합을 반복 실행하는 함수 카드도 등장한다.
- 놀이자가 어린 어린이라면 로봇을 움직일 때 성인이 도와주는 것이 좋다.

교육적 가치

- 언어발달
- 문제 해결 능력
- 공간지각력
- 수학적 사고: 수 개념, 방향
- 컴퓨팅 사고: 그리드, 패턴 인식, 분해, 알고리즘

9) 엔트리봇

초등학교 저학년 학생들을 위해 재미있는 보드게임을 통해서 프로그래밍의 개념 중 '순차, 반복, 함수'를 학습할 수 있는 교구이다.

[그림 11-32] 엔트리봇

준 비 물 격자 보드판

해당연령 초등 3, 4학년 이상

놀이인원 2~4명

놀이방법 각자의 엔트리봇이 잃어버린 부품을 최대한 빨리 획득해야 이기는 게임이다. 나중에 각자 부품을 찾으러 가야 하는데 어떤 부품을 고를지 모르기 때문에 최대한 공평하게 놓는 것이 좋다.

놀이규칙

① 작은 부품 카드를 보드의 빈 곳에 골고루 배치한다.

② 자신의 엔트리봇 색을 고르고, 같은 색의 컨트롤러를 받는다.

③ 가위바위보를 통해 순서를 결정한다. 이긴 순서대로 네 곳의 시작 지점 중 원하는 곳을 선택 후 엔트리봇이 화살표 방향을 보도록 놓는다.

④ 큰 부품을 잘 섞어서 한 장씩 나누어 갖는다. 작은 부품 카드를 획득하면 큰 부품 카드를 뽑아 다음 부품을 얻을 수 있다.

⑤ 플레이어마다 기본이동 카드 6장과 특수이동 카드 3장을 받는다.

⑥ 컨트롤러 위에 기본이동 카드와 특수이동 카드를 조합하여 자신의 엔트리봇을 움직인다.

⑦ 점프 카드는 2칸을 이동할 수 있다. 반복 카드를 사용하면 현재까지의 행동을 반복할 수 있다.

⑧ 메모리 카드를 사용하면 메모리슬롯을 사용할 수 있다.

⑨ 해킹 카드 존에 멈춰 서면 해킹 카드를 한 장 뽑는다. 해킹 카드는 바로 실행해야 한다. 해킹 카드에는 플레이어에게 좋은 것도 있고 나쁜 것도 있다.

⑩ 엔트리봇을 움직여 정해진 수(2인: 5장, 3인: 4장, 4인: 3장)의 작은 부품 카드를 가장 먼저 획득하는 사람이 승리한다. 부품 카드/특수이동 카드/해킹 카드를 획득하려면 해당 칸에 멈춰 서야 한다.

교육적 가치

- 언어발달
- 문제 해결 능력
- 공간지각력
- 수학적 사고: 수 개념, 방향
- 컴퓨팅 사고: 그리드, 패턴 인식, 분해, 알고리즘

제12장

플러그드 코딩놀이

지적 성장에서 가장 중요한 것은
새로운 기술을 습득하는 것에만 있는 것이 아니라,
알고 있는 것을 이용하여 여러 방법을 배우는 것에도 있다.
- Seymore Papert

본 장에서는 플러그드 활동으로 대표될 만한 교육용 프로그래밍 언어와 로봇, 추천할 만한 애플리케이션과 참고하여 코딩놀이를 진행할 수 있는 사이트 등을 소개하고자 한다.

1 프로그래밍 언어

스크래치Scratch를 개발한 Resnick 교수는 "스크래치Scratch에서 코딩을 해 보며 문제 해결, 프로젝트 기획, 아이디어의 의사소통에 필요한 중요 전략들을 배우게 된다."라고 말한다(Resnick, 2018; Mitch Resnick, 'Let's teach kids to code', TED 2013. 1. 29.). 그는 Bers와 함께 『*The Official ScratchJr Book*』(2016)을 출간하여 어린이들이 스크래치 주니어ScratchJr로 맨 처음 코딩을 쉽게 할 수 있도록 하였다. Bers도 그의 책 『*Coding as a Playground*』(2018)에 이 시대에는 어린이가 코딩을 읽고 쓸 수 있게 가르쳐야 한다고 하며 생각하고 표현하고 소통하고 창안하는 코딩교육이 되어야 함을 강조하였다. 어린이는 이러한 플러그드 놀이를 바탕으로 게임을 만들고, 앱을 만들고, 홈페이지를 개발하고, 운영하고, 관리하는 것 등으로 발전해 나아갈 수 있도록 하였다.

1) 스크래치 주니어(ScratchJr)

사용대상 만 3세 이상

특 징

스크래치 주니어ScratchJr는 미국 MIT 대학교 미디어 랩에서 개발한 '스크래치Scratch'를 기반으로 만 3~6세까지의 유치원생과 초등학교 저학년 어린이가 코딩을 부담스럽지 않게 시작할 수 있도록 개발된 블록형 프로그래밍 언어이다. 어린이가 자신의 이야기를 담아내고 게임을 직접 프로그래밍 할 수 있다. 이 과정에서 어린이는 문제를 해결하고, 디자인하고, 자신의 창의적인 생각을 펼쳐 나갈 수 있다. 스크래치 주니어ScratchJr는 어린이의 발달적 특징을 고려하여 태블릿을 기반으로 개발되었다.

실행방법

▶ 태블릿에서 사용할 때

앱스토어 또는 구글플레이어에서 'ScratchJr' 영문 키워드를 검색한 후 다운받는다.

[그림 12-1] 스크래치 주니어 앱과 샘플 이미지

웹사이트 https://www.scratchjr.org/

대붕유치원에서는 플러그드 놀이 활동으로 스크래치 주니어ScratchJr를 어린이들에게 제시했다2019년 5~6월. 놀이를 하는 동안 Resnick의 '창의적 유치원 학습 곡선'과 같은 형태의 과정을 경험하는 어린이들의 모습을 발견할 수 있었다.

[그림 12-2] 가장 좋아하는 기능: 그림 그리기, 사진 찍기, 녹음하기 장면

우선 ipad 사용 시간의 약속을 정하고, 어린이들에게 앱을 가지고 놀이하게 하였다. 어린이들은 스크래치 주니어ScratchJr 안에서 다양한 블록 기능을 자유롭게 탐색하고, 어떤 움직임이 일어날지 상상하며 다양한 블록들을 조합하는 모습을 관찰할 수 있었다. 그리고 자신만의 캐릭터를 만들거나 선택하고, 배경을 그리고, 저장하는 등과 같이 창의적으로 자신의 이야기를 꾸미는 데 도전하였다. 자신이 만든 프로그램으로 놀이를 하며 궁금한 점이 생기면 교사에게 질문하고, 자신이 발견할 것을 친구들과 이야기 나눌 때 즐거워하였다. 어린이들이 가장 선호하는 기능은 녹음과 카메라 기능이었다. 또한, 글자를 넣거나 제목을 붙여 이야기에 반영하는 모습도 관찰할 수 있었다. 어린이들은 영어/한글 구분 없이 자기가 아는 지식을 총동원하여 이야기를 만들고 제목을 붙였다. 이때 올바르지 않은 글자와 단어 실수가 나타났지만 이것은 어린이들의 구성적 과정이다. 어린이들은 자기만의 이야기를 저장했다가, 다음 날이 되면 그림을 수정하거나, 녹음을 추가하는 등과 같이 창의적 학습 곡선처럼 반복하며 새로운 양상의 코딩으로 발전시켜 나아갔다.

[그림 12-3] 대붕유치원: 스크래치 주니어 창안 이야기 예

구성적으로 발전한 예는 어린이들이 스크래치 주니어ScratchJr로 여러 기능을 사용하여 창안한 코딩 이야기에 잘 나와 있다. 왼쪽의 창안 이야기는 '봄, 여름, 가을, 겨울'이라는 주제로 애니메이션을 만든 모습을 볼 수 있다면, 오른쪽의 창안 이야기에서는 '북극곰을 찾아주세요'라는 주제로 게임 형태의 코딩을 완성해 가는 모습을 볼 수 있다.

2) 스크래치(Scratch)

사용대상 만 6세 이상

특 징

스크래치Scratch는 MIT 미디어 랩에서 설계한 프로그래밍 언어로 현재 150개국 이상에서 사용되고 있다. 어린이들이 좋아하는 게임과 그래픽 효과를 활용하여 블록 쌓기 게임을 하듯 재미있게 빠져들면서 자연스럽게 코딩의 기본 요소인 순차적 사고, 반복 개념과 모듈화 등의 능력을 갖추게 한다. 누구나 스크래치Scratch를 이용하여 상호작용이 가능한 이야기, 게임, 애니메이션을 직접 만들고, 그것을 온라인 커뮤니티에서 공유하도록 지원한다. 스크래치Scratch를 통해 어린이는 창의적 사고, 체계적 추론, 협동을 배우게 된다. 한글을 지원하며, 사용은 무료이다. 스크래치 웹사이트 가입 후 컴퓨터에 설치하거나 설치 없이 바로 브라우저에서 사용 가능하다.

실행방법

① https://scratch.mit.edu에 접속한다.

② 오른쪽 상단의 '스크래치 가입'을 클릭해 영문으로 가입을 한다.

③ 생년월일, 성별, 국가를 찾아 입력한 후 다음을 누른다.

④ 이메일 주소를 입력한다.

⑤ 이메일을 열어 링크를 클릭하면 인증된다.

⑥ 프로젝트를 저장하고 다른 사람이 만든 프로젝트에 댓글을 다는 등 활동이 가능하다.

⑦ https://scratch.mit.edu/download 스크래치 다운로드 사이트에 들어가 프로그램을 다운로드받으면 오프라인에서도 프로그램을 사용할 수 있다.

[그림 12-4] 스크래치 웹사이트와 샘플 이미지

웹사이트 https://scratch.mit.edu/

3) 엔트리(Entry)

사용대상 만 6세 이상

특　　징 누구나 무료로 소프트웨어교육을 받을 수 있게 커넥트 재단에서 개발하였으며, 국내 교육 현장에 적용할 수 있는 교육 플랫폼이다.

실행방법 컴퓨터로 사이트에 들어가면 누구나 실행이 가능하다.

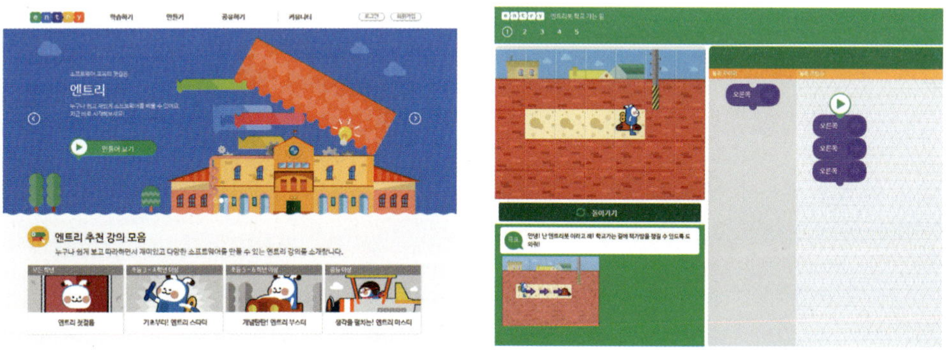

[그림 12-5] 앤트리 웹사이트와 샘플 이미지

웹사이트 https://playentry.org

2 코딩 로봇 놀이

놀이 중심의 언플러그드 활동에서 컴퓨터 활동으로 연결시키는 것은 중요하다. 코딩 로봇을 가지고 노는 활동은 어린이가 흥미를 잃지 않고 즐겁게 컴퓨터를 접할 수 있게 해 준다. 어린이의 발달에 적합한 로봇과 같은 놀잇감을 제공한다면 읽기와 쓰기를 할 줄 모르는 아주 어린 나이에도 프로그래밍을 쉽게 배울 수 있다. 로봇을 꾸미고, 원하는 대로 블록을 나열하여 자신이 설계한 대로 로봇이 움직이는 것을 보고, 오류를 발견하면 다시 블록을 끼워 봄으로써 문제 해결을 해 나가며 어린이는 기술에 대한 호기심을 키우고 컴퓨팅 사고도 기르게 된다. 어린이가 가지고 놀 수 있는 코딩 로봇 7가지를 살펴보기로 한다.

1) 키보(KIBO)

로봇소개

4~7세 어린이를 대상으로 특별히 고안된 로봇 키트이다. 키보KIBO를 통해 어린이는 로봇을 만들고, 프로그래밍하고, 장식하고, 자신의 로봇을 현실에 적용한다. 어린 학습자는 목조 블록으로 코딩하고, 시퀀스를 만들고, 디자인 프로세스를 학습하여 이러한 개념을 놀이 안에서 발견하게 된다. PC, 태블릿 또는 스마트폰의 스크린에 시간을 할애하지 않고 로봇과 놀이를 하며 이 모든 작업을 수행한다. 『놀이터에서의 코딩(*Coding as a Playground*)』 저자인 Bers 박사가 키보 로봇을 가지고 수 년간 연구를 해 오고 있다.

놀이대상 만 4~7세

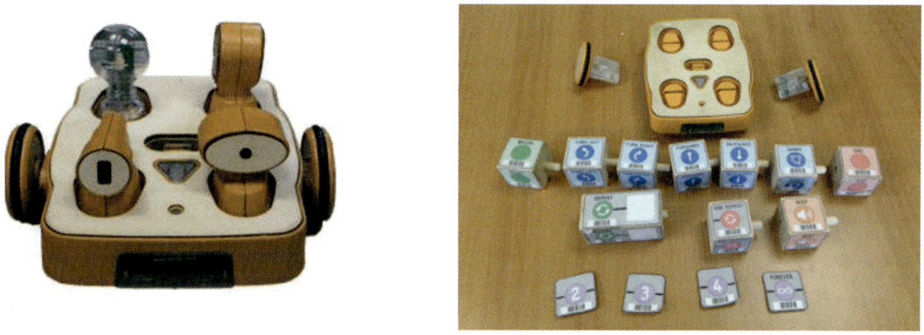

[그림 12-6] KIBO 로봇과 구성품

출처: http://kinderlabrobotics.com/kibo/.

2) 코드 앤 고 로봇 마우스(Code & Go Robot Mouse)

로봇소개

콜비Colby라고 불리는 쥐 모양의 로봇이다. 미로를 구축한 다음 코딩 카드를 사용하여 Programmable Robot Mouse인 콜비의 단계별 경로를 만든다. 단계의 순서를 프로그램하고, 치즈를 찾기 위해 경주를 한다. 경주는 실용적인 코딩 기술을 구축하는 것이다. 콜비는 다채로운 버튼을 가지고 있어 프로그래밍 및 순차를 위한 코딩 카드와 일치시켜 조명을 켜거나 소리를 내기도 한다.

놀이대상 만 4~7세

[그림 12-7] Code & Go 로봇(Colby)과 구성품

출처: https://www.learningresources.com.

3) 비봇(BEE-BOT)

로봇소개

어린이가 사용하도록 설계된 재미있고 작은 로봇이다. 방향, 순서, 추측, 문제 해결을 위한 학습 도구다. 화살표 키를 사용하여 이동하고 회전할 수 있다. 방향키는 최대 40개의 명령을 입력하여 비봇Bee-Bot을 전진, 후진, 좌, 우로 보낼 수 있다. 녹색 버튼을 누르면 벌 비봇이 시작된다. 비봇은 각 명령이 끝나면 깜박이고 삑 소리를 내면서 어린이가 입력한 프로그램을 통해 길을 따라가며, 조명과 소리로 완성을 확인한다. 블록으로 벌 로봇이 갈 수 있는 길을 만들거나 격자 모양의 길을 만들어 벌 로봇이 움직이는 창의적인 길을 만들 수 있다.

놀이대상 만 4~7세

[그림 12-8] Bee-Bot의 로봇(Colby)과 활동사진

출처: https://www.bee-bot.us/.

4) 오조봇(OZOBOT)

로봇소개

오조봇Ozobot에서 개발한 로봇 EVO는 세계에서 가장 작은 로봇 장난감 중 하나이다. 어린이가 프로그래밍 및 하위 수준 기능의 코딩 기본 사항을 배우도록 코딩 논리 및 색칠 기능을 사용한다. 빛과 색을 인식하여 움직이는 로봇이다. 보드판의 경로나 스티커에 있는 빨간색, 파란색, 녹색을 인식하여 경로를 찾아 간다. 2014년 『*Time*』지가 뽑은 최고의 발명품으로 디지털과 어린이의 상호작용 미디어 상품에게 주는 상인 KAPi 어워드에서 최고의 로봇상과 혁신상을 받기도 했다.

놀이대상 만 4세 이상

[그림 12-9] Ozobot의 로봇(Evo)과 활동사진

출처: https://ozobot.com/.

5) 코드-필러(Think & Learn: Code-a-pillar)

로봇소개

피셔 프라이즈Fisher Price사에서 개발한 'Think & Learn' 시리즈 중 하나인 코드-필러Code-a-pillar™는 어린이가 놀이를 하면서 실험하고 문제 해결, 계획 및 순서 및 비판적 사고 기술을 개발하도록 돕는다. 연결하기 쉬운 몸체를 무한한 조합으로 배열하고 재배치하여 자신의 길에 코드-필러를 보냄으로써 어린이에게 큰 상상을 부여한다. 이 학습 장난감은 어린이에게 실험을 장려하면서 문제 해결, 계획 및 순서 결정 및 비판적 사고와 같은 중요한 기술을 습득하게 한다. 어린이가 할 수 있는 조합은 끝이 없다. 소리와 조명, 음악이 있어 재미있게 실행할 수 있는 코딩 로봇이다.

놀이대상 만 3~6세

[그림 12-10] Code-a-Pillar 코딩학습 장난감

출처: https://www.fisher-price.com/en_CA/brands/think-and-learn/products/Think-and-Learn-Code-a-Pillar.

6) 알버트(Albert)

로봇소개

알버트Albert 로봇은 코딩 카드를 통해서 명령을 받는다. 어린이는 알버트를 통해 코딩의 원리를 쉽고 재미있게 접할 수 있다. 또한, 알버트는 엔트리Entry, 스크래치Scratch와 연동이 되어 어린이가 직접 코딩한 프로그램을 알버트를 통해 실현할 수 있으며, 성취감과 흥미를 유발한다. 영어, 수학, 음악 등과 융합한 콘텐츠를 제공한다. 재미있는 동화책과 연계되어 학습할 수도 있다.

놀이대상 만 3세 이상

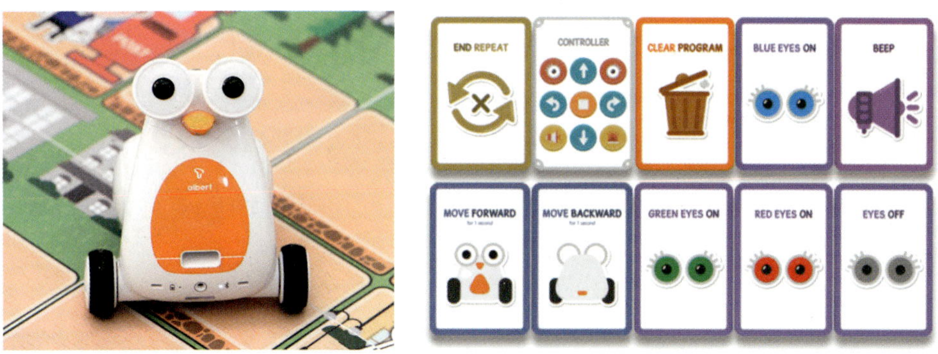

[그림 12-11] 알버트 코딩 로봇과 코딩 카드

출처: http://albert.firstmall.kr/main/index.

7) 레고 부스트 로보틱스(Lego Boost Robotics)

로봇소개

부스트 시리즈는 현재 진행형이며, 다양한 형태의 로봇이 나오고 있다. Vernie the Robot, Frankie the Cat, Guitar 4000, Auto Builder, M.T. R 4 등이 있으며, 로봇을 만든 후 Boost 앱에서 원하는 대로 동작과 움직임을 프로그래밍하며 코딩의 기본을 익힐 수 있다. 주 제어 장치인 녹색 버튼을 누르면 레고 로봇이 움직인다. 코딩 시스템에 의해서 말도 하고, 노래도 부르면서 각각의 특성에 따라 움직인다.

놀이대상 만 7~12세

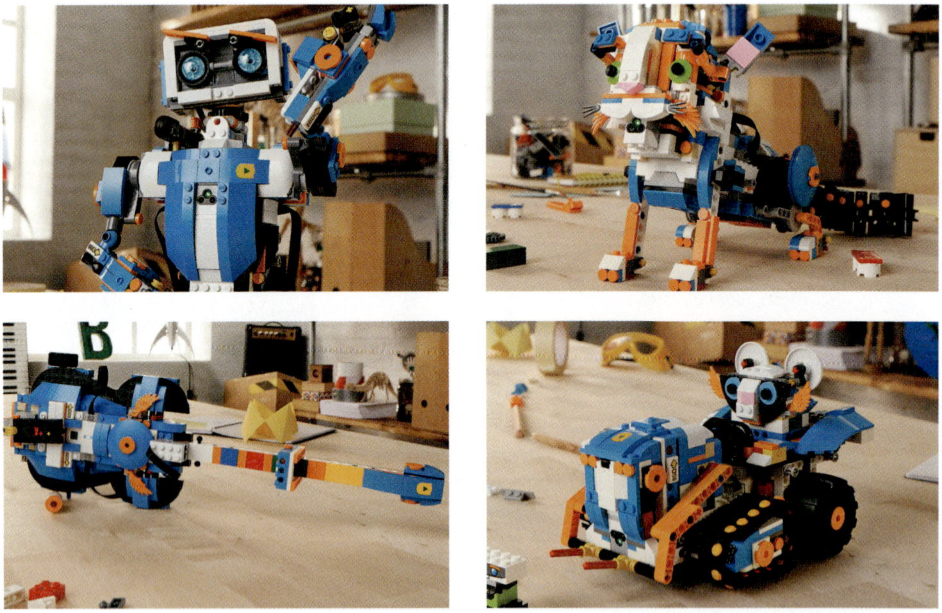

[그림 12-12] Lego Boost 로봇들

출처: https://www.lego.com/en-us/boost.

3 CTR 추천 앱

앞서 몇 차례 언급했듯이 CTRChildren's Technology Review 온라인 저널에서는 세계에서 새롭게 개발되는 앱이나 놀잇감에 대해 독자들부모, 교사, 도서관 사서, 프로그램 개발자, 연구자, 출판사을 위해 평가하고 있다. 이곳에서는 구성주의 관점으로 상호작용적 미디어 제품을 평가하고 그 결과를 제공해 준다. 이곳에서 매해 두 번에 걸쳐 운영하는 Dust or Magic Institute에서는 상호작용적 미디어를 어떻게 개발하는지 그 방향과 함께 저명한 개발자, 학자, 그리고 좋은 앱을 출시하는 출판사의 성공 사례도 소개하고, 더 나아가 대학과의 학점 인정 제도로 연계를 맺고 있다. 이로 인해 시대에 적절한 개발자나 독자가 올바른 제품을 개발하거나 선택할 수 있도록 돕는 역할을 하고 있다.

CTR의 책임 편집자인 Warren Buckleitner는 대학교수로서 NAEYC 협회활동은 물론 「*New York Times*」지에 어린이 미디어 평가자의 역할을 담당하고 있다. 이런 노력으로 인해 어린이를 위한 수많은 제품이 먼지Dust처럼 쉽게 사장되기도 하고 마술Magic로 좋은 고전처럼 항상 최고의 작품All Time Best으로 소개되기도 한다.

CTR에서는 지금까지 분석한 제품 결과물을 온라인 데이터베이스인 CTREX Children's Technology Review Exchange에 평가하고 그 정보를 회원에게 한하여 공유해 주고 있다https://reviews.childrenstech.com/ctr/home.php. 지금까지 분석된 제품의 수는 2018년 11월 현재 12, 668개이기 때문에 이 중에 어떤 것을 선정하여 어린이에게 소개할지 혼돈되는 상황이다.

이를 감안하여 본 항에서는 CTR이 최선의 앱This is the best of the best list으로 소개한 115개의 앱 중에서 2018년 11월에 선정된 최신의 앱 중 어린 어린이에게 적합한 6개의 앱만 선정해서 소개한다. 이 115개의 앱은 2015~2018년 3년간 출시된 것으로, 모두 평가점수가 98%총점 100%가 넘는 것이다.

불행하게도 우리나라는 이런 앱에 익숙하지 않다. 왜냐하면, 어린이에게 좋은 앱으로 선정된 대부분의 앱은 우리나라에서 주로 사용하는 안드로이드 시스템이 아닌 iSO, 즉 iPhone, iPad 아이폰 시스템을 사용하는 것이기 때문이다. 따라서 안드로이드를 많이 쓰는 우리나라 환경에서는 좋은 앱들이 잘 활용되지 못하는 경향이 있다. 그런데 다행하게도 최근에 와서는 안드로이드와 킨들에서도 사용할 수 있도록 배려된 제품도 꾸준히 개발되고 있다.

우리나라에서 신중하게 고려해야 할 또 다른 점은 앱을 사용하는 환경운영체제이다. 교육정책은 물론 앱을 사용하는 기기의 크기가 어린이에게 끼치는 영향이다. 미국과 같은 나라에서는 iPad를 사용한다. 반면, 우리나라에서는 크기가 작은 기기로 사용하는 경우가 대부분이다. iPad에서 큰 그림을 보고 대근육과 소근육을 사용하는 어린이는 크기가 작은 기기를 사용하는 어린이보다 여러 가지 측면에서 이로울 수 있을 것이다.

어린이에게 유익하고 권장할 만한 앱으로 선정된 앱들을 살펴본다.

1) Khan Academy Kids(ⓒ2018 Khan Academy)

[그림 12-13] Khan Academy Kids 앱

출처: CTREX.

대상연령 만 2~5세

가 격 무료

운영체계 아이패드, 아이폰

놀이내용

2019년 4월 현재 약 974개 활동이 있으며, 조기 읽기, 수학, 논리적 활동 등이 비디오 및 전자책, 드로잉과 색칠하기 등과 같은 형태로 제공되고 있다. 어린이가 한 활동은 레벨과 진도를 개별적으로 추적할 수 있도록 되어 있다.

교육적 가치 수학, 읽기, 지리, 글자, 알파벳

CTR 평가점수

① 사용의 용이성: 10/10

② 교육적인가: 10/10

③ 재미있나: 10/10

④ 디자인 특성: 10/10

⑤ 가치가 있나: 10/10

총점율: 100% ★★★★★

2) Toca Life: Hospital(©2017 Toca Boca)

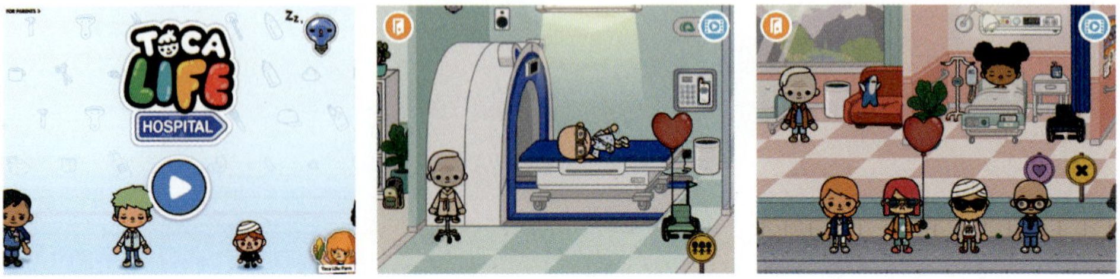

[그림 12-14] Toca Life: Hospital 앱

출처: CTREX.

대상연령 만 4~12세

가　　격 $2.99

운영체계 아이패드, 안드로이드, 킨들

놀이내용

어린이가 실제 병원에서 볼 수 있는 것들을 탐색할 수 있는 도구 상자를 제공하는 샌드박스 스타일의 경험을 제공한다. CTR에서 검토한 7번째 Toca Life 앱 중 최고이다. 병원은 각각의 층마다 테마가 있는 5층짜리 건물로 병원을 복제하는 데 성공적이다. 수술실을 둘러보거나 대기실에 들르거나 카페에서 간식을 먹을 수도 있고 붕대, 목발, 휠체어 등도 배치할 수 있다. 병원을 두려워하는 어린이에게 친숙한 간접경험을 하게 한다.

교육적 가치 사회, 언어, 창의성, 병원, 화술

CTR 평가점수

① 사용의 용이성: 10/10

② 교육적인가: 10/10

③ 재미있나: 10/10

④ 디자인 특성: 10/10

⑤ 가치가 있나: 10/10

총점율: 100% ★★★★★

3) Build With Grandpa(©2017 FairLady Media, Inc.)

[그림 12-15] Build With Granpa 앱

출처: CTREX.

대상연령 만 5~9세

가　　격 $2.99

운영체계 아이패드, 아이폰

놀이내용

8개의 통합된 교육용 미니 게임은 집을 짓는 것과 관련된 단계를 잘 안내하고 있다. 보드를 측정하고, 기초를 만들고, 페인트를 칠하는 것처럼 수학과 논리를 사용한다. 결국에는 자신의 집을 지을 수 있으며, 완성된 작품은 사진으로 기념할 수 있다. 유연한 디자인과 높은 어린이 제어 기능은 '실제 테마'와 결합되어 앱의 높은 평점을 얻었다. 트럭을 사랑하는 어린이를 위한 건설 차량이 많이 있으며, 안전 장비에 대한 몇 가지 교훈 및 실제 건설 현장을 특징으로 하는 10개의 짧은 비디오도 포함되어 있다.

교육적 가치 재개발과 재건축, 수학, 기하학, 읽기, 건축, 9까지 셈하기

CTR 평가점수

① 사용의 용이성: 10/10

② 교육적인가: 10/10

③ 재미있나: 10/10

④ 디자인 특성: 10/10

⑤ 가치가 있나: 10/10

총점율: 100% ★★★★★

4) Goldilocks and Little Bear(©2015 Nosy Crow)

[그림 12-16] Goldilocks and Little Bear 앱

출처: CTREX.

대상연령 만 4~8세

가　　격 $4.99

운영체계 아이폰, 아이패드

놀이내용

상호작용적인 스토리 앱은 두 가지 관점에서 동일한 고전적 이야기를 전한다. 화면을 회전하면 골디락Goldilocks의 관점 또는 아기 곰Little Bear의 관점에서 이야기를 읽을 수 있다. '내가 읽기'와 '나에게 읽어 주기'로 된 두 가지 플레이 모드가 있다. 이야기는 영국 영어 또는 미국 영어 중에서 선택할 수 있으며, 화면에 인쇄된 텍스트의 길이짧은, 중간 또는 긴를 결정할 수 있다. 17개의 장면에서, 골디락은 길을 잃고 아기 곰의 집을 방문하고, 그들의 죽을 먹으며, 의자에 앉거나 침대에서 자기도 한다. 한편, 아기 곰은 골디락의 집에서 팬케이크를 먹고, 옷을 입고 책을 읽는다.

이 앱의 좋은 점은 태블릿을 흔들면 흔들의자를 흔들 수 있는 기능과 카메라 앞면을 통해 앱의 거울 안쪽을 볼 수 있는 기능이 포함되어 있다는 것이다. 이 동화는 풍부한 초기 언어/독서 경험으로 좋은 대화형 디자인과 1급 그림 및 내레이션을 결합하고 있어 다운로드할 만한 가치가 있다.

교육적 가치 읽기, 언어, 이야기

CTR 평가점수

① 사용의 용이성: 10/10

② 교육적인가: 10/10

③ 재미있나: 10/10

④ 디자인 특성: 10/10

⑤ 가치가 있나: 10/10

총점율: 100% ★★★★★

5) Quick Math Jr.(©2015 Shiny Things)

[그림 12-17] Quick Math Jr. 앱

출처: CTREX.

대상연령 만 3~6세

가　　격 $2.99

운영체계 아이폰, 아이패드

놀이내용

반응이 빠르고 즐거우며 적응력이 뛰어난 앱으로 수학적 경험은 발달적으로 적절한 초기 수학 문제 해결 기회를 포함하고 있다. 호수에서 세작되었음에도 불구하고 미국 초기 수학 커리큘럼을 기준으로 전체 숫자를 조작, 드래그, 균형 조정 또는 스케치할 수 있는 기회를 제공한다. 로그인 후처음에 이름을 입력해야 함 어린이는 자동으로 조정되는 6가지 활동으로 안내된다. 대부분의 문제는 멀티 터치 기능을 포함하므로 공동 작업이 가능하고 답에는 다양성이 있다때로는 객관식이 있고 때로는 숫자를 스케치한다. 더 많이 플레이할수록, 수집하는 아이템이 많아질수록 수학 문제가 생긴다.

이 앱은 수학적 개념을 장난기 있는 환경에서 제공한다.

교육적 가치 수 세기, 정수, 등가, 숫자 쓰기, 조작 능력, 기억력, 논리

CTR 평가점수

① 사용의 용이성: 10/10

② 교육적인가: 10/10

③ 재미있나: 10/10

④ 디자인 특성: 10/10

⑤ 가치가 있나: 10/10

총점율: 100% ★★★★★

6) Snow Day(©2017 Sago Min)

[그림 12-18] Snow Day 앱

출처: CTREX.

대상연령 만 2~5세

가 격 $2.99

운영체계 아이패드, 아이폰, 안드로이드, 킨들

놀이내용

16개의 휴일 주제 썰매핫도그 포함 중 하나를 선택하여 시작하고 5마리의 Sago Mini 동물 캐릭터 중 하나를 각각 채우게 된다. 다음으로 다른 썰매 실행을 테스트한다. 이동하면서 썰매를 타고 하늘로 썰매를 돌리거나예: 풍선을 튀기거나 다른 창의력 방송국을 방문할 수 있다. Sago의 다른 앱에서 재사용한 콘텐츠가 많이 있지만, 주제는 새로운 것이다. 이 응용 프로그램은 멀티 터치를 지원하며, 훌륭한 공유 경험을 제공한다. 재미있는 일을 하기 위해 썰매 타기는 충분히 가치가 있다. 이 앱은 Wi-Fi 또는 인터넷 없이 작동하며, 광고나 걱정할 만한 콘텐츠가 없다.

교육적 가치 조작 능력, 수학, 4까지 셈하기, 일대일 대칭, 공항, 비행기

CTR 평가점수

① 사용의 용이성: 10/10

② 교육적인가: 9/10

③ 재미있나: 10/10

④ 디자인 특성: 10/10

⑤ 가치가 있나: 10/10

총점율: 98%

제13장

나는 팅커링 교사!

메이커 운동에서 가장 어려운 과제이자 가장 큰 기회는
교육을 바꾸는 것이다.
- Dale Dougherty

본 장에서는 교사 스스로 메이커 운동을 위한 일련의 과정으로서 교사의 팅커링교수자료 만들기에 초점을 맞춘다. 그리고 실제로 어린이들과 놀이하며 언플러그드 놀이를 플러그드 놀이로 귀환connected하게 하는 역할을 이행해 본다. 그것은 구체적 단계－연결 단계－상징 단계로 이끌어 가는 역할을 하는 것이다. 후에 부모나 다른 사회 기업예: 출판사와 같은도 아이디어를 나누는 것으로 확장해 나아갈 수 있는 메이커 운동에 참여하는 진정한 의미를 이해하기로 접근하고자 한다.

1 팅커링(Tinkering) 경험하기

어린이는 무엇인가 조작할 때창안하기 생각하고, 생각을 수정하고, 서투르지만 재미있는 것을 만들기 위해 노력하고, 고친다. 교사도 어린이처럼 코딩교육에 도전하기 위해 자기만의 독특한 교수–학습 자료를 만들어 낼 수 있다. 즉, 팅커링tinkering할 수 있다.

앞에서 여러 장에 걸쳐 코딩교육에 대해 언급했다. 본 장에서는 교사로서 '나'만의 사전 코딩교육 활동으로 '그룹게임을 창안하기'나 '프로젝트'를 기획하며 메이커 운동에 도전해 보는 팅커러tinkerer가 되어 보고자 한다. 팅커링은 창의적인 문제 해결을 위한 체험학습해 보는 학습을 위주로 한 활동을 말한다. 교사가 직접 팅커러가 되어 놀이를 위한 열정적인 아이디어를 창의적으로 표현해 보고 공유하여 실제 교육에 적용해 볼 수 있다. Resnick(2018)은 팅커링은 놀이와 만들기 사이의 교차점에 있다고 말한다. Papert의 구성주의 이론에서 지식을 쌓고 이해를 하는 가장 좋은 방법은 어떤 아이디어를 머리 밖으로 구체화하여 공유할 수 있는 것으로 만드는 것이며, 이와 같은 활동은 일반적으로 프로젝트로 진행된다(Martinez & Stager, 2015).

❖ '좋은 프로젝트의 여덟 가지 요소' 요약

1. 목적과 타당성
   - 이 프로젝트가 개인적으로 의미 있는 것인가?
   - 이 프로젝트가 학습자로 하여금 시간, 노력, 창의력을 투자할 만큼 매력적인가?
2. 시간
   - 이 프로젝트를 위해 충분한 시간을 주고 있는가?
3. 복잡성
   - 이 프로젝트가 융합적인가?
4. 강도
   - 이 프로젝트는 강한 강도를 해결하는 배출구가 되고 있는가?
5. 연결
   - 이 프로젝트는 학생, 동료, 전문가, 다른 과목들, 훌륭한 아이디어, 기술, 세상과 연결되어 있는가?
6. 접근
   - 이 프로젝트는 다양한 재료에 접근 가능한가?
7. 공유
   - 이 프로젝트를 공유하고 싶은가?
8. 독창성
   - 이 프로젝트를 통해 무언가 발견했는가?

출처: Martinez & Stager (2013). p. 93.

이미 주지하고 있듯이 프로젝트 접근으로 이탈리아의 레지오 에밀리아Reggio Emilia 방식은 또 다른 구성주의 접근 방식을 취하고 있다. 레지오 에밀리아는 Malaguzzi와 그의 동료들이 Dewey, Piaget, Vygotsky 등의 이론을 바탕으로 지역의 문화와 공동체 양식을 담아낸 독특한 유아교육적 접근 방법이다. 어린이의 권리를 보호하고, 욕구를 충족시키며, 재능을 길러 주고, 질문에 답하는 과정에서 흥미로운 교육 활동이 시작된다. 다양한 재료가 학습 활동에 사용되고 '어린이들의 백 가지 언어'를 통해 학습에 대한 이해를 표현할 수 있도록 한다. 학교 교실, 아틀리에작업실의 의미, 지역의 물리적 학습 환경에서 실제 일상생활에서 사용하는 도구를 활용하여 학습한다. 레지오 에밀리아 방식에서 교사의 역할은 어린이의 이해는 물론 어린이의 지적 성숙을 도모할 수 있는 학습 환경을 준비하는 연구자와 같다. Martinez와 Stager(2015)는 이런 레지오 에밀리아 방식이 만들기, 개조하기, 공학을 통한 학습모델에 가장 이상적이라고 말한다. 앞 장에서 이미 메이커 운동에 대한 것을 언급했으므로 여기서는 교사 자신이 팅커링하며 교수-학습 자료를 기획메이크하는 것에 초점을 둔다.

내가 만든 것이 완벽하지 않더라도 팅커러가 되어 나만의 산물product을 만들어 보자. 그리고 동료, 교사나 어린이들과 실제로 놀이해 보자. 다른 사람들에게도 자랑하며 그들에게 내 아이디어에 도전 받거나 수정을 더해 창안의 기회를 주거나 나눔sharing으로 공헌해 보자! 학습을 위한 설계 모델로 우리가 주목해야 할 것은 Resnick(2018)이 소개한 '상상 → 창작 → 놀이 → 공유 → 생각 → 상상'의 과정이 선순환되는 '창의적 학습의 나선형 선순환'이다. 이를 바탕으로 Resnick은 그의 책 『평생유치원(*Lifelong Kindergarten*)』에서 학부모와 교사를 위한 열 가지 도움말을 전했다.

❖ Resnick의 학부모와 교사를 위한 열 가지 도움말

상상: 아이디어를 불러일으킬 예제를 보여 줘라.
상상: 어질러 보라고 권하라.

창작: 여러 다양한 재료를 제공하라.
창작: 뭘 만들든지 받아들여라.

놀이: 결과가 아닌 과정을 강조하라.
놀이: 프로젝트하는 시간을 늘려라.

공유: 엮어 주는 역할을 하자.
공유: 협력자로 참여하라.

생각: 본질적 질문을 하라.
생각: 자신의 생각을 공유하라.

출처: Resnick (2018). p. 316.

우리는 이것을 바탕으로 실제 프로젝트를 실행할 때 도움을 받을 수 있다. 다음에 몇 가지 언플러그드 놀이를 제안해 본다.

1) 어린이들과 함께 만들어 나가는 언플러그드 코딩놀이 창안하기

■ 보드게임 산출물product 만들기

예: 1~100 숫자가 있는 보드, 사다리와 미끄럼을 위한 게임판board

이 게임을 만드는 목적을 생각하고 목적에 따른 구체적 내용을 그리드 게임판으로 창안팅커링한다. 그림과 함께 필요한 것예: 말, 순서를 정하기 위한 주사위 등 만들기, 그리고 놀이로 전개하기

■ 규칙 만들기

게임을 운용하는 데 필요한 규칙 만들기

규칙은 코딩교육에서 중요한데 그 이유는 앞에서 명기했듯이 컴퓨팅 사고에 필요하다. 즉, 명령자의 역할을 한다.

■ 메이커가 되어 보기

교사 혼자 혹은 어린이와 보드게임 기획하기→게임 만들기→규칙 만들기→만든 것으로 게임을 해 보기→수정하기→완성

그다음에는 다른 어린이들 그리고 부모님을 초청하여 함께 놀이한다이런 일련의 과정은 메이커 운동이며, 이는 장차 어린이의 삶이 창조적이며 무엇인가 만들고 인류를 위해 나누는, 즉 공헌하는 인물로 성장하게 할 것이다.

§ 도움 되는 말

위에서 언급한 그룹게임을 기획할 때 아마도 다음과 같은 1~100이 있는 보드는 도움이 될지도 모른다. 이는 기획을 할 때 방향 제시를 위한 도움을 주기 위한 것임을 밝힌다.

2) 프로젝트 접근의 놀이 기획하기

※ 참조

이 책 제5장에서 언급한 이야기 기반의 놀이중심 활동, 신체활동 기반의 놀이중심 활동, 도구 기반의 놀이중심 활동, 그리고 활동지 기반의 놀이중심 활동을 방대하게 기획해 보면서 그 안에서 창안팅커링해 본다.

※ 기획하기

■ 이야기 기반의 놀이중심 활동

어린이들이 좋아하는 스토리예: 아기 돼지 삼 형제 등를 선택한다. 이야기를 읽고 이야기를 재구성해도 좋다. 등장인물과 배경을 소개하며 배경이나 소품을 만든다. 주변에서 소품을 찾거나 블록을 사용해서 집을 만들어도 좋다동극을 해 보는 것과 같은 놀이로 코딩의 기초 놀이를 한다. 동극 자체도 코딩 리터러시로 순서를 따라 하는 것은 알고리즘 활동인 것이다.

■ 신체활동 기반의 놀이중심 활동

실내 혹은 실외에서 할 수 있는 신체활동놀이를 기획해 본다. 책상이나 바닥에 그리드Grid를 그려 본다그리드는 후에 격자가 있는 플러그드 코딩 활동에 도움이 된다. 그리드에는 이야기에 나오는 배경이나 장애물을 임의대로 배치한 후 등장인물을 움직이게 한다. 이때 방향 카드제작하거나 준비한 것를 사용한다면 지시자프로그래머와 놀이자게이머가 되어 명령과 방향 지시에 따라 놀이를 하며 컴퓨팅 사고를 길러 갈 수 있다.

① 실내놀이

바닥이나 책상 위에 마스킹 테이프로 사각형 모양의 그리드격자 모양를 그린다. 그리드 모양의 식탁보를 사용할 수도 있다. 만들어진 격자 배경을 원하는 위치에 놓고 등장인물을 움직여 본다. 한 사람이 지시자가 되어 화살표 방향대로 움직이게 한다. 이때 지시자가 방향과 움직일 칸의 수를 말해 주면 놀이자는 그대로 움직인다예: 위로 2칸, 왼쪽으로 1칸 등 코딩 로봇을 등장인물로 꾸미고 움직여 볼 수도 있다.

② 실외놀이

놀이터에 그리드를 그려도 좋다. 그리드 배경에 장애물이나 보물을 배치한다. 시각적 기호, 방향 카드를 활용하여 몸을 움직여 보는 놀이로 지시자프로그래머가 방향 카드를 사용하여 명령을 내리고 게이머는 그리드 안에서 몸을 움직이는 것이다등장인물이 움직여 다른 등장인물을 만나고, 하나의 장소에서 다른 장소로 움직일 때와 같은 방향을 익히는 것은 코딩 활동에 필수로 익혀야 할 방향 개념의 프리코딩 활동이다.

■ 도구 기반의 놀이중심 활동

보드게임 혹은 카드게임을 만들고 코딩의 기초 놀이를 한다.

① 제시 1: 화살표를 이용한 짝꿍 카드게임 만들기

각각의 방향 카드를 하나의 짝이 될 수 있도록 만들어 메모리 게임concentration game을 위한 카드를 만든다. 이는 언어활동 카드로도 활용될 수 있다. 어린이들이 직접 화살표위, 아래, 오른쪽, 왼쪽, 멈추기, 오른쪽으로 돌기, 왼쪽으로 돌기를 그려 여러 개의 카드를 만들 수도 있다참조: 제11장의 화살표 짝꿍 카드게임. 방향 카드에 등장인물도 그려 넣으면 더 흥미로워질 수도 있다. 또 다른 화살표 기능을 추가해서 팅커링해 볼 수도 있다.

[그림 13-1] 화살표 짝꿍 카드게임: 아이원더 코딩 카드 자료

② 제시 2: 캐릭터 카드와 보드판 만들기

주제나 이야기와 관련된 등장인물로 카드를 만들어 나만의 카드와 보드를 만들어 본다.

③ 제시 3: 코딩 로봇 또는 스크래치 주니어ScratchJr를 활용한 이야기 만들기

갖고 있는 로봇을 꾸미고 새로운 역할을 주며 움직여 보는 활동도 할 수 있다. 어린이들에게 문제를 제시하고 문제 해결 방법을 프로젝트 수업을 진행한다. 문제 해결을 위한 배경, 등장인물, 사운드 등을 함께 정해 나가면서 움직여 보는 간단한 프로그래밍을 짜 볼 수 있다.

■ 활동지 기반의 놀이중심 활동

등장인물로 패턴 활동 및 디버깅할 수 있는 활동지예: 달라진 것 찾아 표시하기를 만든다. 코드닷오알지code.org나 csunplugged.com의 다양한 활동을 활용할 수 있다.

■ 참여수업에 학부모 초대하여 같이 놀이해 보기

교사 혹은 어린이와 함께 만든 카드게임이나 보드게임을 학부모와 같이 공유할 수 있는 시간을 마련한다. 초대장을 만들어 취지를 알려도 좋다. 학부모가 놀이에 잘 참여할 수 있도록 어린이가 주도적으로 설명하도록 하거나 규칙을 벽에 게시하여 알려 준다. 이때 교사나 어린이는 놀이자가 되어 함께 참여하는 것도 좋다. 컴퓨팅 사고가 길러지는 것, 메이커 운동이 무엇인지도 알려 줄 수 있다.

§ 도움 되는 말

주제 안에서 어린이의 관심거리를 이끌어 내고, 지식을 공유하며, 실제로 만들기 위한 프로젝트 접근으로 위에서 언급한 이야기 기반, 신체활동 기반, 도구 기반, 활동지 기반 놀이중심 활동을 가지고 기획을 할 때 어린이의 발달에 맞게 적용해야 함은 당연하다. Bers(2018)는 코딩놀이 커리큘럼을 기획할 때 어린이의 발달에 적합한 방법으로 연결시켜야 함을 강조하며, 다음과 같은 사항을 고려해야 한다고 말한다.

1. 속도(Pacing)
2. 코딩 활동의 종류(Types of coding activities)
3. 재료와 교수자료(Materials)
4. 수업 운영 관리(Classroom management)
5. 그룹의 크기(Group size)
6. 교육부 방침 적용(Addressing state and national frameworks)
7. 평가(Assessments)

출처: Bers(2018). p. 175.

교사는 스스로 교수자료를 만들기 혹은 어린이와 함께 재미있는 생각을 그룹게임으로 전개할 수 있다. 만들어진 그룹게임이나 다양한 놀이를 친구들과 협동하며 놀이를 할 때 어린이는 실수하고 다시 도전하는 기회도 갖게 된다. 마찬가지로 교사 자신도 어린이와 동등한 입장에서 상호작용하며 구성주의 교사로서 발전해 갈 수 있다. 아직 코딩에 익숙하지 않은 어린이가 컴퓨팅 사고를 자연스럽게 배우는 방법은 위에서 언급한 다양한 놀이를 통해서이다.

재미있는 놀이를 해 본 경험은 어린이나 교사에게도 '재미있다'는 호기심과 함께 '나도 만들고 싶다'는 의욕을 가져다준다. 자기가 만든 그룹게임이나 스토리를 공유하는 공동체 교실 분위기에서 컴퓨팅 사고를 키워 갈 수 있을 것이다. 자신만의 놀이를 만들고 놀이하고 공유한다는 것은 의미 있는 경험이 될 것이다. 프로젝트 안에서 이루어진 경험과 질문들로 인해 이제 어린이뿐만 아니라 교사 자신도 '팅커러'가 되고 '메이커'가 될 수 있을 것이다.

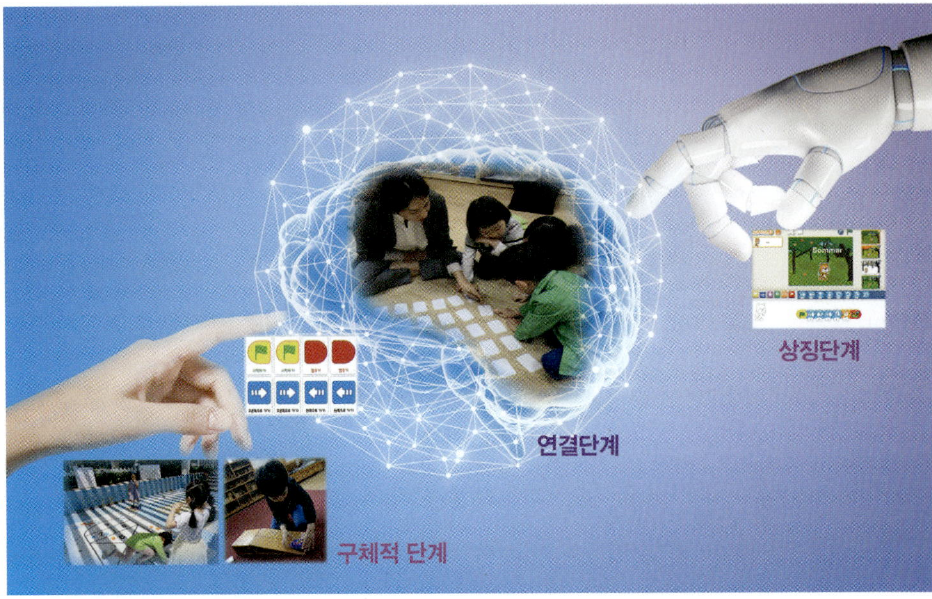

[그림 13-2] 팅커링 교사의 역할

AI 시대에 교사는 팅커링Tinkering하며 메이커Maker 교육뿐만 아니라 언플러그드 놀이를 코딩놀이로 연결connected하도록 하는 역할이 있다. 그것은 구체적 단계–연결 단계–상징 단계를 이어주는 큰 그림을 가지고 리더십과 창의적 역량을 길러 주어야 하며, 팅커러Tinkerer가 되는 도전이다. 이런 도전이야말로 디지털 이민자로서 교사는 디지털 네이티브 어린이들과 공감하며 미래를 향한 행복한 동행을 할 수 있을 것이다.

제14장

현장 이야기

올바른 사회는
오직 어린이들에게
참다운 교육을 실시함으로써 이루어질 수 있다.

- Pestalozzi

본 장에서는 제4차 산업혁명의 시대를 살아가는 사람으로서 '코딩'에 관해 처음으로 생각을 해 본 교사들이 구성주의 교실에서 어린이와 함께 코딩의 기초 활동을 적용하고 놀이해 보면서 변화하게 된 생각을 알아본다. 또한, 구성주의 교실에서 일어났던 그룹게임의 사고 전략 사례와 코딩 로봇의 활용 사례, 그리고 코딩의 기초 교육이 유치원에 어떻게 자연스럽게 녹아 들어가 적용되고 있는지 학부모들이 참여수업을 통해 함께 경험해 보는 사례 또한 이야기하고자 한다.

이 수업을 진행하는 동안 어린이, 교사, 학부모는 구성주의적 사고 전략을 쌓고, 활동 안에서 수학적 사고예: 수, 방향, 패턴, 규칙 등와 컴퓨팅 사고예: 문제 해결 능력, 순차, 알고리즘 등를 자연스럽게 익히며 경험하는 모습을 발견할 수 있다. 본 현장 사례는 호원대학교 부속유치원에서 6개월간 실행한 교육 내용으로 2018 구성주의 유아교육학회 춘계학술대회에서 '그룹게임에서의 사고 전략'이라는 제목으로 최성운 원감과 차주은 교사에 의해 발표된 원고에 의거한 것이다.

현장 사례(최성운 · 차주은)

제4차 산업혁명은 인공지능, 로봇, 빅데이터 등이 이슈가 되고 있다. 전 세계 주역들이 모여 앞으로 다가올 미래는 지금과 무엇이 달라지며, 그에 맞추어 무엇을 준비해야 할지 많은 이야기를 나누고 있다. 이는 미래 사회를 살아갈 우리 어린이를 위해 그동안의 지식 암기 위주의 교육에서 벗어나 다양한 분야의 학문을 융합하고 창의력을 높일 수 있는 교육방법을 모색해야 함을 시사한다. 이를 위해 무엇보다 중요한 것은 어린이를 경청하면서 이들의 사고를 어떻게 확장시켜 줄 것인지에 대해 고민해 보는 일이다. 유아는 문제 해결을 위해 스스로 사고하고 또래와 함께 협력해 가는 능력을 지니고 있다. 미래 사회를 살아갈 어린이에게 코딩을 위한 컴퓨팅 사고는 이러한 역량을 바탕으로 해야 할 것이다. 이런 고민을 하며 변화된 교사의 모습과 함께 다양한 언플러그드 활동에 대한 사례에 대해 이야기 나누어 보려 한다.

1 코딩에 대한 교사의 변화: 생각의 전환

앞으로 많은 직업이 사라지고 그 자리를 인공지능이 대체할 것이라는 이야기는 지식을 수동적으로만 받아들이며 살아왔던 우리 교사들에게 조금은 어렵고 무섭게 느껴졌다.

우선 코딩에 대한 교사들의 의견을 물어보았다.

A 교사: 코딩이 뭐예요? 생소한데? 수학 공식?!

B 교사: 나는 문과 나왔어요. 나는 컴퓨터 잘 못 하는데… 인공지능, 시리, 빅스비.

C 교사: 자바, C언어, 어렸을 때 배웠는데, 다 잊어버렸어요. 혼자 컴퓨터로 하는 거?

그렇게 제4차 산업혁명과 코딩에 대한 약간의 두려움과 새로운 것을 배워야 하는 것은 아닐까 하는 불안감을 가지고 코딩에 대한 자료를 수집하고 함께 나누는 시간을 가졌다. 이 과정에서 교사들은 그동안 구성주의 교실에서 해 왔던 활동들을 새로운 시각으로 바라보게 되었고 구성주의 교육 안에서 유아의 다양한 사고를 돕기 위해 더 많은 것을 할 수 있을 거라 생각했다.

기초 코딩 활동과 코딩 로봇을 도입해 본 후 교사들의 반응을 물어보았다.

> A 교사: 저는 보면서 우리 유치원에서 그동안 해 오던 것들을 생각했어요. 수학적이고 과학적으로 사고하는 것들이 굉장히 많잖아요.
>
> B 교사: 저는 코딩교육이라고 하면 혼자서 컴퓨터로 하는 교육인 줄 알았는데, 함께 하면서 논리적이고 창의적인 것들이 성장해 나간다는 것을 알게 되었어요. 우리가 지금 하고 있는 것들을 조금 더 의미 있게 바라본다면 이러한 부분들을 성장시켜 나갈 수 있을 거라는 생각도 들었어요.
>
> C 교사: 코딩교육은 새로운 것이 아니라, 생각의 전환이 필요한 것 같아요. 구성주의 교실 안에서 그동안 우리가 해 오던 것에서 새롭게 사고하는 방법 한 가지가 더 생긴 것 같아요.

구성주의 교실에서 어린이의 컴퓨팅 사고를 돕기 위한 그룹게임은 어린이의 흥미를 바탕으로 창의적이고 융합적인 사고로 실험하며 그 과정에서 협동해 나가는 것을 중요하게 생각한다. 이 생각을 기본으로 구성주의 교사로서의 나를 되돌아보며, '나는 창의적으로 사고를 하고 있나? 교사도 그룹게임을 하다 보면 다양한 사고력이 증진될까? 이러한 사고의 변화는 교실에도 반영될까? 나의 생활에는?'과 같은 궁금증을 가지고 교사들과 그룹게임을 해 보는 시간을 가졌다.

교사들과 게임을 하면서 느낀 가장 큰 변화는 평소 게임을 즐기지 않았던 교사도 재미를 느끼고 게임을 즐기게 된 것이다. 또한, 교사 자신의 사고방식이 전형적인 것은 아닌지에 대해 반성적으로 사고하게 되었으며, 어린이의 흥미를 더 많이 발견하게 되고, 더 많이 공감하며 이야기를 나누어 갔다. 또한, 게임이 잘 풀리지 않은 상황이나 새로 발견하게 된 전략들을 공유하며, 진정한 의미의 협동에 대해 생각하게 되었고 교사들과 즐거운 환경 속에서 다양한 이야기를 나누어 갔다. 이러한 변화와 함께 교사가 게임을 잘한다는 이야기가 어린이들 사이에 공유되면서 '할리갈리'나 '도블' 같이 익숙하고 잘하는 게임으로 교사에게 도전하기도 했다. 이 시간을 통해 교사와 어린이가 함께 즐기는 시간을 가지게 되었고, 이는 가정과도 연결되었다.

2 구성주의 교실에서 그룹게임의 사고전략 현장 사례

본 현장 연구에서 컴퓨팅 사고 발달에 도움이 되는 활동으로 보드게임이 제공되었다. 어린이들은 처음에 간단한 카드게임으로 놀이를 시작했는데 이것이 점차 발전되어 보드게임으로 다양해졌고 마지막에는 프리코딩 활동으로 볼 수 있는 격자놀이까지 발전되어 가는 것을 엿볼 수 있다.

Resnick(2017)이 『평생유치원(*Lifelong Kindergarten*)』이란 책에서 유치원 때가 가장 창의적이라고 말했듯이 여기서 어린이들은 그룹게임을 하는 데만 그치지 않고 그룹게임을 하면서도 끊임없이 창의적 사고를 하고 있음을 알 수 있다. 어린이들은 게임을 하는 데만 만족하지 않고 게임의 변형과 확장 그리고 팅커링과 메이커 활동을 자연스럽게 하고 있음을 관찰할 수 있다.

1) 도블

대상 만 4, 5세

한쪽 영역에 도블 카드게임을 세팅하고, 어린이들이 자유롭게 놀 수 있도록 환경을 구성했다. 게임을 계속 하면서 잘하는 아이와 못하는 아이가 생겨났고 게임을 잘 못하는 아이는 매번 지게 되니 잘하는 아이와는 게임을 하지 않으려 했다. 이렇게 게임에 참여하지 못한 아이는 '도와주는 사람'이 되어 게임에 참여하며 훈수를 들곤 했다. 하지만 이로 인해 갈등 상황이 생겼고, 어린이들은 이 문제를 해결하기 위해 팀을 이룬 게임으로 규칙을 변경하며 해결 방법을 모색했다. 어린이들이 스스로 비판적으로 사고하며 문제 해결을 해 나갈 수 있는 능력이 생겨난 것이다.

"너랑 하면 맨날 지니까 너랑 안 해."
"그럼, 내가 알려 줄게." / "나 좀 알려 줘."
"알려 주기 없음!"

➡ 팀을 이룬 게임으로 규칙을 변경하며 해결 방법 모색

[그림 14-1] 호원대 부속유치원: 도블 규칙 변경

이후 게임의 규칙을 변경할 수 있음을 알게 된 어린이들은 여러 번의 게임으로 익숙해진 도블의 게임 방법을 변경하자고 제안하며 더 재미있는 게임 방법을 고민해 갔다.

- 같은 색의 동물이 나오면 가져가기: 겹치는 색이 너무 많아 재미가 없음
- 같은 크기의 동물이 나오면 가져가기: 같은 크기의 그림이 많지 않음

➡ 그렇게 고민 후 생각해 낸 새로운 규칙: 두 장의 카드를 뽑아 10초 안에 같은 그림 찾기

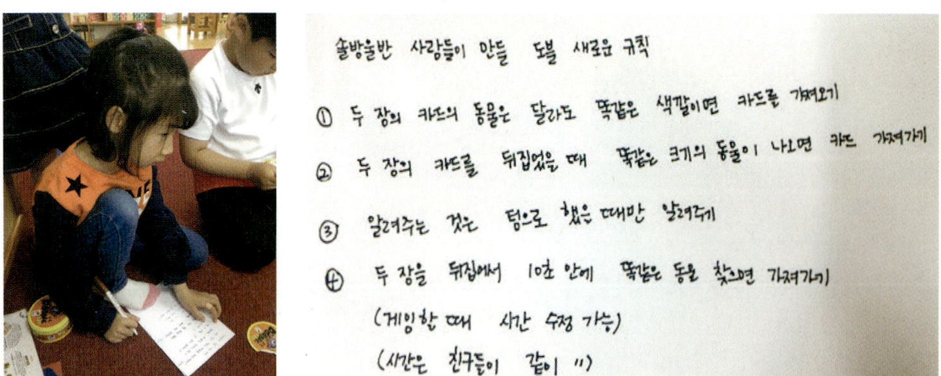

[그림 14-2] 도블의 새로운 규칙

2) 체스

대상 만 4세

이제 곧 7살이 되는 솔향기반 어린이들은 형님반의 모습은 어떤지 궁금해하며 솔숲반7살 형님반에 놀러 갔다. 어린이들은 형님반 교실에 있는 다양한 게임에 관심을 가졌는데, 그중에서도 체스에 많은 관심을 가졌다. 체스에 대한 경험이 있는 몇몇 유아는 형님반에서 체스를 빌려 와 솔향기반 교실에서 놀이를 했다. 하지만 형님들도 체스를 좋아하고 이제 곧 졸업이기 때문에 다시 돌려줘야 했다.

어린이들은 관심 있는 체스를 어떻게 하면 좋을지 고민하다가 직접 체스를 만들어 보기로 한다. 그런데 말을 만들기 위한 똑같은 모양의 폐품이 부족한 상황이 발생했다.

교사: 말은 어떤 재료로 만드는 것이 좋을까?

도예: 우리 반에 폐품이 많으니까 폐품으로 만드는 건 어때요?

교사: 말의 모양이 다 다를 수 있겠네.

하랑: 다 달라서 헷갈릴 것 같아요.

지우: 최대한 비슷하게 만들어 보면 되잖아!

성찬: 똑같은 폐품이 많으니까 폐품으로 만들어요!

어린이들은 마음대로 모양을 만들 수 있고, 여러 개를 만들 수 있는 재료를 고민했다.

현우: 버그토이로 만들어 보면 어때요?

수연: 좋은 생각이야! 버그토이로 만들어 보자!

지우: 그런데 우리가 그걸 만들어 버리면 언젠가는 부숴야 하잖아요!

현우: 라인블록은?

지우: 라인블록도 장난감이어서 언젠가는 부숴야 해.

하랑: 그런데 점토로는 우리가 만들고 싶은 거 다 만들 수 있잖아요!

수연: 점토는 안 부숴도 돼!

하랑: 맞아. 점토로 만들어 보는 건 어때요?

교사: 정말 좋은 생각인데?

체스 말을 탐색하며 각각의 특징을 찾아내어 말을 만들어 가는 것을 볼 수 있었다.

도예: 본은 위의 모양이 동그라미에요.

지우: 비숍은 물방울 모양인데 반 정도가 뚫려 있어!

하랑: 왕은 머리에 십자가가 있어!

도예: 나는 나이트를 제일 좋아해. 말 모양이 너무 멋져.

[그림 14-3] 체스: 게임도구 만들기

교사는 이미 점토를 생각하고 있었지만, 어린이들이 다양한 방법을 생각할 수 있도록 교사의 생각을 전하지 않고 어떻게 하면 좋을지에 대한 문제를 가지고 함께 이야기 나누었다. 점심을 먹으면서도 체스 말을 만드는 재료라인블록, 버그토이 등에 대해 이야기 나누면서 평소 점토놀이를 즐기던 하랑이가 점토로 만들면 좋겠다는 이야기를 하게 되었고, 다른 어린이들도 "아하! 점토."라며 점토에 대한 그동안의 경험을 서로 나누며 최종적으로 점토로 체스 말을 만들기로 했다. 간혹, 교사의 생각은 어린이들이 고민하고, 더 넓은 생각을 할 수 있는 기회를 빼앗기도 한다. 교사가 점토 만들기를 제안했다면 유아는 어떤 방법이 가장 적절한 방법일지에 대해 생각을 해 보지 못했을 것이다. 호기심을 가지고 함께 고민하며 다양한 사고를 해 가는 과정을 통해 유아는 문제를 해결해 갈 수 있다.

– 체스게임 규칙에 대한 이야기 나누기 –

몇몇 어린이의 관심으로 시작된 체스 만들기는 교실 전체에 영향을 미쳤다. 평소 체스에 관심이 없던 유아도 체스에 관심을 가지기 시작하며 체스 게임 규칙과 말의 특징들을 함께 알아보았다.

교사도 체스에 대해 잘 알고 있지 못해 어려워하는 상황이었는데, 체스를 알고 있는 어린이와 모르는 어린이가 서로 궁금한 것과 알고 있는 것에 대해 상호작용하며 체스에 대해 알아가는 모습을 발견할 수 있었다. 교사가 체스에 대한 방법을 알려 주는 것보다 훨씬 더 활발하게 상호작용하며 체스에 대해 알아 갔다.

3) 판게임이 블록 판게임으로 확장된 사례

대상 만 4, 5세

만 4, 5세 방과후 반은 텃밭을 가꾸고 작물을 심기로 계획했다. 하지만 미세먼지 나쁨으로 인해 바깥활동을 할 수 없는 상황이 되었고, 교실에서 활동하던 유아들은 옆 반에서 텃밭을 이용하여 판게임을 만들었다는 소식을 듣고 텃밭 판게임을 만들기로 했다. 그렇게 만든 종이 판게임은 다음 날 버그토이 블록판을 가지고 놀이하다 이전의 판게임과 비슷한 것을 발견하고 블록 판게임 만들기로 확장되었으며, 이 과정에서 수 세기, 함정을 표현할 블록 찾기, 씨앗의 성장 과정을 판게임에 반영하기 등 형님과 동생이 협력하여 판게임을 만들어 가는 모습을 발견할 수 있었다.

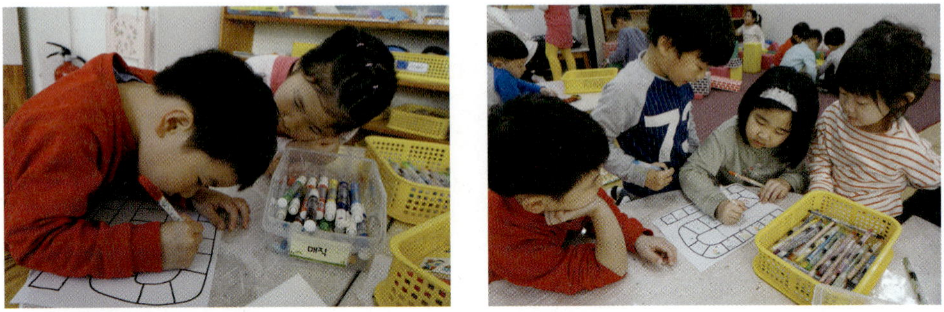

동생이 힘들어하는 것을 발견한 형님　　　　형님이 동생 판게임 만드는 것을 도와줌

[그림 14-4] 판게임 만들기

① 버그토이 블록판을 가지고 놀다 그룹게임과 비슷한 모습인 것을 발견하고 블록을 이용해 판게임을 만듦
② 판게임과 같은 블록 판게임을 만들기로 함. 함성과 사다리를 표시할 블록을 표현하기 위해 고민
③ 처음에 관심 가지지 않았던 지름길과 미션 추가

[그림 14-5] 종이 형태의 판게임에서 점점 복잡한 형태(블록판)로 발전

4) 보드게임

대상 만 4, 5세

이 게임은 4명까지 할 수 있지만 게임을 하고 싶은 사람이 많아 형님과 동생이 팀이 되어 더 많은 사람이 게임을 할 수 있도록 규칙을 변경하였다. 팀이 된 형님과 동생은 함께 게임을 하면서 서로 몰랐던 부분을 알려 주거나 놓치거나 부족한 부분을 챙겨 주며 게임을 더 즐기게 되었다.

갈등 해결을 위해 함께 이야기 나누는 장면

[그림 14-6] 보드게임: 갈등 상황

형님과 동생이 같은 팀이 되어 놀이하는 장면

[그림 14-7] 보드게임: 함께 놀이하기

어린이들은 그룹게임을 즐기며 노는 동안 게임이 가지고 있는 특성을 파악하고 중간중간 발생하는 문제를 해결해 갔다. 이런 과정에서 어떤 그룹게임은 함께하는 것이 더 재미있고, 어떤 그룹게임은 혼자서 하는 것이 더 재미있다는 것을 알아갔고 이 안에서 함께 놀이하는 방법도 경험하고 알아가게 됐다.

5) 격자판 놀이

대상 만 4, 5세

코딩에 대해 알아가며 한 방향으로 움직이는 게임 방법에서 위, 아래, 좌, 우로 움직이는 게임 방법을 시도해 보았다. 교사도 이 과정에서 화살표를 어떻게 해야 할지, 모두 갖추어진 게임을 제공해야 할지 고민하다가 유아가 이것을 가지고 무엇을 생각하고 무엇을 만들어 가는지를 함께 생각해 보기로 했다.

어린이는 지금 진행 중인 생활주제와 연결 지어 게임을 생각하며 각 판에 모을 그림 카드를 고민하고 만들어 갔다. 그렇게 게임을 할 준비를 마치고 게임을 하는 과정에서 게임에 관심을 보이고 참여하는 어린이들이 늘어갔다.

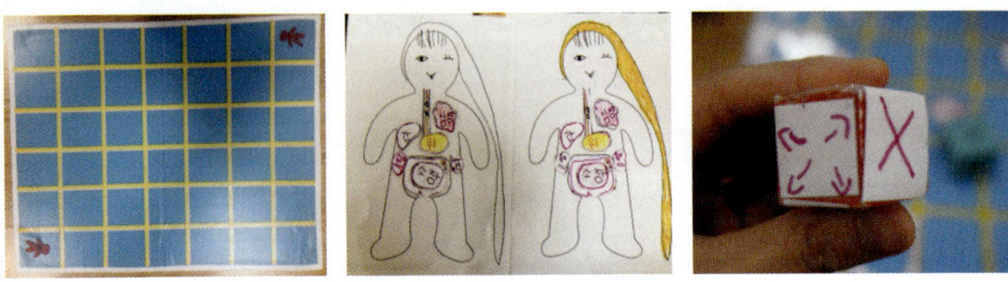

교사가 만든 게임판 유아가 만든 게임판 유아가 만든 주사위

[그림 14-8] 격자판과 주사위

먼저 참여한 어린이들이 게임에 대해 이야기해 주었는데, 점점 어린이가 늘어나자 규칙이 필요함을 느끼고 게임 규칙을 만들어 갔다. 교사가 게임에 참여하며 처음에 어린이들이 아주 간단하게 만든 게임 규칙대로 게임을 해 보았다.

교사: 1, 2, 3번대로 하면 게임을 할 수 있는 거야?

도예: 네. 아까 린이랑 선생님이랑 이렇게 게임 했잖아요.

교사: 그럼 이 게임 규칙을 보면서 게임을 해 볼까?

도예: 좋아요.

교사: 아무 주사위로 던지면 되는 거지?

린: 아니요! 방향 주사위랑 숫자 주사위를 던져야지요.

교사: 우리가 정한 규칙에는 방향 주사위와 숫자 주사위라고 쓰여 있지 않잖아. 그럼 아무 주사위로 던져도 되는 거 아니야?

지우: 그런데 게임 규칙에는 준비물이 안 적혀져 있어. 방향 주사위랑 숫자 주사위가 필요하다고 적자.

어린이들은 교사와 함께 이야기를 나누며 모든 사람이 이해할 수 있도록 조금 더 구체적인 내용을 담은 규칙이 필요함을 느끼고 규칙을 변경해 갔다. 교사가 규칙 만들기에 참여하지 않은 상황에서도 구체적인 규칙 만들기는 계속되었다.

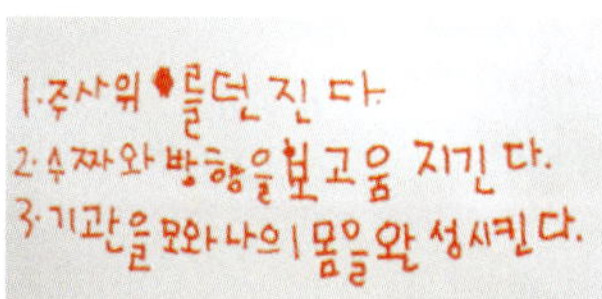

➡ 게임을 함께하고 싶은 유아가 많아지자 게임 규칙의 필요성을 생각하고 규칙을 만듦

게임 규칙: 1차

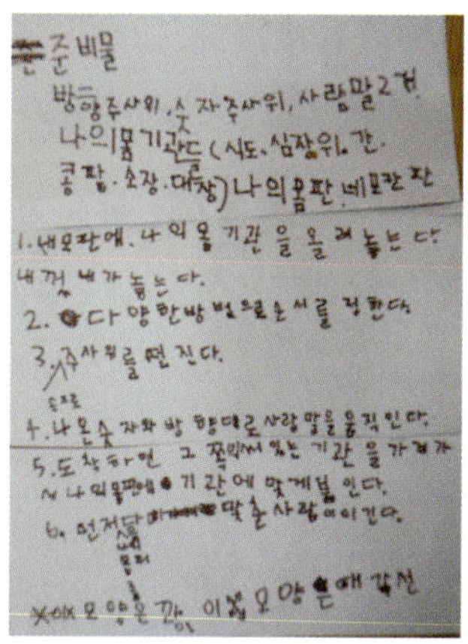

게임 규칙: 2차

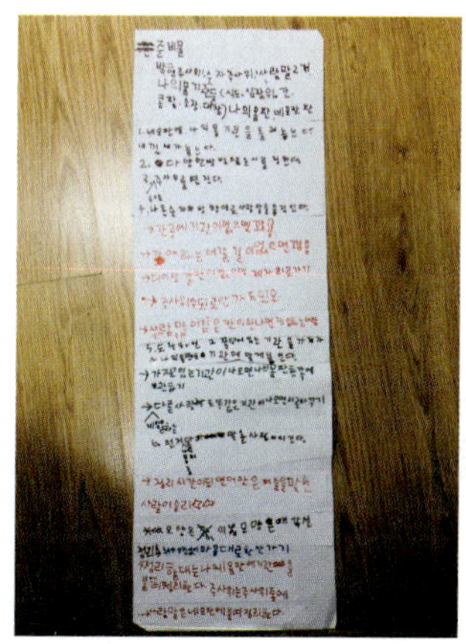

게임 규칙: 3차

[그림 14-9] 게임 규칙이 복잡한 형태로 발전

게임을 하던 중 6개의 내장기관 모으기가 너무 어렵고 가져가는 횟수가 적어지는 문제가 발생했다. 그래서 조금 더 재미있는 게임을 만들기 위해 미션이 있는 카드를 만들어 성공하면 가져갈 수 있는 게임으로 변형해 갔다. 또한, 놀이하는 과정에서 위, 아래를 입체적으로 생각하고 평면으로 움직이는 것을 어려워하는 어린이들이 있어 격자판을 제공하여 위, 아래, 좌, 우를 알아갈 수 있도록 난이도를 조절하여 제공하였다.

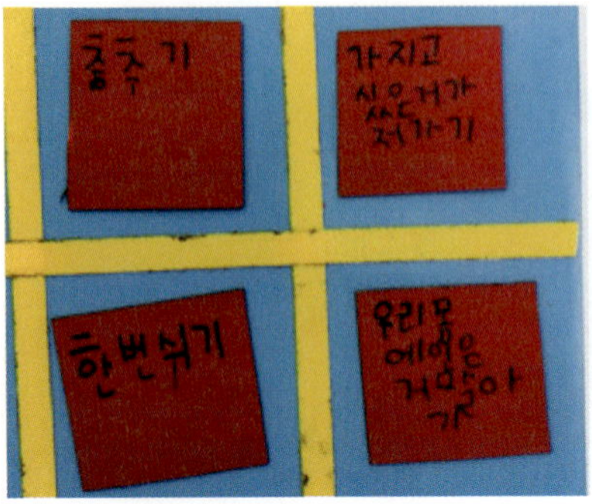

다양한 미션 카드

격자판: 위, 아래, 좌, 우 형태를 갖춤

[그림 14-10] 게임 규칙이 다양한 형태로 발전

3 구성주의 교실에서 코딩 로봇의 활용 사례

유치원 현장에서 컴퓨팅 사고 발달을 위해 시작했던 다양한 그룹게임은 점차 발전해서 격자놀이로 연결되었다. 여기에서는 격자에서 더 나아가 플러그드 활동의 바로 전 단계인 프리코딩 활동으로 마우스 형태의 코딩 로봇 활동이 현장에서 연결된다. 본 활동에서도 어린이들은 마우스봇을 만들기까지 다양한 창의적 팅커링 활동이 진행되며, 이것이 점차 발전되어 마우스봇을 위한 보드게임판 개발까지 만들어지는 메이커 수업의 출발을 살펴볼 수 있다.

1) 구성주의 교실에서 마우스봇 탐색하기

마우스봇을 교실에 소개할 때 많은 고민을 했다. 어린이가 이것을 가지고 어떻게 놀이할지 잘 그려지지 않았고, 마우스봇을 활용해 다양한 사고를 해 나갔으면 하는 마음이 자꾸만 커져 갔기 때문이기도 하다. 하지만 이런 모든 생각을 내려놓고 마우스봇에 대한 기본 정보만 제공하고 어린이가 어떠한 것들을 알아 가는지 살펴보기로 했다. 마우스봇에 대한 경험이 있는 어린이와 그렇지 않은 어린이는 각각의 버튼을 탐색하고 조작해 보며 알아낸 방법을 서로 공유해 갔다. 움직이는 마우스봇은 어린이의 호기심을 유발하며 이것을 어떻게 가지고 놀이할 것인지에 대한 어린이들의 기대감을 불러일으키고 있음을 발견할 수 있었다.

[그림 14-11] 마우스봇을 탐색하는 어린이들

2) 마우스봇 가는 길에 대한 유아들의 관심

어린이들은 움직이는 마우스봇이 가는 '길'에 관심을 가지고 나만의 이야기를 만들어 나갔다.

상상 이야기를 통해 마우스봇에 대한 다양한 생각을 표현하는 과정에서 마우스봇이 가는 길에 호기심을 가지고 표현함

[그림 14-12] 마우스봇 상상 그림

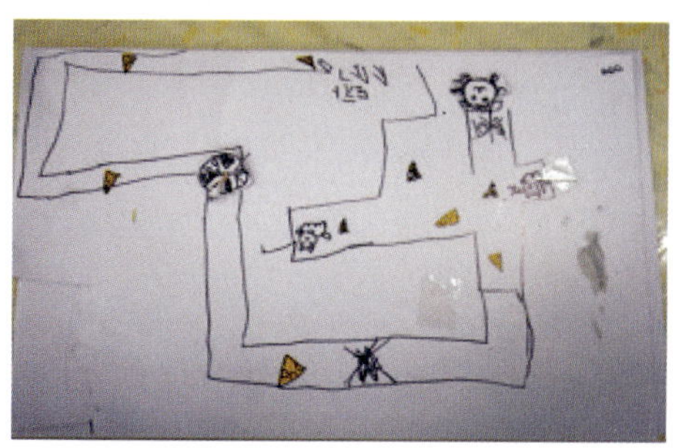

어린이들이 만든 이야기에 마우스봇이 실제로 갈 수 있도록 하며, 실행 가능한 길을 만들어 보기로 함

[그림 14-13] 마우스봇 길 표현

3) 블록으로 마우스봇 가는 길 만들기

– 치즈를 먹으러 가기 위해 어떤 버튼을 눌러야 할지 실험
– 친구가 누르고 있을 때 눌러 보고 싶어서 서로 누르는 문제와 빨리 눌러 보고 싶은 문제에 대한 갈등
– 친구의 시도를 지켜보기보다는 내 생각대로 눌러 보고 싶어서 순서를 합의하고 차례를 지켜 시도함
– 버튼 누르기를 공유하며 몇 번을 눌렀을 때 성공했는지에 대해 혼자보다는 함께 결과를 기뻐함

[그림 14-14] 블록으로 길 만들기

어린이들은 블록을 활용해 마우스봇이 가는 길을 점점 확장시켜 갔다. 그러나 이 과정에서 교사는 생각하지 못한 모습들을 발견하였다. 몇몇 어린이는 교사와 함께 마우스봇이 가는 길을 만들어 갔지만 몇몇 유아는 마우스봇을 손으로 들고 다니며 역할놀이를 하고 서로 눌러 보려 다투기도 하고 소유하고 싶어 하기도 했다. 이러한 모습을 발견한 교사는 어린이가 마우스봇을 가지고 단순한 놀이만 하는 것이 아니라 무언가 사고할 수 있는 교구가 필요할 것이라 생각하며, 원감선생님과 고민을 나누었다. 고민을 나누다 어린이에게 매력적인 교구인 마우스봇에 대한 어쩌면 당연한 반응이 아닐지에 대해 이야기 나누며, 어린이가 이것을 가지고 어떻게 놀이하는지 어린이의 자유로운 놀이 모습을 관찰하고 기다려 주며 어린이가 발견한 놀이를 격려하고 지원해 주기로 했다. 또한, 몇 대의 마우스봇을 더 구매하여 활용하기로 했다.

그러자 더 많은 어린이들이 마우스봇에 관심을 가지고 놀이에 참여하며 마우스봇이 가는 길을 만들어 가기 시작했다. 어린이들은 마우스봇이 지나가는 터널, 오르막, 내리막길 등 다양한 길을 만들어 놀이하였다.

– 앞으로 가는 버튼을 눌러 앞으로 가게 한 뒤 다른 방향으로 갈 때는 손으로 움직이며 놀이함
– 어린이들이 만든 놀이에 교사가 관심을 보이고 함께 놀이를 하고 싶어 함
– 어린이들이 자신들의 놀이를 설명해 주고, 교사도 함께 몰입하며 놀이함

[그림 14-15] 다양한 형태의 블록 길 만들기

4) 마우스봇 가는 길 기록하기→협력하며 확장되어 가는 마우스봇 가는 길과 기록

어린이들이 만든 길은 점점 구체화되어 갔다. 이 과정에서 마우스봇이 터널을 지나가게 하기 위해 몇 번을 눌러야 하는지 서로 협력하였고, 왼쪽, 오른쪽으로 도는 기능을 발견한 어린이들은 방향을 꺾어 다시 돌아오게 하는 놀이로 발전시켜 갔다. 또한, 자신이 만든 경사로에 오르지 못하는 마우스봇을 발견하고 마우스봇 길에서 경사로를 제거하는 모습도 발견하였다. 이 과정에서 교사도 너무 몰입한 나머지 빠른 결과물을 보고 싶고, 실패로 인해 어린이들의 흥미가 떨어지지는 않을까 하는 걱정으로 교사의 개입이 많아졌지만, 어린이들은 여러 번 시도 끝에 점차 그들이 성공시킨 방향과 숫자에 대한 기록에 관심을 가지기 시작했다.

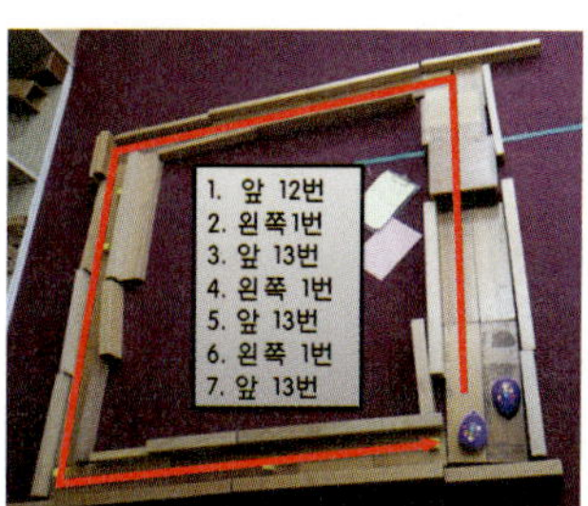

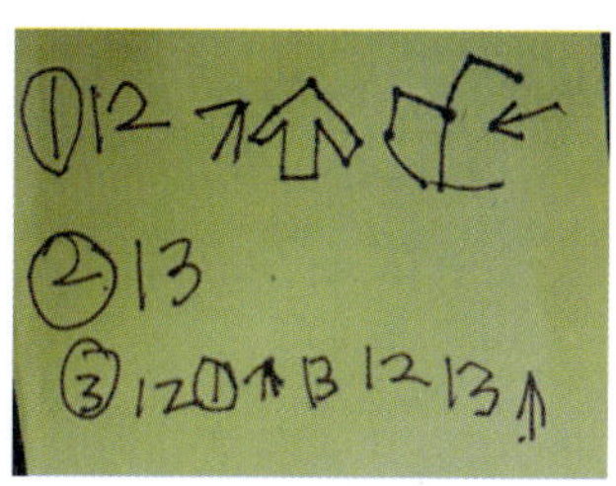

– 숫자는 순서대로 기록
– 화살표 그리는 부분을 어려워함
– 오른쪽, 왼쪽 표시를 어려워함

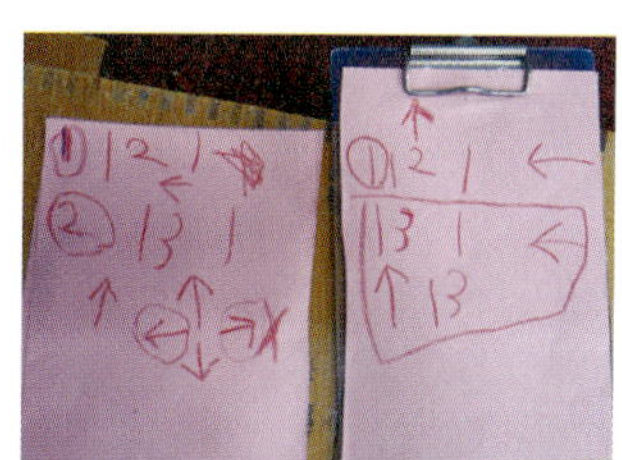

– 방향 표시가 어려워 마우스봇의 방향을 모두 그림
– 해당되는 방향에 ○, × 표시를 함
– 같은 패턴 부분은 ○ 표시

– 마우스봇이 스스로 가게 하기 위해 어떤 버튼을 눌러야 할지 여러 번의 시도 끝에 성공
– 성공한 방법을 글로 기록해 감

[그림 14-16] 블록 길 기록: 숫자와 그림으로 표현

한 어린이는 자신이 그린 길에 마우스봇을 올려놓고 실행해 보는 과정에서 실제보다 너무 많은 화살표가 있음을 발견하며 자신의 기록을 수정해 갔다. 이 모습을 지켜보던 친구들이 도와주겠다며 마우스봇이 가는 길을 그렸는데, 여전히 실제 움직임보다 화살표가 많았다. 이 과정을 지켜보던 다른 친구들이 마우스봇이 실제로 갈 수 있는 길을 만들자며 모이기 시작했고 그림 그리기를 좋아하는 친구가 여러 개

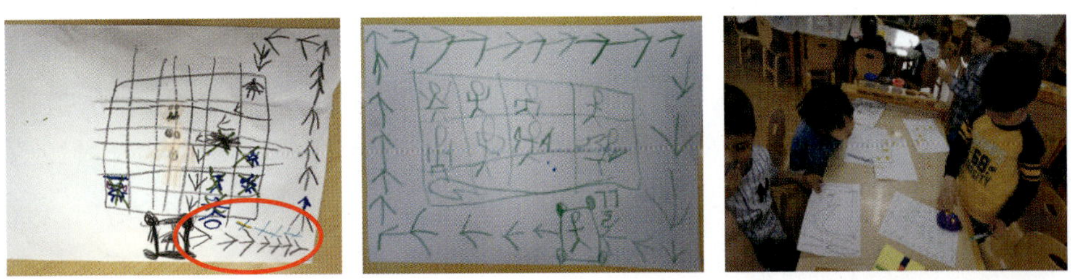

실제 움직임보다 너무 많은 화살표 → 실제 움직여 보며 한 번만 가는 것을 발견

마우스봇 버튼 색깔을 활용하여 가는 방향과 횟수를 기록 / 서로 다른 마우스봇 가는 길을 그림 / 여러 장의 길을 연결

[그림 14-17] 블록 길 기록: 화살표와 그림으로 표현

의 다양한 길을 그려 주었다. 어린이들은 여러 장의 길을 이어 붙여 마우스봇 가는 길을 확장시키며 성공시키기 위한 노력을 이어갔다.

어린이들은 마우스봇에 명령을 내리고 성공한 후 그 방법을 잊지 않고 다른 사람에게 알려 주기 위해 기록하는 과정에서 어려움을 느끼곤 했다. 이런 어린이를 발견하면서 교사는 어떻게 하면 어린이의 생각을 잘 표현하도록 도울 수 있을지 고민하게 되었다. 어린이들은 자신이 협력해서 만든 마우스봇 길이 다른 많은 어린이가 관심을 가지고 방문하여 즐기는 놀잇감이 되자 '치즈를 먹으며 집으로 가다가 고양이를 만나면 다른 길로 되돌아가야 한다'는 이야기로 게임 규칙을 새로 만들었다. 그러면서 마우스봇이 사는 길을 더 아름답게 꾸미며 다른 친구들이 해 볼 수 있도록 마우스봇 설명서와 주의 사항도 만들었다.

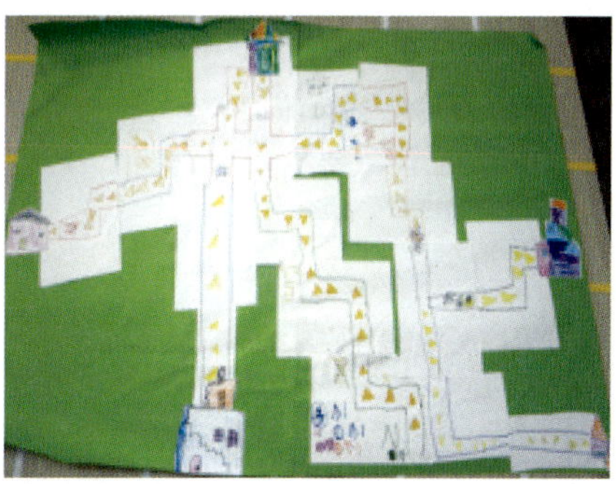

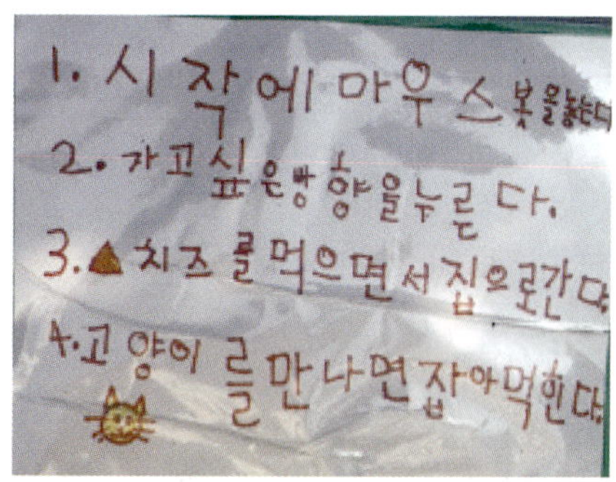

더 많은 어린이가 참여하여 놀이하면서 이야기를 만들고 아름답게 꾸며 줌

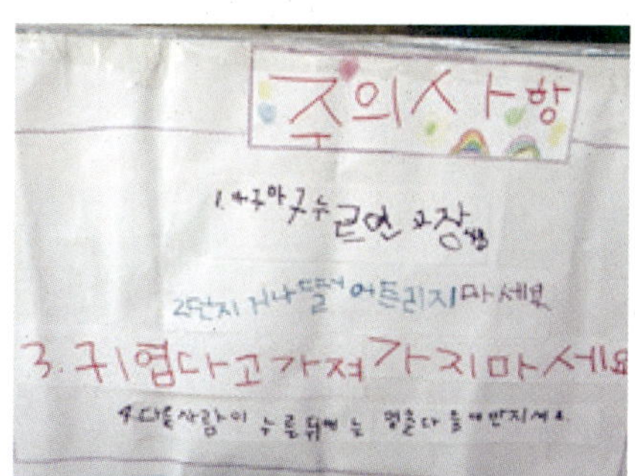

마우스봇 설명서, 주의 사항을 기록

[그림 14-18] 마우스봇 이야기와 사용 설명서

5) 격자판(Grid)을 활용한 우리만의 판게임 만들기

한 판씩 돌아가며 치즈를 먹는 판게임

4개의 판을 하나로 연결
점점 어려운 방법으로 규칙을 만들어 나감

[그림 14-19] 게임판 만들기 1: 규칙 만들기

어린이들이 좀 더 다양한 길을 생각해 보고 다양한 길을 만들어 볼 수 있도록 교사는 아무것도 없이 네모 모양의 빈 격자판을 제공했다. 그러자 어린이들은 격자판과 마우스봇을 활용해 스스로 자신만의 규칙을 만들며 게임을 즐기기 시작했다. 처음에는 각자 한 판씩 나누어 가지고 똑같은 위치에 치즈를 올려놓고 돌아가면서 한 번씩 누르며 먼저 성공시키는 놀이를 하다가 4개의 판을 하나로 모아서 치즈가 있는

방향 카드를 활용해
마우스봇의 움직임을 예측해 봄

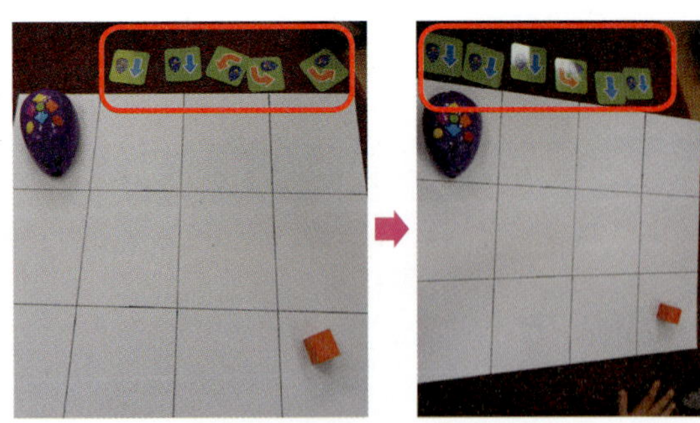

① 앞으로 2번, 오른쪽으로 3번 카드를 놓음
→ 마우스봇이 제자리에서 빙글빙글 돌았음
② 카드를 놓는 방향이 모두 제각각이어서 어디서부터 시작인지 놓은 사람이 말해 주어야 알 수 있었음

[그림 14-20] 마우스봇 게임판 만들기 2: 방향 카드 활용

곳으로 마우스봇을 돌아가면서 한 번씩 움직여 보는 놀이로 간단한 규칙에서 점점 더 복잡하고 어려운 규칙을 스스로 만들어 나가며 놀이하였다.

방향 카드를 제시해 주니 처음에는 격자판 안에 놓아두며 가는 길을 표시하며 놀이하였고 점차 자신만의 규칙을 만들어 나갔다. 출발 지점과 목표 지점을 설정하고, 어떤 버튼을 눌러야 목표 지점까지 갈 수 있는지 눌러 보기 전에 방향 카드를 놓아 보기로 했다. 어린이들은 서로 협동해 카드를 놓아 보고 그 결과를 통해 서로의 오류를 발견하고 또래 간의 활발한 상호작용을 하며 정보를 공유하고 수정해 나갔다.

6) 방향 카드를 활용한 우리만의 판게임 만들기

- 격자판과 같은 종이 지도에 출발 지점, 치즈 위치를 표시하고 뽑아서 놀이함
- 고양이 장애물 추가

- 점토로 만든 치즈
- 종이로 접은 하트에 그린 고양이
- 지도를 보고 직접 격자판 위에 올려놓고 방향 카드를 바닥에 놓아두며 성공하는 게임

[그림 14-21] 나만의 게임판 만들기 3: 방향 카드 활용

복잡하고 어려운 게임 방법을 만들어 놀이하길 원하는 어린이들은 격자판과 똑같이 치즈 지도를 만들어서 놀이하자고 제안하였다. 출발 지점과 치즈 위치를 자유롭게 설정하고, 치즈 지도에 그려진 위치에 치즈와 마우스봇을 올려놓고 치즈를 먹으러 가려면 어떤 버튼을 눌러야 하는지 방향 카드를 놓아 보거나 직접 눌러 보며 놀이하였다. 계속된 놀이에 쉽게 느껴진 어린이들은 고양이 장애물을 만들어서 어려운 위치를 스스로 선정해 그려 넣고, 고양이를 피해 치즈를 먹으러 가는 게임을 만들게 되었다.

7) 실외 격자판 놀이

격자판을 실외로 옮기면서 격자판의 크기가 커졌다. 어린이들은 커다란 주사위가 필요하다며 주사위 사이즈를 크게 바꾸었고, 사람이 말이 되어 게임을 진행했다. 게임 규칙은 교실에서의 '나의 몸' 판게임 규칙을 적용하여 놀이하였는데, 격자의 수가 적다 보니 너무 쉽게 끝나 아쉬워했고, 놀이하며 사람이 바라보는 방향에 따라 위, 아래, 좌, 우가 바뀌는 것을 발견하며 이상함을 느꼈다.

커다란 격자판에 맞게
주사위도 크게 만듦

시작부터 도착까지 어떻게 움직일 것인지
방향을 표시해 봄

더 재미있는 게임을 위해 시작점과 도착점을 던져 (오랏말놀이처럼) 랜덤으로 바꾸어 가며 놀이함

판게임을 할 때에는 앉은 자리를 기준으로 왼쪽, 오른쪽, 위, 아래가 결정되었는데 사람이 말이 되어 움직이다 보니 보는 방향에 따라 왼쪽, 오른쪽, 위, 아래가 달라지는 것을 발견

[그림 14-22] 실외 격자판 놀이 1

그렇게 놀이하던 어린이들은 조금 더 어려운 놀이를 하고 싶다고 말하였고 교사의 제안으로 말인 사람이 로봇이 되어 움직이는데 로봇은 직진으로만 갈 수 있게 하였다. 교사가 로봇이 되어 말이 되고 어린이들은 로봇을 움직이는 명령자가 되어 놀이를 진행했는데, 평소 놀이하던 대로 해 보지만 로봇이 말을 듣지 않아 고민하게 되었다. 직진으로 몇 칸을 움직일지에 대해서는 금세 발견하였지만 왼쪽과 오른쪽으로 돈 후, 직진으로 가는 것을 어려워했다.

"(혼잣말) 아~ 어렵다고, 진짜."

교사: 이제 어떻게 가지?
도예: (손가락으로 가리킴)
교사: 여기?
시후: 이걸로 해. 이거.

➡ 그런 후, 방향이 그려져 있는 주사위를 도예에게 줌

[그림 14-23] 실외 격자판 놀이 2

어린이들은 왼쪽과 오른쪽으로 돌기 전에 미리 손가락으로 돌아야 할 방향을 표시해 보거나 방향 주사위를 이용해 로봇에게 보여 주기도 하며 나름의 방법을 찾아갔지만 상황에 따라 바뀌는 왼쪽과 오른쪽 찾기를 어려워했다. 그럼에도 어린이들은 즐겁게 놀이하며 서로의 방법을 공유하고 다른 어린이들이 놀이에 참여할 경우 나름의 방법으로 설명해 주곤 하였다.

실외 격자판에서 위, 아래, 좌, 우로 움직이면서 놀이하던 어린이들은 교실에서 놀이했던 마우스봇의 움직임과 격자판에서의 움직임이 같음을 인지하고 교실에서 마우스봇을 가져와 놀이하기 시작했다. 이 과정에서 어린이와 교사는 위, 아래, 좌, 우의 움직임을 직접 몸으로 움직여 보고 다른 사람의 움직임과 마우스봇의 움직임을 관찰하며 자신의 생각을 더 구체화해 가는 것을 발견할 수 있었다.

[그림 14-24] 실외 격자판 놀이 3

4 학부모와 함께하는 그룹게임과 코딩 로봇의 적용 사례

수업 시간에 놀이로 경험했던 그룹게임과 코딩 로봇 놀이를 학부모 참여수업에 활용할 수 있다. 어린이들이 익숙하게 해 왔던 게임을 학부모와 함께해 봄으로써 소통의 시간을 갖고 학부모도 어린이와 똑같이 구성주의적 환경 안에서 수학적 사고와 컴퓨팅 사고 활동을 경험해 볼 수 있는 기회를 얻는 것이다. 유치원에서 어린이와 부모가 소통하고 협력하는 방법을 알려 주고 경험하게 해 주는 것이 제4차 산업혁명 시대에 교육자가 제공할 수 있는 최고의 선물이 아닐까? 준비 과정에서부터 가든파티로 이어지는 소통의 시간을 살펴보겠다.

1) 준비 과정

어린이들은 격자판도 소개하고 싶어 했다. 처음에는 격자판에 시작과 끝을 시트지로 붙이고 다양한 아이템★, ♥, 다양한 땅속 생물-지렁이, 두더지, 개미, ×을 붙여 모든 아이템을 먹고 돌아오는 게임을 준비했다. 하지만 한 번 붙인 판은 바꿀 수 없어 재미가 없다고 생각을 모은 어린이들은 각각의 아이템과 시작, 끝을 코팅하여 움직일 수 있도록 준비하고 놓고 싶은 자리에 놓을 수 있도록 수정하였다. 또 마우스봇을 밖으로 가져가면 좋겠지만 그러면 고장이 날 수 있으니 마우스봇을 경험할 수 있도록 마우스봇의 기능을 적은 안내문을 만들고 격자판과 함께 마우스봇처럼 움직이는 게임을 준비하였다. 이때 가장 힘들었던 점은 각각의 그룹게임을 모르는 부모님을 위해 규칙판을 만드는 것이었다. 다음은 그 결과물이다.

[그림 14-25] 학부모 활동 전 단계: 격자판 만들기

2) 그룹게임 전시하기

참여수업 당일 저녁에 있을 파티를 위해 어린이들과 함께 부모에게 소개할 그룹게임을 마당으로 옮기고 마지막 점검을 하였다. 다음은 어린이들이 부모를 위해 기록한 게임 규칙과 준비하는 과정을 보여 주는 사진이다.

♣ 우리 몸 판게임 규칙

준비물: 방향 주사위, 숫자 주사위, 사람 말 2개, 나의 몸 기관들(식도, 심장, 위, 간, 콩팥, 소장, 대장) 나의 몸 판, 네모 판

1. 네모 판에 나의 몸 기관을 올려놓는다. 내 것은 내가 놓는다.
2. 다양한 방법으로 순서를 정한다.
3. 손으로 주사위를 던진다.
4. 나온 숫자와 방향대로 사람 말을 움직인다.
   - 간 곳에 기관이 없으면 꽝!
   - 가야 하는데 갈 길이 없으면 꽝!
   - 더 이상 갈 칸이 없으면 제자리로 가기
   - 주사위 수대로 안 가도 돼요.
   - 사람 말이 같은 칸이 만나면 게임하는 사람 안아 주기
5. 도착하면 그쪽에 쓰여 있는 기관을 가져가서 나의 몸 판 기관에 맞게 붙인다.
   - 가지고 있는 기관이 나오면 나의 몸 판 한쪽에 보관하기
   - 게임을 하는 다른 사람도 똑같은 기관이 나오면 서로 바꾸기
6. 먼저 나의 몸 퍼즐을 맞춘 사람이 이긴다.
   - 정리 시간이 되면 더 많은 퍼즐을 맞힌 사람이 승리
     * 이 모양은 주사위 상관없이 마음대로 한 칸 가기!
     (대각선) 이 모양은 대각선!

정리: 정리할 때는 나의 몸 판에 기관을 붙여서 정리한다. 주사위는 주사위 통에, 사람 말은 네모 판에 붙여 정리한다.

[그림 14-26] 우리 몸 판게임

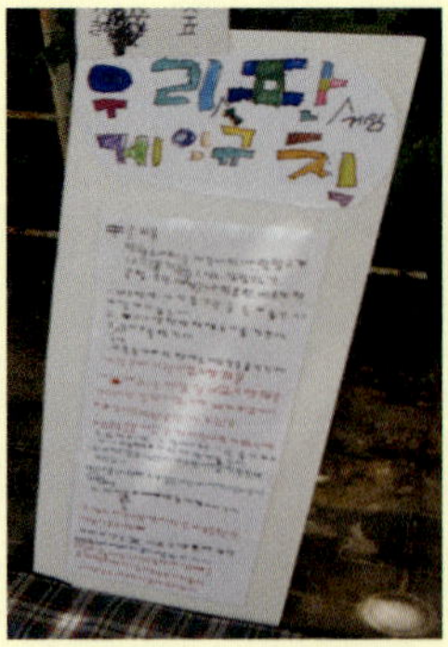

[그림 14-27] 게임 규칙

♣ 체스 게임 규칙

[그림 14-28] 체스 게임과 규칙

[그림 14-29] 체스 게임: 말의 움직임

[그림 14-28]은 각 반 교사가 어린이들의 활동을 사진과 글로 매일 기록하여 부모님이 볼 수 있게 마련한 사이버 공간에서 가져와 프린트한 것으로 어떻게 체스를 만들게 되었는지의 과정을 전시한 것이다. 어린이들은 체스 게임 규칙을 그림으로 그렸는데 [그림 14-29]는 각각의 말이 움직이는 방향과 칸 수를 화살표로 표시해 놓은 것이다. 체스판의 흰색과 검은색을 표시했지만 엇갈려 표시하는 것을 어려워했다.

♣ 사방치기 게임 규칙

- 사방치기는 놀이장에서 1~8까지 돌을 던져 주워 오는 놀이다.
- 차례를 정한다.
- 1과 2, 4와 5, 7과 8은 양발로, 3과 6은 한발로(※ 돌이 나가거나 금을 밟으면 안된다.)

① 1의 숫자에 말을 던진다.
② 닭다리로 2와 3에 간다.
③ 4와 5는 두발로 간다.
④ 6은 닭다리로 간다.
⑤ 7과 8은 두발로 간 다음 뒤로 돈다.
⑥ 6은 닭다리 4, 5는 두 발로 3은 닭다리로 간다.
⑦ 2에서 말을 줍는다.
⑧ 뒤에서 줄을 서서 2~8까지 위의 순서를 똑같이 한다.

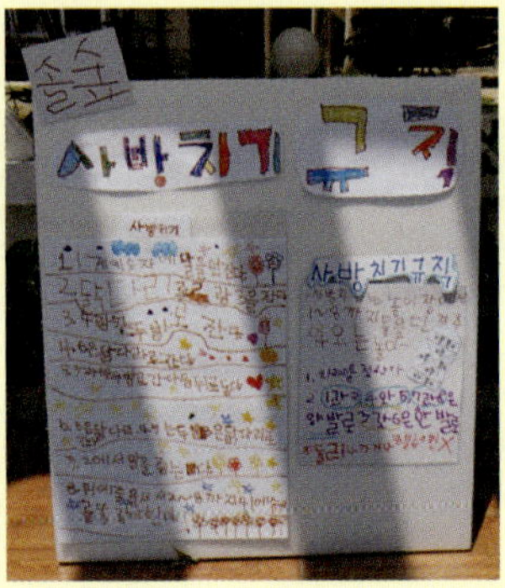

[그림 14-30] 사방치기 게임과 규칙

부모님이 오시기 전 어린이들은 각각의 판게임에 문제가 없는지 직접 놀이하여 확인하는 시간을 가졌다. 격자판을 이용한 게임은 시후와 도예, 하빈이가 참여하였고 이 활동에 대한 관심이 높아 친구들과 부모님께 알려 주고 싶어 했지만 좌, 우로 도는 것을 말이나 글로 설명하는 것을 어려워했다. 격자판을 이용한 게임은 아직 많은 어린이가 헷갈려 하고 알아가고 있는 상황이라 게임 규칙을 만드는 것까지 진행되지 않았고 계속 놀이하며 알아가는 과정에 있으나 가족과도 함께 알아가고 시도해 보고자 전시하게 되었다.

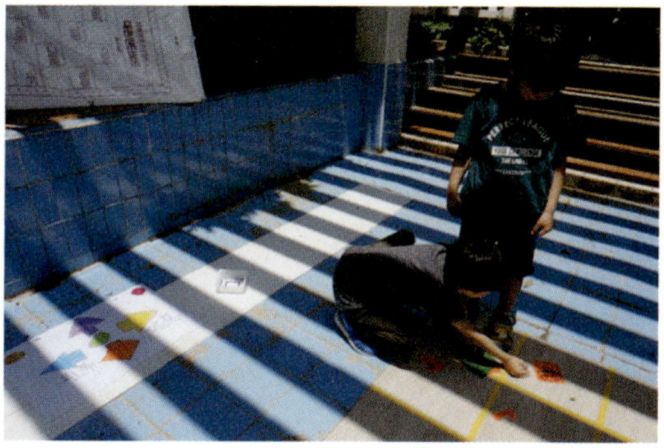

[그림 14-31] 실외 격자판을 이용한 게임

3) 가든파티에서 가족과 함께하는 그룹게임

어린이들은 마우스봇 놀잇감에 애착을 가지게 되면서 다른 사람들에게 소개하고 싶어 했다. 마우스봇을 활용하는 방법, 주의사항, 놀이방법을 소개하기 위해 교사와 어린이가 함께 협의하여 기록해 나간 것을 유치원 마당에 전시하였다. 가족들을 초대하는 유치원 행사인 가든파티에서 가족들에게 마우스봇을 소개하고 놀이하며 어린이들의 흥미를 가정과 연계하여 공유하는 시간을 가졌던 것이다.

평소 가정에서 게임을 함께했던 분들도 계셨지만 그렇지 않은 분들도 함께하며 게임을 즐기는 시간을 가졌다. 어른들은 능숙하게 게임을 잘하는 어린이들에게 놀라기도 하셨다.

[그림 14-32] 가족들 앞에서 게임 방법 소개

찾아보기

ㄱ

ㄴ

ㄷ

ㅇ

ㅈ

B

C

D

E

F

G

H

I

K

L

M

N

O

P

Q

R

S

T

V

W

Z

숫자

참고문헌 & 참고자료

References & Resources

이론편

1장 지금은 AI 시대

권오성(2018. 9. 17.). 2025년, 기계가 인간보다 더 많은 일을 한다. 미래 & 과학. 한겨레신문. http://www.hani.co.kr/arti/science/future/862446.html 2018년 10월 8일 인출.

윤석만(2018. 3. 29.). 20%만 진짜 직업 '80% 가짜 직업' 시대 온다. 중앙일보. https://mnews.joins.com 한국교육학술정보원(2017). 언플러그드를 활용한 소프트웨어(SW)교육. 한국교육학술정보원. 2018년 5월 17일 인출.

교육부 · 한국교육학술정보원(2018). 2018 학교로 찾아가는 소프트웨어(SW) 교육 연수. 교육부 · 한국교육학술정보원.

효성인포메이션시스템(2016. 4. 5.). '빅데이터에 대한 환상과 실체'. http://blog.his21.co.kr/252. 2018년 5월 17일 인출.

Bers, M. U.(2018). *Coding as a playground: Programming and computational thinking in early childhood classroom*. New York: Routledge.

Bell, T., Witten, I., & Fellows, M.(2015). 언플러그드 컴퓨팅. *CS unplugged computing*. (경인교육 대학교 미래인재연구소 역). https://csunplugged.org/en/ 2018년 5월 24일 인출.

Buckleitner, W.(2015). What would Maria Montessori say about the iPad?: Theoretical frameworks for children's interactive media. In C. Donohue. (ed). *Technology and Digital Media in the Early Years: Tools for teaching and learning*, (pp. 54-69). Routledge. Taylor & Francis Group.

Edelman, R.(2018). 4차 산업혁명과 투자의 미래: 기하급수 기술이 가져올 부의 재편. *The truth about your future: The money guide you need now, later, and much later*. (이영래 역). 서울: 현암사. (원저 2017년 출판).

Kafai, B. Y. & Burke, Q.(2017). 코딩의 귀환: 아이들이 프로그래밍을 배워야 하는 이유. *Connected code: Why children need to learn programming*. (최윤희 역). 경기: 디뷰북스. (원저 2014년 출판).

Kamii, C. & DeVries, R.(1980). *Group games in early education: Implications of Piaget's theory*. Washington, D. C.: NAEYC.

Kurzweil, R.(2006). *The singularity is near: When humans transcend biology*. Penguin Books.

Martinez, L. S. & Stager, G.(2015). 메이커 혁명, 교육을 통합하다. *Invent to learn: Making, Tinkering, and Engineering in the Classroom*. (송기봉 · 김상균 공역). 서울: 홍릉과학출판사. (원저 2013년 출판).

McLennan, P. D.(2017). Creating coding stories and games. *Teaching Young Children*, 10(3). https://www.naeyc.org/resources/pubs/tyc/feb2017/creating-coding-stories-and-games. 2018년 3월 18일 인출.

Papert, S.(1980, 2000). *Mindstorms: Children, computers, and powerful ideas*. Basic Book. Inc.

Papert, S.(1993). What's the big idea?: Toward a pedagogy of idea power. *IBM Systems Journal*. 39(3-4), 720-729.

Prensky, M.(2001), Digital natives, digital immigrants, part 1. *On the Horizon*, 9, 3-6.

Resnick, M.(2007). All I really need to know I learned in kindergarten. Paper presented in Creativity & Cognition Conference. https://web.media.mit.edu/~mres/papers/kindergarten-learning-approach.pdf 2018년 7월 19일 인출.

Resnick, M.(2018). 미첼 레스닉의 평생유치원: MIT 미디어 랩이 밝혀낸 창의적 학습의 비밀. *Lifelong kindergarten: Cultivating creativity through projects, passion, peers, and play*. (최두환 역). 서울: 다산사이언스. (원저 2017년 출판).

Wing, J.(2006). Computational thinking. *Communications of the ACM*, 49(3), 33-35.

Wing, J.(2010). Computational thinking: What and why?. https://www.cs.cmu.edu/link/research-notebook-computational-thinking-what-and-why 2018년 5월 7일 인출.

Website

CTR, Children's Technology Review. http://childrenstech.com/about

CS Unplugged. https://csunplugged.org/en/

emeraldinsight. https://dx.doi.org/10.1108/10748120110424816

wikipedia. https://www.wikipedia.org

네이버 지식백과. https://terms.naver.com

위키백과. https://ko.wikipedia.org/wiki/

동영상

Buckleitner, W.(2015. 12. 5.). What would Maria Montessori say? Exploring theoretical frameworks for children's interactive media. https://www.youtube.com/ watch?v=F6qMTy6fhIM 2018년 2월 18일 인출.

2장 코딩교육의 현재

미래창조과학부 · 교육부.(2015). SW중심사회를 위한 인재양성 추진계획. 2015 및 SW중심대학 사업계획서. 미래창조과학부 · 교육부.

교육부(2015). 소프트웨어 교육 운영 지침. 교육부.

김동표(2017. 11. 10.). 코딩교육 의무화됐는데…SW교육경험 교사는 4.7%. 아시아경제. http://www.asiae.co.kr/news/view.htm?idxno=2017111009503800266 2018년 5월 7일 인출.

안성진(2015). Computational thinking에 대한 이해. 정보문화포럼 2015년 연구 보고서. 한국코드페어. 미래창조과학부 · 한국정보화진흥원.

영국왕립공학원(2012). Shut down or restart?: The way forward for computing in UK schools. Jan. *The Royal Society*. https://royalsociety.org/~/media/education/computing-in-schools/2012-01-12-computing-in-schools.pdf 2018년 5월 17일 인출.

임미진(2016. 10. 7.). 영국 초등생의 코딩교육이 무서운 이유. 중앙일보. http:// news.joins.com/article/20687755 2018년 5월 17일 인출.

정세진(2018. 3. 23.). 코딩교육 의무화 … 실효성 등 논란은 여전. 코리아 IT 타임즈. http://www.koreaittimes.com/news/articleView.html?idxno=81471 IITP 산업분석팀(2015). 주요국 초·중·고 SW 교육현황 및 시사점. *ICT SPOT ISSUE*, (2015. 8호). 2018년 5월 17일 인출.

정영식·유정수·임진숙·손유경(2015). 소프트웨어 교육론: 예비 교원과 현직 교원을 위한 소프트웨어 교육 교재. 서울: 씨마스.

Bers, M. U.(2018). *Coding as a playground: Programming and computational thinking in early childhood classroom*. New York: Routledge.

Resnick, M.(2018). 미첼 레스닉의 평생유치원: MIT 미디어 랩이 밝혀낸 창의적 학습의 비밀. *Lifelong kindergarten: Cultivating creativity through projects, passion, peers, and play*. (최두환 역). 서울: 다산사이언스. (원저 2017년 출판).

Website

ACM, Association for Computing Machinery. https://www.acm.org/

BBS BITESIZE. http://www.bbc.co.uk/guides/z3whpv4

CCSS, Common Core State Standard. http://www.corestandards.org/

CSTA, Computer Science Teachers Association. https://www.csteachers.org/

ISTE, International Society of Technology Education. https://www.iste.org/

IoC, The Institute of Coding. https://instituteofcoding.open.ac.uk

MIT MEDIA Lab. https://www.media.mit.edu/groups/lifelong-kindergarten/overview/ PBS KIDS ScratchJr. http://pbskids.org/learn/scratchjr/

PBS Learing Media. https://www.pbslearningmedia.org/collection/pbs-kids-scratchjr/#.W20ap9UzaUk

Proge Tiger. http://progetiiger.ee

Scratch. https://scratch.mit.edu

ScratchJr. https://www.scratchjr.org/

소프트웨어야 놀자. https://www.playsw.or.kr/main

아시아경제(2017. 11. 10.). www.asiae.co.kr

엔트리. https://playentry.org/#!/

영국 교육부, Department of Education in England. https://www.gov.uk/

코드닷오알지. https://code.org

코드클럽. https://www.codeclub.org.uk

코봇 지구를 지켜라. http://home.ebs.co.kr/cobot/main

동영상

EBS 교양(2014. 10. 21.). 코딩 소프트웨어 시대: 어렵지 않은 이야기, 코딩이란?. EBS. https://www.youtube.com/watch?v=KhptxxfMQ_Q&t=62s 2018년 2월 7일 인출.

3장 구성주의와 컴퓨팅 사고의 흐름

곽향림(2015). 구성주의 유아교육 교수학습법. 경기: 공동체.

교육부(2015). ‘SW중심사회를 위한 인재양성 추진계획’ 2015 및 SW중심대학 사업계획서. 교육부 · 과학기술정보통신부.

EBS 미디어기획(2017). 시작된 미래 ⓔ: 코딩과 소프트웨어로 새로운 세상을 만나다. 서울: 가나 출판사 · 가나문화콘텐츠.

교육부(2015). 소프트웨어 교육 운영 지침. 교육부.

Bers, M. U.(2018). *Coding as a playground: Programming and computational thinking in early childhood classroom*. New York: Routledge.

Kafai, B. Y. & Burke, Q.(2017). 코딩의 귀환: 아이들이 프로그래밍을 배워야 하는 이유. *Connected code: Why children need to learn programming*. (최윤희 역). 경기: 디뷰북스. (원저 2014년 출판).

Kamii, C. & DeVries, R.(1992). 물리적 지식활동: 피아제 이론이 암시하는 과학교육. *Physical knowledge in preschool education: Implications of Piaget's theory*. (이경우 · 문미옥 공역). 서울: 창지사. (원저 1978년 출판).

Kamii, C. & DeVries, R.(1980). *Group games in early education: Implications of Piaget's theory*. Washington, D. C.: NAEYC.

Martinez, L. S. & Stager, G.(2015). 메이커 혁명, 교육을 통합하다. *Invent to learn: Making, Tinkering, and Engineering in the Classroom*. (송기봉 · 김상균 공역). 서울: 홍릉과학출판사. (원저 2013년 출판).

McLennan, P. D.(2017). Playful learning in the early years; communicating in algorithms: Connecting coding to literacy & thinking in algorithms: Why kids need to code in kindergarten. http://mrsmclennan.blogspot.com/ 2018년 3월 11일 인출.

McLennan, P. D.(2017). Creating coding stories and games. *Teaching Young Children*, Vol 10 (3). https://www.naeyc.org/resources/pubs/tyc/feb2017/creating-coding-stories-and-games. 2018년 3월 18일 인출.

Papert, S.(1986). *Constructionism: A new opportunity for elementary science education*. Massachusetts Institute of Technology, Media Laboratory, Epistemology and Learning Group: National Science Foundation.

Papert, S.(1980, 2000). *Mindstorms: Children, computers, and powerful ideas*. Basic Book. Inc.

Papert, S.(1993). *The children's machine: Rethinking schools in the age of computer*. Basic Books.

Papert, S.(1996). *The connected family: Bridging the digital generation gap*. Taylor Trade Publishing.

Piaget, J.(1965). *The moral judgement of the child*. New York: Free Press.

Piaget, J.(1968). *The genetic epistemology*. New York: Columbia Univ. Press.

Piaget, J.(1973). *The psychology of intelligence*. Totowa, New Jersey: Littlefield, Adams.

Resnick, M.(2007). All I really need to know I learned in kindergarten. Paper presented in Creativity & Cognition Conference. https://web.media.mit.edu/~mres/papers/kindergarten-learning-approach.pdf 2018년 7월 19일 인출.

Resnick, M. & Siegel. D.(2015). A different approach to coding: How kids are making and remaking themselves from Scratch [Web blog post], Bright: What's new in education. https://icsanginesio.gov.it/wp-content/uploads/sites/32/2016/09/ADifferent-Approach-to-Coding.pdf 2017년 7월 29일 인출.

Resnick, M.(2018). 미첼 레스닉의 평생유치원: MIT 미디어 랩이 밝혀낸 창의적 학습의 비밀. *Lifelong kindergarten: Cultivating creativity through projects, passion, peers, and play*. (최두환 역). 서울: 다산사이언스. (원저 2017년 출판).

Wing, J.(2006). Computational thinking. *Communications of the ACM*, 49(3), 33-35.

Wing, J.(2010). Computational thinking: What and why? https://www.cs.cmu.edu/link/research-notebook-computational-thinking-what-and-why 2018년 5월 7일 인출.

Website

Barefoot. https://barefootcas.org.uk

BBC BITESIZE. https://www.bbc.com/bitesize

BBC BITESIZE. What is an Algorithm? http://www.bbc.co.uk/guides/z3whpv4

BBC BITESIZE. Introduction to Computational Thinking. https://www.bbc.com/bitesize/guides/zp92mp3/revision/1

CSTA, Computer Science Teachers Association. https://www.csteachers.org/

CTR, Children's Technology Review. http://childrenstech.com/about

CS Unplugged. www.csunplugged.org

Google, Computer Science. https://edu.google.com/computer-science/?modal_active=none

ISTE, International Society of Techonology Education. https://www.iste.org/

MIT MEDIA Lab. https://www.media.mit.edu/groups/lifelong-kindergarten/overview/

Scratch. https://scratch.mit.edu

ScratchJr. https://www.scratchjr.org/

코드닷오알지. https://code.org

동영상

Google, What is Computational thinking?. https://computationalthinkingcourse.withgoogle.com/unit 2018년 9월 22일 인출.

Resnick, M.(2013. 1. 29.). Let's teach kids to code. TED https://www.youtube.com/watch?v=Ok6LbV6bqaE 2018년 9월 22일 인출.

Resnick, M. 외.(2014). Learning from Seymour Papert. https://www.youtube.com/watch?v=Pvgef9ABDUc 2018년 9월 22일 인출.

MIT Media Lab.(2016. 8. 1.). https://www.youtube.com/watch?v=Pvgef9ABDUc 2018년 9월 22일 인출.

4장 언플러그드 놀이와 플러그드 놀이

교육부 · 한국교육학술정보원(2017). 언플러그드를 활용한 소프트웨어(SW)교육(초등). 한국교육학술정보원.

구성주의연구소(2015). 아이원더 저널. K2 V8 Peanut butter and jelly. 구성주의연구소.

AnLab 콘텐츠기획팀(2017. 5. 11.). 코딩을 어려서부터 배워야 하는 진짜 이유. AhnLab, https://www.ahnlab.com//kr/site/securityinfo/secunews/secuNewsView. do?seq=26371 2018년 4월 2일 인출.

Bers, M. U.(2018). *Coding as a playground: Programming and computational thinking in early childhood classroom*. New York.: Routledge.

Buckleitner, W.(2015). What would Maria Montessori say about the iPad?: Theoretical frameworks for children's interactive Media. In C. Donohue. (ed). *Technology and Digital Media in the Early Years: Tools for teaching and learning*, (pp. 54-69). Routledge. Taylor & Francis Group.

Liukas, L.(2016). 헬로 루비: 코딩이랑 놀자!. *Hello Ruby: Adventures in Coding*. (이지선 역). 서울: 길벗어린이. (원저 2015년 출판).

Martinez, L. S. & Stager, G.(2015). 메이커 혁명, 교육을 통합하다. *Invent to learn: Making, Tinkering, and Engineering in the Classroom*. (송기봉 · 김상균 공역). 서울: 홍릉과학출판사. (원저 2013년 출판).

McLennan, D. P.(2016. 11. 3). Storytelling Coding. *Joyful Learning in the Early Years*. https://mrsmclennan.blogspot.com/2016/11/storytelling-coding.html 2018년 3월 18일 인출.

McLennan, P. D.(2017). Creating coding stories and games. *Teaching Young Children*, Vol 10. (3.). https://www.naeyc.org/resources/pubs/tyc/feb2017/creating-coding-stories-and-games. 2018년 3월 18일 인출.

McLennan, P. D.(2017). Communicating in algorithms: connecting coding to literacy & thinking in algorithms: Why kids need to code in kindergarten. *Joyful Learning in the Early Years*. http://mrsmclennan.blogspot.com/ 2018년 3월 18일 인출.

Resnick, M.(2007). All I really need to know I learned in kindergarten. Paper presented in Creativity & Cognition Conference. https://web.media.mit.edu/~mres/papers/kindergarten-learning-approach.pdf 2018년 7월 19일 인출.

Resnick, M.(2018). 미첼 레스닉의 평생유치원: MIT 미디어 랩이 밝혀낸 창의적 학습의 비밀. *Lifelong kindergarten: Cultivating creativity through projects, passion, peers, and play*. (최두환 역). 서울: 다산사이언스. (원저 2017년 출판).

Website

CS Unplugged. www.csunplugged.org

CTR, Children's Technology Review. http://childrenstech.com/about

KinderLab. http://kinderlabrobotics.com/kibo/

KUBO Robotics. https://kubo.education/
Learning Resources. https://www.learningresources.com
McLennan, D. P., McLennan 1977. https://www.instagram.com/mclennan1977/
Scratch. https://scratch.mit.edu
ScratchJr. www.scratchjr.org
Scratch Team, mitscratchteam. https://www.instagram.com/mitscratchteam/
엔트리. https://playentry.org/#!/
코드닷오알지. code.org
코리아보드게임즈. http://www.koreaboardgames.com/

동영상

Buckleitner, W.(2015. 12. 5.). What would Maria Montessori say? Exploring theoretical frameworks for children's interactive media. https://www.youtube.com/ watch?v=F6qMTy6fhIM 2018년 2월 18일 인출.

Resnick, M.(2013. 1. 29.). 'Let's teach kids to code'. TED. https://www.youtube.com/watch?v=Ok6LbV6bqaE 2018년 9월 17일 인출.

5장 놀이의 역사와 종류

곽향림(2015). 구성주의 유아교육 교수학습법. 경기: 공동체.
김상균(2017). 교육, 게임처럼 즐겨라: 당신의 수업에는 게임이 있습니까?. 서울: 홍릉과학출판사.
방송통신위원회 · 한국인터넷진흥원(2012. 1. 12.). 스마트 모바일 강국 실현: 2011년 하반기 스마트폰이용 실태조사. 방송통신위원회 · 한국인터넷진흥원.
배영희(2005). 유치원 전통놀이 프로그램의 교육적 의미와 가치. 동국대학교 대학원 박사학위 논문.
윤석주(2017). 2017 인터넷이용실태조사. 과학기술정보통신부. https://www.msit.go.kr/web/msipContents/contentsView.do?cateId=mssw311&artId=1374954 2018년 7월 17일 인출.
이은화(1993). 전통놀이: 윷놀이 이야기. 서울: 한림출판사.
윤형섭 · 강지웅 · 박수영 · 오영욱 · 전홍식 · 조기현(2012). 한국 게임의 역사. 경기: 북코리아.
이숙재(1993). 유아를 위한 놀이의 이론과 실제. 서울: 창지사.
이숙재(2017). 영유아 놀이의 이론과 실제. 서울: 창지사.
이은정(2018). 언플러그드 보드게임으로 배우는 컴퓨팅 사고력. 경기: 형설출판사.
장진태(2016). 잠든 뇌를 깨우는 보드게임: 창의교육 편. 서울: 홍릉과학출판사.
한국문화정책개발원(1996). 전자오락게임의 문화정책적 접근방안. 한국문화정책개발원.

Bers, M. U.(2018). *Coding as a playground: Programming and computational thinking in early childhood classroom*. New York: Routledge.
DeVries, R. & Kohlberg, L.(1990). *Constructivist early education: Overview and comparision with other pro-*

grams. Washington, D.C.: NAEYC.

DeVries, R. & Zan, B.(1997). 유아를 위한 사회 도덕성 교육. *Moral classrooms and moral children: Creating a constructivist atmosphere in early education*. (이은화 · 이경우 · 곽향림 공역). 서울: 창지사. (원저 1994년 출판).

DeVries, R. & Zan, B.(2007) 구성주의 유아교육 교수법. *Developing constructivist early childhood curriculum: Practical principles and activities*. (곽향림 · 허미화 · 김선영 공역). 서울: 창지사. (원저 2002년 출판).

Fromberg, D. P. & Gullo, D. F.(1992). Perspectives on children. In L. R. Williams & D. P. Fromberg(ed.), *Encyclopedia of Early Childhood Education*, (pp. 191-194). New York: Garland Publishing, Inc.

Frost, J. L.(1992). *Play and playscapes*. Delmar Publisher Inc.

Frost, J. L. & Klein, B. L.(1979). *Children's play and playgrounds*. Allyn and Bacon.

Gregg, C.(2013). The great puzzles of computer science. https://math.dartmouth.edu/~pw/math7/gregg6.docx 2018년 8월 18일 인출.

Howes, C.(1980). Peer play scale as an index of peer interaction. *Developmental Psychology*, 16, 371-372.

Huizinga, J.(2010). 호모루덴스: 놀이하는 인간. *Homo Ludens: A study of the play element in culture*. (이종인 역). 경기: 연암서가. (원저 1938년 출판)

Kafai, B. Y. & Burke, Q.(2017). 코딩의 귀환: 아이들이 프로그래밍을 배워야 하는 이유. *Connected code: Why children need to learn programming*. (최윤희 역). 경기: 디뷰북스. (원저 2014년 출판).

Kamii, C. & Declark, G.(1985). *Young children reinvent arithmatic: Implications of Piaget's theory*. New York: Teachers College Press.

Kamii, C. & DeVries, R.(1980). *Group games in early education: Implications of Piaget's theory*. Washington, D. C.: NAEYC.

Kamii, C.(1982). Autonomy: The aim of education envisioned by Piaget. Unpublished manuscript.

Levitin, A. & Levitin, M.(2011). *Algorithmic puzzles*. Oxford University Press.

Martinez, L. S. & Stager, G.(2015). 메이커 혁명, 교육을 통합하다. *Invent to learn: Making, Tinkering, and Engineering in the Classroom*. (송기봉 · 김상균 공역). 서울: 홍릉과학출판사. (원저 2013년 출판).

McCune, L.(1986). Symbolic development in normal and typical infants. In G. Fein and M. Rivkin. (ed.), *The Young Child at Play*, (pp. 45-61). Washington, D. C.: NAEYC.

McCune, L.(1995). A normative study of representational play at the transition to language. *Developmental Psychology*, 31(2), 198-206.

McLennan, P. D.(2017). Creating coding stories and games. *Teaching Young Children*, Vol 10. (3.). https://www.naeyc.org/resources/pubs/tyc/feb2017/creating-coding-stories-and-games. 2018년 3월 18일 인출.

Moursund, D.(2007). Introduction to using games in education: A Guide for teachers and parents. *Teacher Education*, (pp. 8 & pp.11). https://pages.uoregon.edu/moursund/Books/Games/

Games 2018년 8월 21일 인출.

Piaget, J.(1932). *The moral judgment of the child*. New York: The Free Press. A Division of McMillan Publishing Co. Inc.

Piaget, J.(1962). *Play, dreams and initiation in childhood*. Norton.

Piaget, J.(1965, 1995). *Sociological studies*. New York: Routledge.

The Economist.(2015. 2. 26.). Smartphones: Planet of the phones; The smartphone is ubiquitous, addictive and transformative. *The Economist*. https://www.economist.com/ leaders/2015/02/26/planet-of-the-phones 2018년 8월 3일 인출.

Website

eLearning Industry. https://elearningindustry.com/

국립국어원 · 표준국어대사전. http://stdweb2.korean.go.kr/main.jsp

네이버지식백과. https://terms.naver.com/

두산백과. http://www.doopedia.co.kr/index.do

마인크래프트. https://www.minecraft.net

옥스퍼드 사전. http://www.oed.com/

이코노미스트. https://www.economist.com/

한국콘텐츠진흥원. www.kocca.kr

동영상

Hebert, S.(2018. 5. 7.). The power of gamification in education. TEDx. https://www.youtube.com/watch?v=mOssYTimQwM 2018년 8월 21일 인출.

지식채널e.(2010. 5. 24.). 놀이. EBS 교양. https://www.youtube.com/ watch?v=ZCNgSGX4vFU 2018년 8월 16일 인출.

6장 수학교육 내용과 그룹게임

곽향림(2015). **구성주의 유아교육 교수학습법**. 경기: 공동체.

교육과학기술부 · 보건복지부(2013). 3-5세 누리과정해설서. 교육과학기술부 · 보건복지부.

구성주의연구소(1995). 아이원더 저널. K3 V9 Seasons. & K3 V10 Earth and environment. 구성주의연구소.

문미옥 · 이혜상 · 민행난(2004). **한국전통 문화와 유아교육**. 경기: 양서원.

이경우 · 반운경(1994). **그룹게임: 피아제 이론이 암시하는 수교육**. 서울: 창지사.

이경우 · 이은화(1987). 한국 어린이의 전통적 집단놀이에 관한 연구. 이화여자대학교 한국문화연구원.

장진태(2016). **잠든 뇌를 깨우는 보드게임: 창의교육 편**. 서울: 홍릉과학출판사.

Bers, M. U.(2010). The tangible K robotics program: Applied computational thinking for young children. *Early Childhood Research and Practice*. 12(2). http://ecrp.uiuc.edu/v12n2/bers.html/ 2018년 9월 21일 인출.

Bers, M. U.(2018). *Coding as a playground: Programming and computational thinking in early childhood classroom*. New York: Routledge.

Buckleitner, W.(2015). What would Maria Montessori say about the iPad?: Theoretical frameworks for children's interactive media. In C. Donohue. (ed). *Technology and Digital Media in the Early Years: Tools for teaching and learning*, (pp. 54-69). Routledge Taylor & Francis Group.

California Department of Education.(2017). Computer science standard. https:// www.cde.ca.gov/be/st/ss/computerscicontentstds.asp 2018년 9월 10일 인출.

CSTA.(2018). K-12 Computer Science Standards. Computer science standard. *Computer Science Teacher Association*. https://www.csteachers.org/general/custom.asp?page=standards 2018년 9월 10일 인출.

Department of Education.(2017). Project based STEM. State of New South Wales. Department of Education. http://stem-nsw.com.au/teaching-stem/stem-project-basedlearning 2018년 9월 10일 인출.

DeVries, R. & Kohlberg, L.(1987). *Programs of early education*. Longman.

Kamii, C.(1976). *Piaget, children and number*. Washington, D. C.: NAEYC.

Kamii, C.(1985). *Young children reinvent arithmetic: Implications of Piaget's theory*. New York: Columbia University. Teachers College Press.

Kamii, C.(1989). *Young children continue to reinvent arithmetic*. New York: Columbia University. New York: Columbia University. Teachers College Press.

Kamii, C. & DeVries, R.(1980). *Group games in early education: Implications of Piaget's theory*. Washington, D. C.: NAEYC.

Lee, K. W. & Lee, E. W.(1989). The educational value of Korean traditional group games. *East West Education*, 10(1). 51-66. Seoul: Ewha Womans University.

McLennan, P. D.(2017). Playful learning in the early years; Communicating in algorithms: Connecting coding to literacy & thinking in algorithms: Why kids need to code in kindergarten. http://mrsmclennan.blogspot.com/ 2018년 3월 11일 인출.

Papert, S.(1993). *The children's machine: Rethinking schools in the age of computer*. Basic Books.

Resnick, M.(2007). All I really need to know I learned in kindergarten. Paper presented in Creativity & Cognition Conference. https://web.media.mit.edu/~mres/papers/kindergarten-learning-approach.pdf 2018년 7월 19일 인출.

Wing, J.(2006). Computational thinking. *Communications of the ACM*, 49(3), 33-35.

Website

BBC Bitesize. Introduction to computational thinking. Retrieved from https://www.bbc.com/bitesize/guides/zp92mp3/revision/1

Common Core State Standards Initiative. http://www.corestandards.org/
CSTA, Computer Science Teachers Association. https://www.csteachers.org/
PBS KIDS ScratchJr. http://pbskids.org/learn/scratchjr/
US Department of Education. https://www2.ed.gov/policy/elsec/leg/esea02/pg18.html
코드닷오알지. 언플러그드 레슨. https://code.org/curriculum/unplugged
코리아보드게임즈. http://www.koreaboardgames.com/
행복한 바오밥. http://www.happybaobab.com/

동영상

Resnick, M. (2017. 3. 21.). On Seymour Papert. YouTube. https://www.youtube.com/watch?v=ZoczAscGYeQ&t=20s 2018년 5월 17일 인출.

7장 메이커 교육

강인애 · 윤혜진 · 황중원(2017). 메이커 교육: 4차 산업시대 다시 만난 구성주의. 서울: 내하출판사.

박수진(2018). 지식 재구성을 위한 책 만들기 협력 전략. 협력을 통한 창의적인 교육혁신 전략. 69-77. 2018년 구성주의유아교육학회 춘계학술대회. 한양여자대학교. 계단강의실 1. 2018년 5월 26일.

Dougherty, D.(n.d.) The maker mindset. https://llk.media.mit.edu/courses/readings/maker-mindset.pdf 2018년 11월 11일 인출.

Edwards, C. P., Gandini, L., & Forman, G.(2011). *The hundred languages of children: The Reggio Emilia experience in transformation*. Praeger.

Hatch, M.(2014). 메이커 운동 선언. *The maker movement manifesto: Rules for innovation in the new world of crafters, hackers, and tinkerers*. (정향 역). 서울: 한빛미디어. (원저 2013년 출판).

Kafai, B. Y. & Burke, Q.(2017). 코딩의 귀환: 아이들이 프로그래밍을 배워야 하는 이유. *Connected code: Why children need to learn programming*. (최윤희 역). 경기: 디뷰북스. (원저 2014년 출판).

Martinez, L. S. & Stager, G.(2015). 메이커 혁명, 교육을 통합하다. *Invent to learn: Making, Tinkering, and Engineering in the Classroom*. (송기봉 · 김상균 공역). 서울: 홍릉과학출판사. (원저 2013년 출판).

Papert, S.(1980, 2000). *Mindstorms: Children, computers, and powerful ideas*. Basic Book. Inc.

Resnick, M.(2007). All I really need to know I learned in kindergarten. Paper presented in Creativity & Cognition Conference. https://web.media.mit.edu/~mres/papers/kindergarten-learning-approach.pdf 2018년 7월 19일 인출.

Resnick, M.(2018). 미첼 레스닉의 평생유치원: MIT 미디어 랩이 밝혀낸 창의적 학습의 비밀. *Lifelong kindergarten: Cultivating creativity through projects, passion, peers, and play*. (최두환 역). 서울: 다산사이언스. (원저 2017년 출판).

Website

Fab Lab Seoul. http://fablab-seoul.org/

MIT MEDIA Lab. https://www.media.mit.edu/groups/lifelong-kindergarten/overview/

네이버 지식백과. https://terms.naver.com

메이크올. https://www.makeall.com/

위키디피아 백과사전. https://www.wikipedia.org

동영상

Dougherty, D.(2011). We are makers. TED. https://www.youtube.com/ watch?v=mlrB6npbwVQ 2018년 10월 10일 인출.

Lifelong Kindergarten.(2017). The 4 P's of Creative Learning: Projects. https:// www.youtube.com/watch?v=UqymVt-TtwU 2018년 10월 10일 인출.

코드닷오알지. code.org. Inspirational videos. https://code.org/educate/resources/ videos 2018년 5월 6일 인출.

8장 그룹게임의 종류 및 가치

곽향림(2015). 구성주의 유아교육 교수학습법. 경기: 공동체.

이경우 · 반운경(1992, 1998). 그룹게임: 피아제 이론이 암시하는 수교육. 서울: 창지사.

Bers, M. U.(2018). *Coding as a playground: Programming and computational thinking in early childhood classroom*. New York: Routledge.

Kamii, C. & R. DeVries.(1980). *Group games in early education: Implications of Piaget's theory*. Washington, D.C.: NAEYC.

Lee, K. W. & Lee, E. W.(1989). The educational value of Korean traditional group games. *East West Education*. 10(1), 51-66.

Liukas, L.(2016). 헬로 루비: 코딩이랑 놀자!. *Hello Ruby: Adventures in Coding*. (이지선 역). 서울: 길벗어린이. (원저 2017년 출판).

Website

BBC Bitesize, KS3: Computer Scince: Computational thinking, algorithms, pattern recognition, abstraction, decomposition. https://www.bbc.com/bitesize/guides/z4rbcj6/revision/1

코드닷오알지. https://code.org

코리아보드게임즈. http://www.koreaboardgames.com/

행복한 바오밥. http://www.happybaobab.com/

9장 교수-학습에서 숙고할 사항

구성주의연구소(1995). 한글밥상 기초 5권 포스터: 이를 닦자 손을 씻자. 구성주의연구소.

데니스 홍(2018. 6. 28.). "코딩기술교육? 차라리 추리소설을 쓰게 하세요". 신지후 기자. (ed). 한국일보. http://www.hankookilbo.com/News/Read/2018062716410476292018년 10월 17일 인출.

Baratta-Lorton, M.(1995). *Mathematics their way: An activity-centered mathematics program for early childhood education*. Dale Seymour Publications.

Bers, M. U.(2018). *Coding as a playground: Programming and computational thinking in early childhood classroom*. New York: Routledge.

Brunner, J. S.(1960). *The process of education*. Boston Harvard University Press.

Buckleitner, W.(1984). Master's project. *Early Childhood Software*. http://childrenstech.com/about 2018년 12월 7일 인출.

Buckleitner, W.(2015). What would Maria Montessori say about the iPad?: Theoretical frameworks for children's interactive media. In C. Donohue. (ed). *Technology and Digital Media in the Early Years: Tools for teaching and learning*, (pp. 54-69). Routledge. Taylor & Francis Group.

Dale, Edgar.(1954). *Audio-visual methods in teaching*. New York: A Holt-Dryden Book. Rinehart, and Winston.

Dale, Edgar.(1969). *Audio-visual methods in teaching*. (3rd ed.). New York: Dryden Press and Holt, Rinehart, and Winston.

Piaget, J.(1964). *The child's conception of number*. New Jersey: Humanities Press.

Vogel, A.(2016). Edgar Dale's cone of learning. Edgar Dale Media Center. The Ohio State University. https://u.osu.edu/eheedtech/category/uncategorized/ 2018년 10월 27일 인출.

Wagner, R. W.(1970). Edgar Dale: Professional. *Theory into Practice*, 9(2), 89-95. https://www.jstor.org/pss/1475566 2018년 11월 8일 인출.

Website

CTR, Children's Technology Review. http://childrenstech.com/about http://psytik.blog.me

Dust or Magic. http://dustormagic.com/

Edgar Dale's cone of learning. https://en.wikipedia.org/wiki/Edgar_Dale Edgar Dale Media Center, The Ohio State University https://u.osu.edu/eheedtech/category/uncategorized/

eLearning INDUSTRY. elearningindustry.com

MINECRAFT. https://minecraft.net/ko-kr/

하이스코프 교육연구재단. https://highscope.org/

동영상

Buckleitner, W.(2015. 12. 5.). What would Maria Montessori say? Exploring theoretical frameworks for children's interactive media. https://www.youtube.com/ watch?v=F6qMTy6fhIM 2018년 2월 18일 인출.

10장 그룹게임을 소개할 때

곽향림(2015). 구성주의 유아교육 교수학습법. 경기: 공동체.

구성주의 연구소(2015). 아이원더 저널. K3 V1 Who stole the cookies from the cookie jar?. 구성주의연구소.

Baratta-Lorton, M.(1995). *Mathematics their way: An activity-centered mathematics program for early childhood education.* Dale Seymour Publications.

Bers, M. U.(2018). *Coding as a playground: Programming and computational thinking in early childhood classroom.* New York: Routledge.

DeVries, R., Reese-Learned, H. & Morgan, P.(1991), Sociomoral development in direct-instruction, eclectic, and constructivist kindergartens: A study of children enacted interpersonal understanding. *Early Childhood Research Quarterly*, 6, 473-517.

DeVries, R. & Sales, C.(2014). 경사로 활동을 통한 구성주의 물리과학하기. *Ramp & pathways: A constructivist approach to physics with young children.* (이경우· 곽향림 · 천선 역). 서울: 창지사. (원저 2011년 출판).

DeVries, R. & Zan, B.(1997). 유아를 위한 사회 도덕성 교육. *Moral classrooms and moral children: Creating a constructivist atmosphere in early education.* (이은화 · 이경우 · 곽향림 공역). 서울: 창지사. (원저 1994년 출판).

Duckworth, A.(2016). 그릿(Grit): IQ, 재능, 환경을 뛰어넘는 열정적 끈기의 힘. *GRIT: The power of passion and perseverance.* (김미정 역). 서울: 비즈니스북스. (원저 2016년 출판).

Dweck, C. (2017). 스탠퍼드 인간 성장 프로젝트: 마인드셋, 원하는 것을 이루는' 태도의 힘'. *Mindset: The new psychology of success. Random House Publishing Group.* (김준기 역). 서울: 스몰빅라이프. (원저 2006년 출판).

Kafai, B. Y. & Burke, Q. (2017). 코딩의 귀환: 아이들이 프로그래밍을 배워야 하는 이유. *Connected code: Why children need to learn programming.* (최윤희 역). 경기: 디뷰북스. (원저 2014년 출판).

Kamii, C.(1990). 유아를 위한 수교육의 방법. *Piaget, children and number.* (이경우 역). 경기: 교문사. (원저 1987년 출판).

Kamii, C. & DeVries, R.(1980). *Group games in early education: Implications of Piaget's theory.* Washington, D.C.: NAEYC.

Kamii, C. & DeVries, R.(1992). 물리적 지식활동: 피아제 지식이 암시하는 과학교육. *Physical knowledge in preschool education: Implications of Piaget's theory.* (이경우 · 문미옥 공역). 서울: 창지사. (원저 1978년 출판).

Lakoff, G. & Johnson, M.(1980). Metaphors we live by Chicago. In Bers, M. U. (ed). *Coding as a playground: Programming and computational thinking in early childhood classroom*. (pp.51-52). New York: Routledge. Taylor & Friends Group.

Martinez, L. S. & Stager, G.(2015). 메이커 혁명, 교육을 통합하다. *Invent to learn: Making, Tinkering, and Engineering in the Classroom*. (송기봉 · 김상균 공역). 서울: 홍릉과학출판사. (원저 2013년 출판).

Papert, S.(1980, 2000). *Mindstorms: Children, computers, and powerful ideas*. Basic Book. Inc.

Piaget, J.(1964). Cognitive development in children: Development and learning. *Journal of Research in Science Teaching*, 2, 176-186.

Piaget, J.(1970) *Genetic epistemology*. New York: Columbia University Press.

Resnick, M.(2018). 미첼 레스닉의 평생유치원: MIT 미디어 랩이 밝혀낸 창의적 학습의 비밀. *Life-long kindergarten: Cultivating creativity through projects, passion, peers, and play*. (최두환 역). 서울: 다산사이언스. (원저 2017년 출판).

Website

Barefoot. https://barefootcas.org.uk/barefoot-primary-computing-resources/computational-think-ingapproaches

LCL, Learning Creative Learning. https://learn.media.mit.edu/

Scratch. www.scratch.org

위키백과. https://ko.wikipedia.org/wiki

동영상

Dweck, C. (2015. 12. 15.). How to help every child fulfill their potential. The RSA. youtube.com. https://www.youtube.com/watch?v=Yl9TVbAal5s 2018년 11월 7일 인출.

Duckworth, A. (2013. 4.). GRIT: The power of passion and perseverance. TED. https://www.ted.com/talks/angela_lee_duckworth_grit_the_power_of_passion_and_perseverance 2018년 11월 7일 인출.

Piaget, J. (1977). Piaget on Piaget: The epistemology of Jean Piaget. New Haven: Yale University Media Design Studio.

Resnick, M.(n.d.). The 4P's of creative learning: Peers. LCL. https://learn.media.mit.edu/lcl/weeks/week4/ 2018년 8월 17일 인출.

실제편

11장 언플러그드 놀이

곽향림(2015). 구성주의 유아교육 교수학습법. 경기: 공동체.

구성주의연구소(2015). 아이원더 저널. K2 V8 Peanut butter and jelly. & 화살표 짝꿍 게임. 구성주의연구소.

이경우 · 반운경(1992). 그룹게임: 피아제 이론이 암시하는 수교육. 서울: 창지사.

Kamii, C.(1990). 유아를 위한 수교육의 방법. *Piaget, children and number*. (이경우 역). 경기: 교문사. (원저 1987년 출판).

Kamii, C. & DeVries, R.(1980). Group games in early education: Implications of Piaget's theory. Washington, D. C.: NAEYC.

Website

Free Prentable Paper. www.printablepaper.net

Tims Printable. www.timvandevall.com

로보터틀. http://www.robotturtles.com/

엔트리봇. https://playentry.org

코리아보드게임즈. http://www.koreaboardgames.com/

틱-택-토. https://i.pinimg.com/originals/63/72/7f/63727fdf681078b03b60d54640a7b4fc.png

행복한 바오밥. http://www.happybaobab.com/

12장 플러그드 코딩놀이

Bers, M. U.(2018). *Coding as a playground: Programming and computational thinking in early childhood classroom*. New York: Routledge.

Bers, M. U. & Resnick, M.(2016). 스크래치 주니어 공식 가이드북: 스크래치 주니어로 배우는 맨 처음 코딩. *The official ScratchJr book: Help your kids learn to code*. (고정아 역). 서울: 뭉치. (원저 2015년 출판).

Resnick, M.(2018). 미첼 레스닉의 평생유치원: MIT 미디어 랩이 밝혀낸 창의적 학습의 비밀. *Lifelong kindergarten: Cultivating creativity through projects, passion, peers, and play*. (최두환 역). 서울: 다산사이언스. (원저 2017년 출판).

Website

CS Unplugged. www.csunplugged.org

CTR, Children's Technology Review. www.children'stechcom/about
ScratchJr. https://www.scratchjr.org/
Scratch. https://scratch.mit.edu/
레고 부스트 로보틱스, LEGO Boost Robotics. https://www.lego.com/en-us/boost
미국유아교육협회, NAEYC. https://www.naeyc.org/
비봇, BEE-BOT. https://www.bee-bot.us/
알버트, Albert. http://albert.firstmall.kr/main/index
엔트리. https://playentry.org
오조봇, OZOBOT. https://ozobot.com/
코드닷오알지. www.code.org
코드 앤 고 로봇 마우스, Code & Go Robot Mouse. https://www.learningresources.com
코드-필러, Think & Learn Code-a-pillar. https://www.fisher-price.com/en_CA/brands/think-and-learn/products/Think-and-Learn-Code-a-Pillar
키보, Kibo. http://kinderlabrobotics.com/kibo/

동영상

Resnick, R. (2013. 1). 'Let's teach kids to code', TED. Retrieved from https://www.youtube.com/watch?v=Ok6LbV6bqaE

앱

Build With Granpa 앱
Goldilocks and Little Bear 앱
Khan Academy Kids 앱
Quick Math Jr. 앱
Snow Day 앱
Toca Life: Hospital 앱

13장 나는 팅커링 교사!

구성주의연구소(2019). 아이원더 저널: 화살표 짝꿍게임. 구성주의연구소.

Bers, M. U.(2018). *Coding as a playground: Programming and computational thinking in early childhood classroom*. New York: Routledge.
Dougherty, D.(n.d.) The maker mindset. https://llk.media.mit.edu/courses/readings/ maker-mindset.pdf. 2018년 8월 3일 인출.
Kafai, B. Y. & Burke, Q.(2017). 코딩의 귀환: 아이들이 프로그래밍을 배워야 하는 이유. *Connected*

code: Why children need to learn programming. (최윤희 역). 경기: 디뷰북스. (원저 2014년 출판).

Martinez, L. S. & Stager, G.(2015). 메이커 혁명, 교육을 통합하다. *Invent to learn: Making, Tinkering, and Engineering in the Classroom*. (송기봉 · 김상균 공역). 서울: 홍릉과학출판사. (원저 2013년 출판).

Resnick, M.(2018). 미첼 레스닉의 평생유치원: MIT 미디어 랩이 밝혀낸 창의적 학습의 비밀. *Lifelong kindergarten: Cultivating creativity through projects, passion, peers, and play*. (최두환 역). 서울: 다산사이언스. (원저 2017년 출판).

14장 현장 이야기

중앙일보(2016. 4. 29.). 미래교육: 창의력 키우는 융합교육이 인공지능시대 인재 만든다. 루덴스코드 블로그 포스트. http://winduino.co.kr/ 2018년 3월 15일 인출.

최성운 · 차주은(2018). 그룹게임에서의 사고 전략. 협력을 통한 창의적인 교육혁신 전략. 81-94. 2018년 구성주의유아교육학회 춘계학술대회. 한양여자대학교. 계단강의실 1. 2018년 5월 26일.

DeVries, R. & Zan, B.(1997). 유아를 위한 사회 도덕성 교육. *Moral classrooms and moral children: Creating a constructivist atmosphere in early education*. (이은화 · 이경우 · 곽향림 공역). 서울: 창지사. (원저 1994년 출판).

DeVries, R. & Zan, B.(2002). 구성주의 유아교육 교수법. *Developing constructivist early childhood curriculum: Practical principles and activities*. (곽향림 · 허미화 · 김선영 공역). 서울: 창지사. (원저 2001년 출판).

Liukas, L.(2016). 헬로 루비: 코딩이랑 놀자!. *Hello Ruby: Adventures in Coding*. (이지선 역). 서울: 길벗어린이. (원저 2015년 출판)

Resnick, M.(2018). 미첼 레스닉의 평생유치원: MIT 미디어 랩이 밝혀낸 창의적 학습의 비밀. *Lifelong kindergarten: Cultivating creativity through projects, passion, peers, and play*. (최두환 역). 서울: 다산사이언스. (원저 2017년 출판).

동영상

EBS.(2018. 2. 24.). 소프트웨어 교육-미래를 코딩하다. 2018년 4월 3일 인출.

EBS. 지식채널e.(2018. 3. 7.). 인간을 위한 기술혁명 1부. 단 한 사람도 해고되지 않도록 https://www.youtube.com/watch?v=2iq-Ui4K-yM 2018년 4월 3일 인출.

EBS. 지식채널e.(2018. 3. 7.). 인간을 위한 기술혁명 2부. 인공지능을 이기는 교육 https://www.youtube.com/watch?v=FV_4c1qO6d8 2018년 4월 12일 인출.

KBS. 명견만리. 44회.(2016. 11. 9.). 4차 산업혁명은 어떤 인재를 원하는가. https:// www.youtube.com/watch?v=GIBsCaj7Rpk 2018년 4월 12일 인출.

tvN. 문제적 남자. 118회 특집.(2017. 6. 24.). Brain Storm. 2018년 4월 20일 인출.

tvN. 문제적 남자. 144회 특집.(2017. 12. 24.). 뇌심전심 카드게임.2018년 4월 20일 인출.

저자소개

이경우 이화여자대학교 명예교수

곽향림 호원대학교 유아교육과 교수

정경진 구성주의 연구소 연구실장

이윤희 아이원더 이중언어 교육팀장

그룹게임

코딩과 컴퓨팅 사고 놀이

초판 1쇄 인쇄 2019년 5월 25일
초판 1쇄 발행 2019년 5월 30일

지 은 이 | 이경우 · 곽향림 · 정경진 · 이윤희
펴 낸 이 | 김기섭
편 집 인 | 이혜란
펴 낸 곳 | 창지사 www.changjisa.com
08589 서울시 금천구 가산디지털 1로 83 파트너스타워 1차 9층
전화 (02)719-2211~3
팩스 (02)701-9386
등 록 | 1977년 4월 28일 · 제1-421호

ⓒ 이경우 외 3인, 2019

- 이 책 내용의 전부 또는 일부를 재사용하려면 반드시 저작권자와 창지사 양측의 동의를 받아야 합니다.
- 저자와 협의하여 인지는 생략합니다.
- 출판물 불법 복사, 불법 북스캔은 저작권 위반으로 처벌받을 수 있습니다. 불법 제본으로 처벌될 경우(전과기록 됨) 취업 불이익이나 해외유학과 이민 등 비자발급이 거부되는 불이익이 발생할 수 있습니다.

ISBN 978-89-426-1122-5 (93370)

값 24,000원

「이 도서의 국립중앙도서관 출판예정도서목록(CIP)은 서지정보유통지원시스템 홈페이지(http://seoji.nl.go.kr)와 국가자료공동목록시스템(http://www.nl.go.kr/kolisnet)에서 이용하실 수 있습니다.(CIP 제어번호 : CIP2019021653)」